Klaus Bellmund, geboren 1960, studierte Germanistik und Geschichte. Nach dem Magisterabschluß arbeitete er für verschiedene private und öffentlich-rechtliche Hörfunk- und Fernsehsender. Daneben Tätigkeit in der Erwachsenenbildung, u.a. auch beim Adolf-Grimme-Institut. Lehraufträge an verschiedenen Hochschulen. Seit 1992 als Redakteur beim Westdeutschen Rundfunk fest angestellt.

Kaarel Siniveer, geboren 1947, war Gitarrenlehrer und Liedermacher. Mehrere Buchveröffentlichungen bei Rowohlt und anderen Verlagen. Aufsätze und Beiträge zu kulturpolitischen Themen. Seit 1981 als Autor tätig für verschiedene Rundfunkanstalten, hauptsächlich für den WDR. Neben zahlreichen Rundfunk- und Fernsehbeiträgen zu unterschiedlichsten Themen auch ca. 30 Dokumentarfilme, überwiegend aus dem historischen Bereich.

Mitarbeit:
Peter Jansen (Pseudonym), Anfang 40, war nach dem Studium viele Jahre in der Erwachsenenbildung und im Journalismus tätig, dort auch in leitender Position. Mehrere Publikationen im politisch-pädagogischen Bereich.

Tanja Hartwig, geboren 1967, ist Sozialpädagogin und hat sich in ihrer Diplomarbeit mit der Rolle der Frauen in rechtsextremen Gruppierungen beschäftigt. Sie beteiligt sich an diesem Buch mit einem Beitrag zu dieser Thematik.

W0236211

Originalausgabe Dezember 1997
Copyright © 1997 Droemersche Verlagsanstalt
Th. Knaur Nachf., München
Das Werk einschließlich aller seiner Teile ist urheberrechtlich
geschützt. Jede Verwertung außerhalb der engen Grenzen des
Urheberrechtsgesetzes ist ohne Zustimmung des Verlages
unzulässig und strafbar. Das gilt insbesondere für Vervielfältigungen,
Übersetzungen, Mikroverfilmungen und die Einspeicherung und
Verarbeitung in elektronischen Systemen.
Verwendung des Titels »Kulte, Führer, Lichtgestalten« mit
freundlicher Genehmigung des WDR (nach der gleichnamigen
Fernsehdokumentation der Autoren in der ARD vom 13. Juni 1996).
Umschlaggestaltung: Agentur Zero, München
Satz: Ventura Publisher im Verlag
Druck und Bindung: Elsnerdruck, Berlin
Printed in Germany
ISBN 3-426-80085-3

5   4   3   2   1

Klaus Bellmund/Kaarel Siniveer

Kulte, Führer, Lichtgestalten

Esoterik als Mittel
rechtsradikaler Propaganda

Inhalt

II.
Kulte und Ideologen

III.
Im Angebot: Bücher, Märchen, Hexen

IV.
Von Vegetariern, Pädagogen und Germanen

Einleitung

Das Geschäft mit der Esoterik hat sich zu einem völlig unübersichtlichen und undurchschaubaren Markt mit Milliardenumsätzen entwickelt. Einen Teil des Angebots bestimmen zusehends esoterische Gruppierungen, die mehr oder weniger verhüllt mit positiven Thesen und Gedanken zum Nationalsozialismus aufwarten. Verbindungslinien zwischen beidem – esoterischen Lehren und rechtsextremem Gedankengut – ergeben sich aus den völkisch-esoterischen Grundlagen des Nationalsozialismus. Dieser Aspekt wird an verschiedenen Stellen im Buch ausführlicher behandelt, vor allem das Kapitel »Germanenglaube« beschreibt die Bedeutung esoterischer Anschauungen und Praktiken im Nationalsozialismus. Diese Verknüpfung war ein wichtiger, wenn auch bislang vernachlässigter und unterschätzter Bestandteil des NS-Staates.

Heute verbreiten zahllose scheinbar harmlose Zirkel Kulte und Weltbilder, die auf eindeutig rassistischen Positionen beruhen. Dieses Buch stellt ein Netzwerk vor, das bestimmt ist durch eine gefährliche Allianz zwischen nach außen eher esoterisch eingestellten Gruppen und eindeutig rechtsextremen germanischen Gemeinschaften.

Um Mißverständnissen vorzubeugen: Es geht hier nicht um die seriöse Esoterik, die Sinnsuchenden Hilfe bietet. In Zusammenhang mit unserer Thematik interessieren nur die Strömungen, die sich an der Grenze zur arisch-rassistischen Glaubenswelt bewegen und in der Regel von einer Überlegenheit der nordischen Rasse ausgehen.

Durch einen in die Szene eingeschleusten Informanten entdeckten wir rechtsextremes Gedankengut unter den merkwürdigsten Tarnungen: von Linsen essenden Arisch-Gläubigen bis zur Führungselite der Nordischen Rasse, von einer christlich umtriebigen Bruderschaft bis hin zu Naturheilern, die sich auf die germanische Naturreligion stützen. Gemeinsam ist ihnen die Vision einer künftigen überlegenen weißen Rasse, vereint in Erwartung eines neuen Zeitalters – des New Age.

Die Schilderungen unseres Informanten und konkrete Fallbeschreibungen machen das Thema in seinen erschreckenden, aber auch in seinen mitunter absurden Dimensionen praktisch greifbar. So belegen die beschriebenen Fälle und Personen beispielhaft, in welch unterschiedlichen Bereichen sich Esoterik und rassistisch-völkisches Gedankengut begegnen. Welche Fakten dabei ans Licht kommen, ist spannend und fesselnd zu lesen. Darüber hinaus haben wir uns bemüht, die nötigen theoretischen Hintergrundinformationen zu liefern, ohne die diese Geschichten nicht zu verstehen und einzuordnen wären. Die Beschäftigung mit den Verbindungen zwischen Rechtsextremismus und Teilbereichen der Esoterik steht noch am Anfang, und wir hoffen, mit *Kulte, Führer, Lichtgestalten* zu einer breiteren und notwendigen Diskussion beizutragen. Denn was sich hier abzeichnet, ist politisch überaus brisant.

Klaus Bellmund/Kaarel Siniveer   September 1997

I.
Was ist »rechts« an der Esoterik?

1   Die »rechten« Mittel der Esoterik

Die Zukunft lag unter dem Weihnachtsbaum. Hübsch verpackt in rotem Geschenkpapier und blauen Schleifchen. Der Inhalt des kleinen Kästchens sollte prophetischen Charakter haben. Das etwas größere Päckchen die Erklärung zu allem liefern. Mit diesen Worten überreichte mir eine liebe Freundin 78 »Rider Waite«-Tarotkarten und das dazugehörige Anleitungsbuch. Tarotkarten sind in den Esoterikläden nur die Spitze eines kommerziell ausgerichteten Esoterikmarkts, der besonders kurz vor Weihnachten seinen münzklingenden Höhepunkt erlebt und zahllose Bundesbürger dazu verleitet, unter dem Tannenbaum einen Blick in die Zukunft zu werfen. Tarotkarten sind ein spirituelles Spielzeug, markieren aber zugleich die Grundzüge des esoterischen Glaubens. Ein Glaube, in dem sich ein spirituell ausgeprägtes Bedürfnis der Menschen quer durch alle Zeiten und Kulturen widerspiegelt: die Suche nach einer Wahrheit und einer Erkenntnis, die jenseits von greif- und beweisbaren Lebensrealitäten liegt.
Dabei steht die Esoterik im Kontrast zu klar nach außen gerichteten politischen Aktivitäten. Ihr geht es um den Blick nach innen, auf das individuelle innere Gleichgewicht. Der »Friede mit sich selbst« wird von namhaften religiösen Führern propagiert. Für den tibetischen Dalai Lama ist die Beendigung des inneren Krieges die Voraussetzung, um wieder nach außen zu wirken und so die Probleme der Welt zu lösen. Dieses Denken wird in der Esoterik häufig auch mit dem Begriff »ganzheitlich« beschrieben.
»Ganzheitlich« ist eines der esoterischen Schlagworte, die alles und nichts bedeuten können. Mit »ganzheitlich« wird die

alternative Medizin beschrieben und die Verbindung zwischen Körper und Geist. Im esoterischen Glauben heißt ganzheitlich aber auch die bewußte Vereinigung des Menschen mit seiner Umwelt, besonders mit der Natur und dem Kosmos. Das esoterische Weltbild geht davon aus, daß der Mensch in seiner beschränkten Umwelt der Entwicklung der gesamten Erde und der gesamten Menschheit gleichzusetzen sei. Makrokosmos und Mikrokosmos entsprechen sich. Folglich ist der Schutz der Umwelt, besonders der den Menschen umgebenden Natur, äußerst wichtig. Steine, Pflanzen und Tiere gelten verschiedenen esoterischen Richtungen als göttlich und heilig. Durch die Verbindung von Ökologie und religiösen Überzeugungen erlebt die Esoterik einen besonders hohen Zulauf von Menschen aus der Umweltschutzbewegung.[1] Die Vorstellung eines Mikrokosmos ist in der Esoterik auch eng verknüpft mit der Hinwendung zum »feinstofflichen« Körper. Dabei wird davon ausgegangen, daß der Mensch ein Konstrukt aus Materie und göttlichem Geist ist. Zwischen diesen beiden Polen existiert der »feinstoffliche« Grenzbereich. Er ist der Träger von Energie und Lebenskraft. Die Besinnung auf die Feinstofflichkeit findet sich in vielen Religionen und Kulturen. Sie ist ein Schritt auf dem Weg in ein »bewußtes« esoterisch motiviertes Leben. Erst mit einer solchen »bewußten« Lebensweise ist für die Esoteriker der Weg frei für einen neuen Menschheitszyklus. Dafür sollen mit esoterischen Praktiken die eigenen Kräfte, Visionen und Potentiale geweckt werden, um sich zuerst selbst der Erleuchtung näherzubringen und dann im zweiten Schritt die innere Heilung auf die gesamte Menschheit zu übertragen.[2] So jedenfalls beschreiben Autoren unterschiedlichster Couleur die Ziele, die sich hinter dem Begriff »Esoterik« verbergen. Und auch der erwartete neue Menschheitszyklus hat einen Namen: NEW AGE. Im New Age (wörtl.: Neues Zeitalter, auch: Wassermannzeitalter) werden die esoterischen Überzeugungen zur Grundlage einer neuen, besseren und friedlicheren Weltordnung. Die bestehenden Systeme werden sich selbst durch Kriege oder durch Katastrophen vernichten. So gilt es, möglichst viele neue Esoterik-Anhänger zu gewinnen, die dann – bereits teilweise erleuchtet – die Begründer des neuen »goldenen Zeitalters« sein werden.

Das New Age läßt sich vor allem durch »positives Denken« erreichen. Viele Esoteriker glauben, daß sich alleine durch positive Gedanken alles Negative auf der Welt heilen läßt: Hungersnöte in Dritte-Welt-Staaten, Kriege oder unheilbare Krankheiten wie Aids.

Die Begriffe »New Age« und »Esoterik« werden heute vielfach unterschiedlich gedeutet und definiert, manchmal sogar fälschlicherweise synonym verwendet. Es sind willkürliche Modebezeichnungen, sie dienen hier und da einer Marketingstrategie oder werden als Sammelbegriffe für alles Übersinnliche benutzt. Dabei transportiert die Esoterik das Methodenreservoir, mit dem sich das New Age, das neue Zeitalter, erreichen läßt. Auch die Tarotkarten gehören in dieses Methodenreservoir. Auch sie sollen helfen, den Blick nach innen, auf den einzelnen Menschen und seine Probleme zu richten. Schon auf einer der ersten Seiten in seinem Tarot-Arbeitsbuch warnt der Esoterikbestseller-Autor Hajo Banzhaf mit einer chinesischen Weisheit: »Wenn aber der Verkehrte die rechten Mittel gebraucht, so wirkt das rechte Mittel verkehrt.«[3]

In der Tat: Die Geschichte der Esoterik ist voll von »Verkehrten«, die die scheinbar rechten Mittel für sich mißbraucht haben. Gefährlich wird es dann, wenn eine esoterisch motivierte Denkrichtung zum nicht kritisierbaren Dogma erklärt wird. Der Guru und sein Fußvolk erheben sich über die, denen die Erleuchtung nicht zuteil wird. Schwarzmagier sind überzeugt, mit allerlei okkulten Praktiken andere Menschen beherrschen oder bestrafen zu können. Wieder andere glauben an das nicht auflösbare Karma, an das unbedingte Schicksal ganzer Volksstämme, deren Bestimmung es ist, auszusterben. Erst vor rund 70 Jahren haben es politische Kräfte geschafft, ein ganzes Staatssystem auf die Grundlagen eines esoterisch motivierten Glaubens zu stellen. Mit der Ablösung alter monarchistischer Systeme, der auf Profit ausgerichteten Industrialisierung, verbunden mit sozialen Spannungen und Massenarbeitslosigkeit, entstand damals ein neues, radikal ausgerichtetes politisches Denken, teilweise auf der Basis »okkultesoterischer Denkformen«.[4] Dabei war das Gebot, dem Irrationalen unbedingt Folge leisten zu müssen, ein wichtiger Bestandteil dieses Systems. Die Rede ist vom Nationalsozialismus. Er zeigt, wie leicht aus der Geschichte der Esoterik auch eine Geschichte des Faschismus werden kann, wie schnell »Ideale und Ideologien entarten können« und welche fatalen Folgen die spirituelle Inspiration mancher Esoteriker haben kann, die zur »Rettung der Welt« eine politisch ganzheitliche Bewegung in Gang setzen wollten.[5] Diese »ganzheitliche« Bewegung verknüpfte völkische Ideale und esoterisches, »nach innen« gerichtetes Denken. Archaische Fundamente, wie keltische und germanische Traditionen, sollten die Überlegenheit der weißen Rasse historisch untermauern und für weitere »tausend« Jahre sichern. »Das New Age des Nationalsozialismus war das Dritte Reich«, schreibt Jutta Ditfurth pointiert.[6] Aber ist die Esoterik tatsächlich ein »rechtes Mittel«, das nur von »Verkehrten« falsch benutzt wurde? Oder transportiert sie in ihren Grundzügen bereits antiemanzipatorische und autoritäre Strukturen, die aus »rechten Mitteln« rechte Politik werden lassen? Die Geschichte der Esoterik ist eine Geschichte des Rassismus, der Geheimwissenschaften auf irrationaler Basis und der führerkultischen Rituale in Verbindung mit absoluter Unterordnung unter selbsternannte Gurus. Und dabei begann alles ganz harmlos.

Esoterik: Am Anfang war der Widerstand

Esoterik ist die Lehre des Irrationalen und des Glaubens an kosmische Gesetzmäßigkeiten, die wissenschaftlich zumeist nicht erklärbar sind. Wo in der Realität komplexe Phänomene, Konflikte und Prozesse kaum noch zu durchschauen sind oder schlimmstenfalls den einzelnen Menschen – wie zum Beispiel durch Umweltzerstörung – auch noch in seiner Existenz bedrohen, da liegt der Nährboden, um sich dem Irrationalen zu nähern und die Hoffnung bei den Göttern zu suchen. Damit steht die Esoterik in klarem Gegensatz zu einem technokratischen und rationalen Weltbild. In ihr zeigt sich der Widerstand gegen gesellschaftlich anerkannte Werte. Der Gegensatz zwischen rationalem und irrationalem Denken ist ein Grundmuster der Esoterik und ist quer durch die Geschichte immer wieder zu belegen. Naturreligiöse und spirituelle Strömungen lassen sich heute wie damals sogar als Gegenkultur kennzeichnen[7] und sammeln das Protestpotential gegen bestehende politische, wirtschaftliche und gesellschaftliche Systeme. Mit der Gegenkultur wird ein alternatives und naturverbundenes Leben propagiert, das auf den Grundlagen irrationaler Konzepte steht. Die wichtigsten gegenkulturellen Bewegungen sind die Romantik und die deutsche Jugendbewegung von 1900 bis 1933. In jüngerer Zeit läßt sich die Hippiebewegung in den USA, die maßgeblich auch die deutsche Alternativbewegung beeinflußte, dazu zählen.[8] Waren die gegenkulturellen Strömungen politisch motiviert, verbanden sich in ihnen häufig anarchistische und sozialistische Ziele. Die Hinwendung zu einem esoterischen Glauben entsprang dagegen eher einem unpolitischen Protest gegen bestehende Werte. Ein neues Naturbewußtsein sollte spirituell erfahrbar werden, die Beschäftigung mit den alten Kulturen der Kelten, Germanen und Indianer zu den Wurzeln einer neuen Identität führen.

Esoterische und okkulte Praktiken bieten dafür das methodische Rüstzeug. Ein Merkmal esoterisch motivierter Gegenkultur ist heute immer noch die Ablehnung der christlichen Kirchen. Dahinter steckt der Wunsch, die eigene Sicht der Dinge selbst zur Religion zu erklären.

Die etablierte Gesellschaft bediente sich häufig – wenn auch stark entradikalisiert – aus den gegenkulturellen Strömungen, oder es entwickelten sich sogar neue gesellschaftliche Systeme auf ihrer Basis. Kam die »Politik dazu, dienten die gegenkulturellen Inhalte in vielen Fällen der Legitimation eines konservativen und reaktionären Weltbildes«.[9] Ein Beispiel dafür liefert der nationalsozialistische Thule-Orden. Seine Mitglieder, die zumeist aus gehobenen Schichten kamen, schmiedeten okkulte Rituale, germanische Traditionen und die Idee von einer diktatorischen Herrschaft zu einer nationalsozialistischen Ideologie zusammen.[10]

Ein weiteres Merkmal der Gegenkultur ist die hohe Bedeutung, die Ritualen zugemessen wird.[11] Dabei spielt es keine Rolle, ob eine gegenkulturelle Bewegung politisch motiviert war oder nicht. Die Gegenkultur ist offen für okkulte Rituale und esoterische Praktiken jeglicher Couleur. Es sind magische, geheimnisvolle und ekstatische Rituale, mit denen zum Beispiel die Hippiebewegung in den USA ihren Protest konkret ausdrückte. Ganz entgegen den säkularisierten Zeremonien einer christlichen Hochzeit feierten die Hippies ein solches Fest mit den rituellen Kulten der Vorzeit: »Druiden und Druidinnen beschworen die Kräfte der Erde und der Luft, des Feuers und des Wassers über das junge Paar. Mit einem Athamen (Hexenmeister) wurde das Blut des Paares vermischt. Und es wurde ihm ein nach alter Kräuterweisheit bereiteter Brauttrunk gereicht … Das Erstaunlichste: All dies wirkte echt, natürlich, als einfache Rückkehr zu Längstvergessenem, als Wiederfinden von Verlorenem.«[12] Es ist nicht die Esoterik, die hier ihren

Einfluß auf die Hippies unter Beweis stellt. Im Gegenteil: Widerstands- und Protestbewegungen lassen esoterische und okkulte Praktiken erst wieder aufleben. Dabei soll vielfach das geheime Wissen längst vergessener Kulturen wiederbelebt werden. Das war in der zweiten Hälfte des 19. Jahrhunderts so,[13] und das zeigt sich auch an dem Boom, den der esoterische Markt seit der Alternativbewegung in Deutschland genommen hat.

Esoterik: Die Geschichte des geheimen Wissens

Schon griechische Philosophen wie Aristoteles, Platon oder Sokrates sollen weit vor unserer christlichen Zeitrechnung die ersten esoterischen Texte verfaßt und diese in ihren Akademien diskutiert und weitergegeben haben. In diesem Zusammenhang ist auch der Begriff Esoterik zu sehen, der ebenfalls aus dem Griechischen stammt und übersetzt soviel wie »nach innen gerichtet« bedeutet. Gemeint ist damit auch das Innere, das Geheime, das die Wurzeln und Zusammenhänge menschlichen Daseins beschreiben soll. Dabei sind diese Geheimnisse nur auf der Basis persönlicher Erfahrung auch erlebbar. Deshalb kann Esoterik auch nicht erklärt, gelernt oder gelehrt, sondern nur gelebt werden. Auch wenn heute die Geheimnisse der Esoterik in zahlreichen Büchern als entschlüsselt feilgeboten werden, so beziehen sich die darin angebotenen Erklärungen zumeist nur auf Übungen und Techniken, mit denen die Erleuchtung zu den Geheimnissen des Lebens erlangt werden soll. Ein Beispiel dafür liefert das im Goldmann Verlag erschienene *Große Praxisbuch der Esoterik*. Hier wird unter vielen anderen Praktiken ein »geheimes Tantra-Sex-Ritual«[14] offengelegt und für jeden nachvollziehbar beschrieben. In der tantrischen Praxis sollen sich die beiden Pole der kosmischen

Energie, die Mann und Frau jeweils besitzen, vereinigen, und die Energie soll die Lebenskräfte erneuern. Zu naturwissenschaftlichen Grundlagen hat dieser Prozeß indes keinen Bezug, und auch die kosmische Energie wird nicht näher beschrieben. An sie muß der Tantra-Praktiker »glauben«, erklären kann ihm das niemand. So bleibt auch die gesamte Esoterik in ihrem Kern weiterhin eine Lehre des geheimen Wissens.

Geheimbünde gab es bereits in vielen antiken Kulturen, so zum Beispiel im antiken Griechenland. Im Dionysos-Kult zu Ehren des Fruchtbarkeits- und Weingottes wurden nächtliche Feste gefeiert, bei denen auch rituell gemordet worden sein soll.[15] Bei solchen geheimen Kulten wurde mit Ekstasetechniken gearbeitet, die das Bewußtsein erweitern sollten, um dann ganz in der Natur aufzugehen und sich damit dem göttlichen Reich des Jenseits zu nähern.[16]

Auch in fernöstlichen Religionen wie dem Taoismus existiert eine zweite, nichtmaterielle, unsichtbare Welt, eine Welt, in der die Geister und Ahnen zu Hause sind. Hier waren es vielfach Mönche, die als geistige und eingeweihte Führer dieses Wissen weitergeben durften.

Wer in esoterische Organisationen aufgenommen werden will, muß sich bewußt und öffentlich von seinen alten rationalen oder materiellen Überzeugungen trennen. Nur wer sich und seine »Seele« öffnet, kann an der esoterischen Gemeinschaft teilhaben.

Esoteriker glauben an den »göttlichen« Kern in jedem Menschen. Für sie sind esoterische Praktiken mit dem Ziel verkoppelt, der eigenen Gottwerdung ein Stück näherzukommen. Im Buddhismus führt der Weg zur Erleuchtung vor allem über die Meditation. Buddha selbst gelang die Loslösung vom eigenen Ich ebenfalls nur durch meditative Techniken. Deshalb entstanden im Buddhismus mehrere Schulen mit unterschiedlichsten Meditationstechniken. Auch hier läßt sich die Erleuchtung nicht rational erklären. Wer in das Geheimnis des buddhistischen Glaubens eingeweiht sein möchte, muß den meditativen Weg gehen und im esoterischen Sinne leben.

Die Abgrenzung zwischen Wissenden und Unwissenden wird aber auch in der westlichen Geschichte der esoterisch Wirkenden deutlich, wie zum Beispiel bei dem mittelalterlichen Arzt und esoterisch motivierten Naturforscher Paracelsus. Er war der Meinung, daß Gott in jedem Land, in jeder Region Heilkräuter wachsen läßt, die auch nur dort für die Behandlung kranker Menschen zu benutzen seien. Dabei ging Paracelsus davon aus, daß die Heilkräuter geheime Zeichen tragen würden, die nur von »Kundigen« zu erkennen seien.

Obwohl heute viele esoterische Vereinigungen – egal welcher Richtung – offen in den einschlägigen Zeitschriften für sich werben, neue Mitglieder gewinnen wollen und dabei auch ihre okkulten Geheimnisse preisgeben, gibt es nach wie vor Geheimgesellschaften im klassischen Sinn. Hier dürfen nur ausgewählte »Neulinge« die unterschiedlichen Weihestufen durchlaufen und werden erst nach dem Treueschwur, nichts davon nach außen zu tragen, in die inneren Kreise aufgenommen. Gerade die Gruppierungen, die heute im rechtsextremen Spektrum anzusiedeln sind, arbeiten nach diesem Prinzip.

Esoterik: Eine Geschichte der rassistischen Führerkulte

Viele Esoteriker folgen einem Guru, einem geistigen Führer, einem »Wissenden«, der die Stufe der Erleuchtung bereits erreicht hat. Esoterische Gruppierungen geben sich selbst eine klare hierarchische Struktur, die dem Grad der »Einweihung« folgt. Gurus spielen in der Esoterik eine wichtige Rolle. Von Bhagwan bis Blavatsky – der Begründerin der später noch zu erläuternden Theosophie – sind die Gurus für ihre Gläubigen nicht nur Vorbilder, an denen es sich zu messen gilt, sondern auch die Träger einer uneingeschränkt gültigen Religion. In den meisten östlichen spirituellen Strömungen spielen die Gurus bis heute eine tragende Rolle. Sie sind religiöse Führer, die eine autoritäre und antiemanzipatorische Ideologie lehren. Somit sind sie die Handlanger diktatorischer Systeme, wobei ihre Anhänger – guruorientierte Menschen – besonders anfällig für solche politischen Systeme sind.[17] Schon der Zen-Buddhismus hat die Gefahr, die von Gurus ausgehen kann, erkannt und warnt seine Gläubigen vor einem falsch verstandenen »Führerkult« mit dem Leitsatz: »Triffst du den Buddha unterwegs, dann töte ihn.«

Die Geschichte der Esoterik ist und bleibt aber eine Geschichte ihrer geistigen Führer, ohne die bestimmte Strömungen nicht zu so großer Bedeutung gelangt wären. Esoterisch Gläubige folgen ihren Vordenkern oftmals kritiklos und erklären die Schriften und Gedanken der Führer zum Dogma. Kulte, Geheimniskrämerei und unbedingter Gehorsam können esoterische Gruppierungen auch als Sekten kennzeichnen.[18] Ein Beispiel aus der Geschichte: Eine der kleineren chinesischen Schulen glaubte an die Lehren der »Legalisten«, denen zufolge der Weg in eine friedliche Gesellschaft, in ein New Age, über die totale Unterordnung des Menschen unter die politischen Autoritäten führen sollte. Jede Art von Gewalt war für die »Legalisten« rechtmäßig, um ihre Herrschaft aufrechtzuerhalten.[19] Eine Herrschaft, die alle Andersdenkenden nicht geduldet hat.

Die östliche Spiritualität setzt schon früh auf Rassismus. Das hinduistische Kastensystem sieht in den hellhäutigen indogermanischen Ariern die reinen Menschen, die folgenden Kasten gelten als unrein, wobei zuunterst die dunkelhäutigen Menschen stehen. Wer in welche Kaste geboren wird, wer also arm oder reich ist, wer genug zu essen hat oder wer hungern muß, das ist im Hinduismus kosmische Bestimmung und gehört zu einem »spirituellen ewigen Weltgesetz«.[20] Aus dieser hinduistischen Weltanschauung haben sich später auch westliche Lehren wie die Theosophie bedient, und bis heute wird in rechtsextremen Kreisen Rassismus als »göttliches Gesetz« verkauft.[21]

Im Hinduismus und anderen esoterischen Glaubensrichtungen wird das rassistische System mit einer schicksalhaft vorbestimmten »Gesetzmäßigkeit« gerechtfertigt. Viele Esoteriker sind auch heute noch davon überzeugt, daß ihr Leben vom Schicksal vorbestimmt sei. Dieses Schicksal wird als Karma bezeichnet.

Gerade an diesem Punkt entzünden sich erhitzte Diskussionen zwischen den esoterisch Gläubigen und ihren Kritikern, zum Beispiel darüber, ob die Vergasung von sechs Millionen Juden im zweiten Weltkrieg diesem Volk schicksalhaft vorbestimmt gewesen sei. Der karmischen Überzeugung nach gelten Katastrophen, Kriege und Krankheiten als selbstverschuldet und gottgegeben und lassen somit auch nur wenig Handlungsspielraum.

Eng verbunden mit dem karmischen Denken ist der Glaube an die Reinkarnation, an ein weiteres Leben nach dem Tod – so lange, bis am Ende eine Wiedergeburt nicht mehr nötig ist und der Mensch einen neuen, geistigen und damit höheren Bewußtseinszustand erreicht hat. Bis dahin hat er in jedem Leben die Sünden der vorangegangenen zu tilgen. Welche Schuld aber mögen wohl die Juden auf sich geladen haben? Manche Anhänger der Esoterik haben das längst für sich erkannt: die Kreuzigung von Jesus Christus.

Karma, Rassismus, dogmatische Führer und Gurus sind die zentralen Bestandteile des esoterischen Glaubens und machen ihn anfällig für autoritäre und faschistische Ideologien. Der

Bielefelder Pädagoge Heinz Gess resümiert in einem Filmbericht des WDR:

> »Ich glaube, daß in der Esoterik eine Disposition geschaffen wird, die eine Einbruchstelle bietet für rechtsextremes Gedankengut. Wo gewissermaßen Voraussetzungen geschaffen oder verstärkt werden, die dann irgendwann, wenn die Situation günstig ist, einem den Schritt in eine solche politische Ideologie leicht machen.«[22]

Diese Disposition wird vor allem durch die Ausrichtung auf ein Führerprinzip, durch den ideologischen Rückgriff auf rassistische Vordenker der Esoterik und durch die klare Ablehnung einer kritischen und rationalen Betrachtung esoterischen Glaubens erzeugt.

So kann auch der Nationalsozialismus auf eine esoterische und spirituelle Tradition zurückblicken, die weit vor 1933 anzusiedeln ist. Die Bedeutung der esoterischen Weltanschauung für die Etablierung des NS-Staates ist lange Zeit unterschätzt worden.

Esoterik: Eine spirituelle Grundlage des Nationalsozialismus

Die Verbindung zwischen rassistischem und führerkultischem Denken, verknüpft mit dem Glauben an das Karma und an geheime, kosmische Gesetze, wird in der Esoterik der zweiten Hälfte des 19. Jahrhunderts besonders deutlich. Die Theosophie versuchte diese Merkmale zu einer allgemeinen Lehre und Religion zu vereinigen.

Die Ukrainerin Helena Petrowna Blavatsky (1831–1891) ist die Begründerin der theosophischen Gesellschaft. Bis heute ist die Theosophie die Grundlage vieler esoterischer und okkulter

Strömungen.[23] In den zahlreichen theosophischen Zeitschriften, die Anfang des 20. Jahrhunderts erschienen, taucht bereits das Hakenkreuz als Symbol des Sonnenrads auf. Blavatsky vereinigte westliche und östliche esoterische Strömungen zu einem System. Die Vordenkerin und ihre Anhänger bezeichneten die Theosophie als die einzige echte Religion, als die einzige tatsächlich existierende »Gottesweisheit« (so die wörtliche Übersetzung von »Theosophie«). Der erste deutsche Ableger der Theosophie wurde von dem Buddhisten Franz Hartmann (1838–1912) gegründet. Hartmann beschrieb die Theosophie als »die Selbsterkenntnis der Wahrheit … In dieser Erkenntnis der Wahrheit kann es keine Verschiedenheit der Meinungen geben.«[24] Diesen Allmachtsanspruch hat sich Blavatsky mittels Erleuchtungen und Offenbarungen erarbeitet. Dabei habe sie den Kontakt zum wahrhaft »Göttlichen« gefunden.

Blavatsky verbreitet ihre Ideologie in mehreren Büchern. Als das bekannteste gilt *Die Geheimlehre*. Blavatsky beruft sich in ihren Werken auf geheimnisvolle Schrifttafeln, die sie in Tibet entdeckt haben will. Ihre esoterischen Lehren standen im Kontrast zur Aufklärung und entwickelten sich aus der Sehnsucht, die »Welt wieder zu verzaubern«. Blavatsky untermauerte ihre Vision einer verzauberten Welt mit verschiedenen Lehren, persönlichen Eingebungen und historischen Rückgriffen auf tibetischen Glauben.

Die Grundzüge ihrer Lehre lassen sich als faschistisch und rassistisch bezeichnen. So fordert Blavatsky die Unterordnung unter einen Führer und bezieht sich in ihren Werken auf die indische Kastenlehre, die sie auch auf europäische Gesellschaften anwenden will.[25] In ihrer »Wurzelrassenlehre« gelten die Arier als eine höherentwickelte Rasse, als der Endpunkt der sieben Rassen, die sich im Laufe der Geschichte auf unserem Planeten gebildet haben. Die Juden dagegen beschreibt sie als ein abnormes Bindeglied zwischen der vierten und fünften Rasse. Sie gelten Blavatsky als die Verkörperung des Bösen in der Welt. Die Ausrottung der niederen Rassen durch die höher entwickelten hat für sie nach einem kosmischen Prinzip zu geschehen.

> »Ein Decimierungsvorgang findet über die ganze Erde statt unter jenen Rassen, deren Zeit um ist … Es ist ungenau zu behaupten, daß das Aussterben einer niederen Rasse ausnahmslos eine Folge der von Kolonisten verübten Grausamkeiten oder Mißhandlungen sei … Rothäute, Eskimos, Papuas, Australier, Polynesier usw. sterben alle aus … Die Flutwelle der inkarnierten Egos ist über sie hinweggerollt, um in entwickelten und weniger greisenhaften Stämmen Erfahrungen zu ernten; und ihr Verlöschen ist damit eine karmische Notwendigkeit.«[26]

An der Spitze dieser planetarischen Hierarchie steht die »Große Weiße Bruderschaft«,[27] angeführt von Krishna, Buddha und Jesus Christus. Diese Gleichsetzung verschiedener Religionsführer macht den universellen Anspruch der Theosophie deutlich. Die Theosophie wird von ihren Anhängern als einzige und allgemeingültige Religion angesehen, die schon vor der Entstehung besonderer Religionen existiert habe.[28] Einen greifbaren Gott lehnen die Theosophen ab und sprechen nur von einem »göttlichen Prinzip«, welches sich mit der Entstehung des Kosmos entwickelt habe und sich nicht beschreiben lasse. Dieses göttliche Prinzip beschreibt Blavatsky in der *Geheimlehre* als ein »allgegenwärtiges, ewiges, grenzenloses und unveränderliches Prinzip, über das gar keine Spekulation möglich ist, da es die Kraft menschlicher Vorstellungen übersteigt und durch irgendwelche menschliche Ausdrucksweise oder Vergleich nur erniedrigt werden könnte. Es ist jenseits von Raum und Reichen des Gedankens … undenkbar und unaussprechlich.«[29] Gott existiert für die Theosophen als das »höhere Selbst« in jedem Menschen, als ein »göttlicher Funken«, den es zu wecken gilt. Im *Pfad der Selbsterkenntnis* schreibt der Theosoph Hermann Rudolph im Jahre 1920: »In der Tat ist jeder Mensch ein gekreuzigter, inkarnierter Gott. Soviel Menschen es auf der Erde gibt, soviel Götter sind im Himmel.«[30]

Die »Geheimlehre« von Blavatsky versteht sich als die Wurzel und das Gemeinsame aller Glaubensrichtungen. Jesus Christus oder Buddha sind deshalb auch nicht als »originale Lehrer«,[31] sondern nur als »Überlieferer«[32] anzusehen, die die Urreligion jeweils neu interpretiert haben. So wurde auch die Bibel von Blavatsky esoterisch ausgelegt und als ein Teil der arischen Geheimlehre gedeutet. Ganze Textpassagen führte sie wiederum auf östliche Traditionen zurück. Die Bergpredigt zum Beispiel habe ihren Ursprung im Buddhismus.[33] Die skurrile Vermischung verschiedener Religionen wird durch die Einbeziehung weiterer okkulter Praktiken zu einem schwer durchschaubaren esoterischen Brei. Da werden die Theosophen von den Mitgliedern der »Großen Weißen Bruderschaft« in der Technik des »automatischen Schreibens«[34] unterrichtet und sollen so die göttlichen Botschaften per Eingebung direkt aus dem Jenseits diktiert bekommen. In theosophischen Kreisen wurde auch das Hellsehen praktiziert. Im »Astrallicht« werden alle vergangenen, gegenwärtigen und zukünftigen Ereignisse aufgezeichnet.

Theosophische Lehrer waren Anhänger der Astrologie, östlicher Meditationstechniken oder praktizierten verschiedene Methoden der Telepathie. »Besonders die Geheimlehre von Blavatsky bildet ein Kompendium okkulten Wissens und okkulter Praktiken, das in der Literatur seinesgleichen sucht.«[35] Die Theosophie wirkte wie ein Staubsauger allen esoterischen Wissens. Gerade das dürfte sie heute für viele Esoteriker auch wieder so attraktiv machen. Nach wie vor werden Blavatskys Lehren als die Basis der modernen Esoterik angesehen.

Blavatsky glaubte nicht nur an die Wiedergeburt, mit der die letzten tierischen Reste in den Menschen verschwinden sollten,[36] sondern auch an einen schicksalhaft vorbestimmten Lebensweg, an das Karma. Das karmische Denken übernahm sie aus der indischen Religion und erhob es zu einem Universalgesetz der Theosophie.[37] Der Mensch wird in seinem Karma zur alleinigen Ursache seines Glücks oder Unglücks. Jede Handlung zieht in der theosophischen Weltsicht direkte Konsequenzen in bezug auf künftige Wiedergeburten nach sich, und das Karma gilt als das »Größte aller Gesetze«[38] für eine ausgleichende Gerechtigkeit. Die Kräfte, die hinter diesen Gesetzen stehen, werden als die »Herren« bezeichnet. Sie wachen über den Lauf und die Auswirkungen des Schicksals. Bei vielen Theosophen wird das individuelle Karma eines Menschen auf ganze Völker und Nationen erweitert. So schreibt der amerikanische Theosoph William Quan Judge Ende des neunzehnten Jahrhunderts:

»Die Völker können ihrem nationalen Karma nicht entfliehen. Jede Nation, die Übles getan hat, muß früher oder später dafür leiden. Das Karma des neunzehnten Jahrhunderts im Westen ist das Karma Israels, denn selbst ein Laie kann erkennen, daß der mosaische Einfluß in den europäischen und amerikanischen Nationen am stärksten ist.«

Ein weiteres Grundprinzip der heutigen Esoterik wurde ebenfalls in den theosophischen Kreisen um Madame Blavatsky zur unumstößlichen Lehre erhoben: das Primat des Irrationalen und der Intuition vor dem Verstand und vor der Vernunft. Auf dem Weg zur Erleuchtung müßten sich die Theosophen demzufolge zunächst von ihrem eigenen Ich lösen und bereit sein, dem Irrationalen zu folgen. Das nächste Zitat könnte so oder so ähnlich auch heutigen Esoterikideologien entnommen sein:

> »Der Verstand ist der große Schlächter des Wirklichen. Der Jünger muß den Schlächter töten ... Wohl kann das Gewand dessen, der im Unendlichen aufgeht, ewiges Licht bringen. Dieses Gewand allein führt zu jener Vollkommenheit, die Zerstörung jeder irdischen Verbundenheit bedeutet; es beendet den Kreislauf der Geburten, aber o Jünger, es vernichtet auch – das Mitleid ... Laß alle Deine Sinne zu einem Sinn verschmelzen, wenn Du gegen den Feind gesichert sein willst.«[39]

Als Endziel ihres Strebens sahen die Theosophen ein neues goldenes Zeitalter, ein Paradies, in dem es nur noch eine Weltreligion, die Theosophie, gäbe. Damit findet sich bei Blavatsky neben ihren esoterischen Auffassungen auch die Vision eines »New Age«, dem sie und ihre Anhänger als Wegbereiter dienen, ganz im Dienste der arischen Rasse:

> »Die arische Rasse, zu der wir gehören, tritt nun in einen neuen Zyklus ein, in welchem die westlichen Völker dasjenige ernten werden, was sie im vergangenen Zyklus unter der Herrschaft der christlichen Kirche gesät haben ... Während des kommenden Zyklusses sollen sich alle Verhältnisse in der menschlichen Gesellschaft auf kirchlichem, wissenschaftlichem, sozialem und politischem Gebiete vollständig verändern, wie dies schon oft in der Vergangenheit geschehen ist.«[40]

Der Theosoph Hermann Rudolph formulierte diese Vision eines »New Age« am Anfang des 20. Jahrhunderts. Der neue Zyklus ließ in der Tat nicht lange auf sich warten und brachte die erwarteten Veränderungen in allen gesellschaftlichen Bereichen. Für die Theosophen hatte das neue Zeitalter einen

Namen: Nationalsozialismus. Die Nazis bedienten sich zunächst auch eifrig aus dem Ideologiesammelsurium der Theosophie. Nicht nur die Rassenlehre findet man später bei den Nationalsozialisten wieder. Es gibt noch andere Anleihen, die die Nazis bei Madame Blavatsky genommen haben. So war Himmler ein Anhänger der vorgeschichtlichen Erforschung Tibets.[41] Im April 1938 fuhren Nationalsozialisten nach Tibet, um dort nach alten religiösen Schriften zu suchen – nach eben jenen, die bereits Blavatsky inspiriert haben sollen. Und auch das Vokabular, das Hitler in seinen Reden immer und immer wieder gebrauchte, gleicht den Lehren der Theosophen. So entsprachen auch Hitlers Äußerungen dem Wunsch nach einer esoterischen »Wiederverzauberung der Welt«, wenn der »Führer« etwa eine »neue magische Weltordnung« beschwor mit der Notwendigkeit des »Zutrauens zu seinen Instinkten« oder eine »neue Naivität« und eine »Weltwende« forderte.[42]

Die Theosophie lieferte den ideologischen Unterbau für eine Reihe von weiteren Lehren und Vereinigungen, aus denen sich die Nationalsozialisten direkt bedienten. Eine dieser Richtungen ist die Ariosophie. Die Ariosophen verbanden in den zwanziger Jahren dieses Jahrhunderts Theosophie mit Runenkulten und germanischer Mystik. Zu ihren wichtigsten Vertretern gehören Guido von List und Lanz von Liebenfels, von dem einige Historiker behaupten, er sei Hitlers Ideengeber gewesen. Beide gründeten weitere Geheimgesellschaften, die sich in ihren Ideologien aber durchaus ähnlich waren. Lanz von Liebenfels verbreitete seine Gedanken in der Zeitschrift *Ostara*, die in ihrer Blütezeit eine Auflage von rund 100 000 Exemplaren erreichte. Unter Religion verstand Liebenfels Ahnen- und Rassenkult. Über Hitler, den er als einen seiner Schüler bezeichnete, schrieb er in einem Brief an einen Ordensbruder: »Weißt Du, daß Hitler einer unserer Schüler ist. Du wirst es noch erleben, daß er und dadurch auch wir siegen und eine

Bewegung entfachen werden, die die Welt erzittern macht.«[43] Liebenfels verwob in seinen Büchern auf verworrene Art und Weise Bibelauslegungen und esoterische Überzeugungen. In seinem Werk *Theozoologie* schreibt er: »Die Minderwertigen müssen auf gelinde Weise ausgerottet werden, und zwar durch Verschneidung und Entfruchtung.«[44] Ob Liebenfels' Ideen tatsächlich eine Grundlage für Hitler gewesen sind, ist in der Literatur umstritten. Allerdings – so der eher kritische René Freund – gibt es erstaunliche Gemeinsamkeiten. So schlägt Liebenfels zur Reinerhaltung der Rasse die Schaffung von Zuchtklöstern vor, in denen arische Jünglinge Brutmütter begatten sollen. Ein ähnliches Organisationsprogramm im Dritten Reich hieß Lebensborn. Auch sollen Begriffe wie »Rassenschande«, »Untermenschen« oder »der heilige Gral des deutschen Blutes« von Liebenfels geprägt worden sein.[45]

Guido von Lists Einfluß auf die Ariosophie macht den esoterischen Hintergrund deutlich. List ging noch weiter als Blavatsky und sah in dem »Ario-Germanen« den Endpunkt »göttlich-kulturschöpferischer Entwicklung«.[46] Auch List dachte karmisch und glaubte an die schicksalhaft vorbestimmte Weltherrschaft der Germanen. Dabei leitete er das Wort Karma auf seine ganz eigene Art ab: Karma = Garma = Garmanen = Germanen.[47] In der Folge seiner esoterischen Überzeugung sah er die Frau als eine rassezersetzende Sünderin. Die Listschen Lehren waren gekennzeichnet von ausgeprägtem Antisemitismus.

Mit der Machtübernahme der Nazis verknüpften die Ariosophen die Hoffnung auf das Kommen des von ihnen skizzierten Endzeitreichs. Die nationalsozialistische Machtpolitik jedoch, die einen Kirchenkampf vermeiden wollte und das Ziel verfolgte, Hitler nach dem Endsieg selbst als Prophet und Gottkönig einzusetzen,[48] führte dazu, daß sämtliche ariosophischen Vereinigungen verboten wurden.

Nach dem Zusammenbruch des Dritten Reichs entstanden in Österreich und Deutschland sehr schnell neue ariosophische Vereinigungen. In der bekanntesten neuariosophischen Organisation erleben die Werke von List und Liebenfels ihre Auferstehung. Der rechtsextreme und esoterisch-germanisch ausgerichtete Armanen-Orden aus Köln publiziert die alten Werke in Faksimiledrucken. Die Armanen waren ursprünglich von List als ein geheimwissenschaftlich orientierter Kreis von Eingeweihten gegründet worden. Die Kölner Organisation sieht sich heute in dieser Tradition und versorgt weite Teile der rechtsextremen Szene mit einem naturreligiösen Background.[49]

List und Liebenfels haben den rassistischen Weg für den Antisemitismus geebnet und dabei eine in der Gesellschaft bereits etablierte Judenfeindlichkeit weiter geschürt. Sie lieferten das ideologische Rüstzeug für all diejenigen, die kurze Zeit später zu praktischen fremdenfeindlichen Aktionen aufrufen sollten. Einer von ihnen war ein Esoteriker des frühen 20. Jahrhunderts: Theodor Fritsch.[50] 1907 veröffentlichte er sein *Handbuch der Judenfrage,* in dem er namentlich Juden aufführte, die »Verbrechen gegen die arische Rasse oder gegen den arischen Geist begangen haben sollen«.[51]

In der Folge seiner Veröffentlichungen sind tatsächlich Juden ermordet worden. Die Täter waren in dem von Fritsch gegründeten »Germanen-Orden« zu finden. Fritsch verband seine konkreten politisch motivierten Aktionen mit allerlei okkulten Handlungen, Ritualen und Weiheveranstaltungen. Der Germanen-Orden benutzte eine Geheimsprache, um gegen die »jüdische Weltverschwörung« besonders effektiv vorgehen zu können. In kultischen »Weiheveranstaltungen« wurden Ordensnovizen in die Geheimgesellschaft aufgenommen. Ein Dokument aus dem Jahre 1912 beschreibt eine solche Weihung. Sie sei an dieser Stelle etwas ausführlicher geschildert, weil ein Informant uns später über ähnliche und nur leicht abgewandelte Rituale aus heutigen germanisch motivierten Gruppierungen berichten wird (siehe S. 307 ff.).

>Die Feierlichkeit beginnt mit sanften Weisen, gespielt auf dem Harmonium, während die Brüder den Pilgerchor aus Tannhäuser singen. Das Ritual findet bei Kerzenlicht statt. Die Brüder machen das Zeichen des Hakenkreuzes, der Meister wiederholt es in umgekehrter Richtung. Darauf werden die Novizen, eingehüllt in Pilgermäntel und mit verbundenen Augen, vom Zeremonienmeister in den Saal geführt. Der Logenmeister erklärt daraufhin die deutsch-arische Weltanschauung des Ordens. Der Barde entzündet die heilige Flamme im Gral, und den Novizen werden Mantel und Augenbinde abgenommen. In diesem Moment ergreift der Meister Wotans Speer und hält ihn vor sich, während die beiden Ritter ihre Schwerter darüber kreuzen. Eine Reihe von Aufrufen und Antworten, begleitet von der Musik aus Lohengrin, bilden den Eid der Novizen. Ihre Weihe wird von den Waldelfen mit Rufen gefeiert, während die Novizen um die heilige Flamme geführt werden.<[52]

Diese Rituale des Germanen-Ordens sind aber keineswegs nur als heilige Kulthandlung anzusehen. Vielmehr dienen solche Veranstaltungen dazu, das »Wir«-Gefühl in einer Gruppe aufzubauen und diese auf einen Führer, einen Meister einzuschwören.[53] Derartige gruppendynamische »Spielchen« sind auch ein Grundelement heutiger rechtsesoterischer Vereinigungen.

Nicht anders verhält es sich mit der Thule-Gesellschaft. Auch sie war inspiriert durch Esoterik und verschiedene Rassenlehren. Frühe Mitglieder waren Rudolf Heß, Heinrich Himmler und Alfred Rosenberg. Die Thule-Gesellschaft initiierte die Gründung der »Deutschen Arbeiterpartei«, der bald nach ihrer

Gründung auch Hitler beitrat. Später distanzierten sich die führenden Nazis von der Thule-Gesellschaft. Diese esoterische Vereinigung hatte ihren Zweck erfüllt und wurde für die konkrete Umsetzung der NS-Politik ebensowenig benötigt wie die Ariosophen. Auch die Thule-Gesellschaft erlebt heute eine Renaissance, allerdings weniger geheimnisumwittert: Als Thule-Mailbox und Thule-Netzwerk im weltumspannenden Internet ist sie ein Sammelbecken für Rechte unterschiedlichster Ideologierichtungen. Um ihr beizutreten, braucht man keine geheimen Prüfungen zu bestehen. Ein Personalausweis und ein Paßwort genügen.

Auch die Anthroposophie Rudolf Steiners steht in der Tradition der Theosophen. Steiner war Generalsekretär der Theosophischen Gesellschaft in Deutschland, bis er im Jahr 1912 im Streit um die Frage, wer der neue theosophische Weltenlehrer wird, ausschied. Steiner gründete daraufhin 1913 die »Allgemeine Anthroposophische Gesellschaft«, deren Wurzel ebenfalls in esoterisch-okkulter Tradition zu sehen ist. Er verfolgte auch die Wurzelrassenlehre weiter, versuchte sich aber von rassistisch motivierten Feindbildern zu distanzieren, indem er immer wieder die Notwendigkeit der Vermischung der einzelnen Rassen betonte. Die heutige Anthroposophie führt dieses Argument stets an, um dem Bild eines politisch »rechten« Steiners zu widersprechen. Trotzdem bleibt das Gerüst einer anthroposophischen Rassenlehre, die eine Abgrenzung in der Qualität der einzelnen Rassen vornimmt. In der Steinerschen Evolutionslehre gilt eine »Drei-Welten-Theorie«, die Unterscheidung zwischen der schwarzen, der braun/gelben und der weißen Welt. In der schwarzen Rasse beginnt danach die »Modifikation der allgemeinen Menschengestalt«.[54] Dann erst bildet sich in der mongolischen Rasse das »Ich« im Blut, und im letzten Schritt erfolgt die Prägung der Persönlichkeit bei der weißen Rasse, wobei erst den Deutschen in Steiners Ideologie die Aufgabe zugefallen ist, das »Ich« in voller Entfaltung zu entwickeln.

Rudolf Steiner wird von seinen Kritikern als rechtsextremer Denker bezeichnet. Immerhin steht Steiner mit seinen Evolutionsgedanken nicht allein. Namhafte Philosophen, von Hegel bis Aristoteles, waren bestrebt, die Menschheitsentwicklung in einem Stufenmodell zu beschreiben. Aber es ist mehr als auffällig, daß gerade Rudolf Steiner mit seiner Lehre immer wieder von rechtsextremen Ideologen zitiert wird.[55] Dabei wird er nur durch die Rezeption der Blavatsky-Lehren übertroffen. Hier lebt der alte originäre Geist der Wurzelrassenlehren fort, und hier wird Hitler posthum in den Stand der »Großen Weißen Bruderschaft« aufgenommen.

Das New Age also ist in der Theosophie das anzustrebende Endziel, wobei die New-Age-Anhänger die neue, sechste Menschenrasse verkörpern. Die theosophischen Ideen sind nicht tot. Sie sind aktueller als je zuvor, und sie propagieren immer noch den Untergang der Menschen und der Rassen, die nicht bereit sind, sich für ein neues Zeitalter in neue Bewußtseinsstufen zu katapultieren. Die Welt soll von einer neuen, geistig höherstehenden Rasse beherrscht werden,[56] deren Hautfarbe kaum noch der Erwähnung bedarf: weiß. Die Verbindung zwischen östlichen Lehren und nationalsozialistischer Esoterik wird heute – so werten es die Esoterikforscher Gugenberger und Schweidlenka – in dem Buch *Einweihung* von Elisabeth Haich deutlich.[57] Das Werk zählt in Esoterikkreisen zur Standardliteratur.

Auch die esoterischen Vordenker des 19. Jahrhunderts erleben im heutigen Esoterikboom eine Renaissance und dienen vielen Menschen wieder als Vorbilder. Gerade hierin, in einer unkritischen Übernahme dieser Gedanken und Weltentwürfe, liegt das gefährliche Potential einer rechtsextremen und rassistischen Esoterik. Selbst die auflagenstärkste deutsche Esoterik-Zeitschrift *Esotera* würdigte Ende 1996 das Lebenswerk der Theosophin Helena Petrowna Blavatsky und warb dabei für eine gerade erst neu erschienene Biographie.[58] Madame Blavatsky gilt vielen Esoterikern eben immer noch als die wichtigste Vordenkerin auf dem Weg ins New Age.

2 Ökologie:
heilige Mischung zwischen Grün und Braun

»Politisches Ziel muß es sein, die Mehrheitsverhältnisse in Deutschland so zu verändern, daß es zu einer ernstzunehmenden nationalen Opposition kommt, um im weiteren eine national ausgerichtete Regierung zu etablieren.«[1]

Diese »strategische Weisung« verbreitete im Juni 1995 die »Zentralstelle der Vereinten Rechten« per elektronischem Flugblatt in ihrer Germania Mailbox. Die Mailboxbetreiber analysieren hier die Lage der Rechts-Parteien in Deutschland, um dann am Ende zu der Schlußfolgerung zu kommen, daß nationale Politik nur mit einer Partei zu machen ist: mit Bündnis 90/Die Grünen.

Diese Schlußfolgerung mag verwirren. Grün und braun, das ist doch wie schwarz und weiß, sagten uns Kollegen, denen wir die Recherchen zu diesem Buch immer wieder vorgetragen haben, um unsere eigenen Annahmen zu überprüfen. Doch diesmal waren ausufernde theoretische Erklärungen nicht nötig. Der Blick auf das Flugblatt beweist, warum die Rechtsextremen die Durchsetzung ihrer Ziele ausgerechnet bei den Grünen suchen. Denn dort heißt es:

¤ »Die Partei vertritt sozialistische Grundsätze. Dies kommt unseren Forderungen entgegen.

¤ Die Partei vertritt eine umweltsichernde Politik. Nach dem Motto ›Umweltschutz = Heimatschutz‹ spricht dies nicht gegen unsere nationalen Auffassungen.

¤ Die Partei kommt durch ihre Größe und inneren Strukturen unserer Strategie entgegen.«

Und weil das scheinbar alles so schön paßt, geben die Autoren auch die Devise aus, in die Grünen »einzusickern, um die Partei auf nationalen Kurs zu bringen«. Die Strategie ist auch klar: Mitgliedschaft bei den Grünen, Arbeit auf regionaler Ebene und die Bildung einer nationalen Fraktion innerhalb der Grünen. Das Endziel: »Übernahme der Partei durch volkstreue Kräfte«.

Das alles mag nun nach Phantasterei klingen, nach Größenwahn oder gelinde gesagt nach einer schwachsinnigen Strategie. Doch ganz so realitätsfern sind die Macher der Germania Mailbox nicht. Die klassischen Rechtsaußen-Parteien haben den Rechtsextremen nicht das gebracht, was sie sich erhofft hatten. Die DVU ist vielen zu kommerziell ausgerichtet, die »Republikaner« sind zu sehr mit inneren Strukturen beschäftigt, als daß von hier aus nationale Politik jemals eine parlamentarische Rolle spielen könnte. Den Sprung über die Fünf-Prozent-Hürde beurteilt die Zentralstelle der Vereinten Rechten für NPD und Co. bei kommenden Wahlen als »zweifelhaft«. Was bleibt, ist der Versuch, die Parteien zu unterwandern, die bereits parlamentarischen Status genießen.

Jutta Ditfurth war als Gründungsmitglied jahrelang bestens mit den internen Strukturen der Grünen vertraut. Rechtsextreme in Deutschlands größter Ökopartei sind für sie kein neues Thema, und die ausgegebene Strategie der Germania Mailbox ist ein alter Hut. Bereits in der Gründungsphase hätten Herbert Gruhl und Baldur Springmann versucht, rechte Themen bei den Grünen hoffähig zu machen. Jutta Ditfurth bezeichnet die beiden als »Ökofaschisten«.[2] Allerdings hätten die Linken bei den Grünen es damals noch geschafft, Leute wie Springmann und Gruhl aus der Partei zu vertreiben, resümiert Ditfurth und kommt zu dem Schluß: »Heute tummeln sich ÖkofaschistInnen, AntisemitInnen ... und andere rechte Fraktionen weitgehend unbehelligt bei den Grünen.«[3] Die Begründung, warum

An alle nationalen Aktivisten !

Strategische Weisung der Zentralstelle der Vereinten Rechten

1. Politische Zielsetzung:

Politisches Ziel muß es sein, die Mehrheitsverhältnisse in Deutschland so zu verändern, daß es zu einer ernstzunehmenden nationalen Opposition kommt, um im weiteren eine national ausgerichtete Regierung zu etablieren.

2. Lage:

Nach den Organisationsverboten der letzten Monate ist die Möglichkeit der strukturisierten politischen Arbeit auf drei Parteien gesunken, nämlich DVU, NPD und REPUBLIKANER. Während die DVU eine hauptsächlich kommerziell geführte politische Vereinigung ist und die Republikaner durch innere Querälen fast bis zur Bedeutungslosigkeit gesunken sind, haben viele Kameraden den Weg zur NPD gefunden.

Fakt ist, daß alles was mit "national" in Zusammenhang zu bringen ist, mit politischem und gesellschaftlichen Bann belegt ist. Ein Aufstieg der verbliebenen nationalen Parteien über die 5%-Hürde bei den nächsten Wahlen ist zweifelhaft.

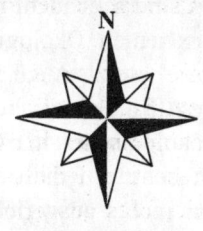

WIR NORDEN UNS EIN!

3. Strategische Maßnahmen:

Die weitere Strategie sieht vor, möglichst unauffällig in die gewachsenen poltischen Strukturen zu diffundieren, um hinter den "feindlichen" Linien tätig zu werden.

4. Taktische Vorgehensweise:

Objekt der weiteren Vorgehensweise ist aus folgenden Gründen die Partei "Die Grünen / Bündnis 90":

- Die Partei vertritt sozialistische Grundsätze. Dies kommt unseren Forderungen entgegen.

- Die Partei vertritt eine umweltsichernde Politik. Nach dem Motto "Umweltschutz = Heimatschutz" spricht dies

nicht gegen nationale Auffassungen.

- Die Partei kommt durch ihre Größe und inneren Strukturen unserer Strategie entgegen.

Alle nationalen Aktivisten sind ab sofort aufgerufen, in die Partei "Die Grünen" einzusickern, um die Partei auf nationalen Kurs zu bringen.

Festpunkte auf dem Weg dorthin sind:

- Teilnahme an Veranstaltungen und Aktionen der Grünen
- Sammeln von Informationen über Ziele, Inhalte u.ä.
- Mitgliedschaft in der Partei
- nationale Fraktionsbildung in der Partei auf regionaler Ebene
- bundesweite Vernetzung dieser Fraktionen
- Bildung einer bundesweiten nationalen Fraktion bei den Grünen
- Übernahme der Partei durch volkstreue Kräfte

5. Weitere Maßnahmen

Meldungen über Kontaktaufnahme und Aktionen über das Thule-Mailboxnetz oder die Nationalen Infotelefone.

V.i.S.d.P. Zentralstelle der Vereinten Rechten, Postfach ▮▮▮▮▮

»Objekt der weiteren Vorgehensweise ist die Partei ›Die Grünen/Bündnis 90‹«:
Flugblatt der Zentralstelle der Vereinten Rechten

das alles so einfach ist und warum faschistischen Strömungen gerade bei den Grünen kein linker Wind ins Gesicht weht, liefert Ditfurth ebenfalls: »Die Alternativbewegung ist inzwischen mehrheitlich esoterisch verblödet, und auch Teile der Linken hat die kollektive Regression erfaßt.«[4]

Bündnis 90/Die Grünen sind aber nicht nur deshalb ein anvisiertes Ziel der Rechtsextremen. Ökologie und Umweltschutz sind nur scheinbar links besetzt. Auch historisch betrachtet, läßt sich hier eine enge Affinität zwischen rechten bis faschistischen Themen und ökologischen herstellen. Viele extremistische Organisationen benutzen diese historischen Verbindungen, um mit einem rechts ausgerichteten Umweltschutz den Weg in die »Ökodiktatur« zu bereiten. Umweltschutz dient nicht nur als politische Basis, sondern auch als Strategie der Rechten, positiv besetzte Begriffe mit faschistischen Inhalten zu füllen. So ist beispielsweise für die österreichische Neonazi-Postille *Sieg* Ökologie immer wieder ein Thema. *Sieg* wurde von dem 1991 wegen »Wiederbetätigung im nationalsozialistischen Sinne«[5] rechtskräftig verurteilten Extremisten Walter Ochsenberger herausgegeben. Dort veröffentlichten Rechtsextremisten aus ganz Europa. In einer *Sieg*-Ausgabe heißt es: »Umweltschutz ist national.«

Ökologie und die Natur göttlicher Ordnung

Die Verbindung zwischen Ökologie und Faschismus ist lange Zeit hauptsächlich über einzelne Personen hergestellt worden, die sich gleichzeitig in der Ökologiebewegung und politisch in rechtsextremen Organisationen engagierten. Deutlich wird die faschistische Ausrichtung rechter Ökologiekonzepte aber erst, wenn man sich die Grundideologien, Annahmen und Weltbilder näher betrachtet. Eine dieser Basisideologien ist der Biologismus. Auf seiner Grundlage hat Herbert Gruhl schon Ende der siebziger Jahre argumentiert und »alle Ethik« biologischer Natur zugeschrieben.[6]

Biologismus heißt nichts anderes, als das gesamte Sozialverhalten der Menschen auf eine nicht verrückbare natürliche Ordnung zurückzuführen. Die Natur ist der Maßstab, an dem sich der Mensch auszurichten hat.

Biologismus reduziert ihn auf nicht viel mehr als eine Tiergattung, bei der Verstand, logisches Denken und die Fähigkeit zu kritischem Denken und Handeln eher hinderlich zu sein scheinen – zumindest wenn der Mensch seine intellektuellen Fähigkeiten dazu benutzt, sich von der Natur und ihren Gesetzen zu entfernen. Somit gibt es für die Biologisten auch nur dann eine Lösung ökologischer Probleme, wenn der Mensch sein gesamtes Sozialverhalten an den natürlichen Regeln ausrichtet. Nur: Wer diese Regeln aufstellt und wo die Gesetze der Natur geschrieben werden, bleibt unklar. Jedenfalls sollen soziale Phänomene wie Konkurrenz, Kooperation oder Egoismus – so der Politologe Oliver Geden – auf das Tierreich projiziert werden, »die dann im zweiten Schritt als quasi naturgesetzliche Verhaltensformen für den Menschen zurückübertragen werden«.[7] Und an dieser Stelle läßt sich bereits rechtsextrem argumentieren. So kommt in der Auffassung von Biologisten beispielsweise den Raubtieren die Rolle der Gesundheitspolizei zu, die vor allem kranke und geschwächte Tiere jagen. Übertragen auf den Menschen heißt das nichts anderes, als das Prinzip der Auslese auch auf Behinderte anzuwenden.[8]

Biologismus als Basis völkischen Denkens

Unter dem Sammelbegriff Biologismus haben sich Teilströmungen entwickelt, bei deren Betrachtung sich rechtsextreme Tendenzen noch deutlicher ablesen lassen. Eines dieser Teilgebiete ist der Bioregionalismus. Entstanden ist er in den USA in den siebziger Jahren »als Produkt des unpolitisch romantischen Teils der Hippiebewegung ...«[9] Im Bioregionalismus manifestiert sich das, was die Germania Mailbox mit »Umweltschutz = Heimatschutz«[10] bezeichnet. Eine Gleichsetzung, die in diesem Buch noch häufiger zu finden sein wird und die letztlich als Basis für völkisch-national-ökologisches Denken dient.

Bioregionalismus meint in der Definition von Jutta Ditfurth nichts anderes als das »völkische Recht auf Heimat«.[11] Menschen, die an einem Platz geboren wurden, hätten dort auch ihr Erstrecht, das heißt ihr vorrangiges Recht, vor allen anderen Nationalitäten dort zu leben, argumentiert der amerikanische Bioregionalismus. Da ist weiter von der Bewahrung des »Langzeiterbes« die Rede und von dem verschärften Blick auf die einzelnen Völker. Völker werden im Bioregionalismus durch den Boden definiert, auf dem sie entstanden sind, und sie haben ein Recht, sich diesen Boden zu bewahren, müssen ihr Land vor »Überfremdung« schützen.[12] Das Kulturerbe eines Volkes gerate bei Überfremdung in Gefahr, ökologische Probleme nähmen deutlich zu. Aus einem solchen Verständnis sprießen Ausländerfeindlichkeit und Faschismus. Bekannte rechtsextreme Ideologen machen sich die bioregionale Sichtweise zu eigen. So auch der rechte Vordenker Reinhold Oberlercher. Oberlercher ist gerngesehener Gast bei Vortragsveranstaltungen und Seminaren der Rechtsextremen. Er referiert zuweilen auch vor Skinheads und versucht ihnen das ideologische Rüstzeug zu geben, in das er die ökologische Argumen-

tation für ein neues Deutsches Reich verpackt. Im Schulungszyklus »Die Neuordnung Deutschlands« stellt Oberlercher in
seinem Einführungskurs zur »Reichsbürgerkunde« das »100-
Punkte-Notstandsprogramm« zur Machtergreifung vor. Hier
fordert er die Rettung von Natur und Umwelt durch den
»Biotopschutz des deutschen Volkes in seiner Eigennatur und
in seiner Umweltnatur, der heimatlichen Landschaft, Pflanzen-
und Tierwelt«.[13] Oberlercher, der uns noch häufiger beschäftigen wird, könnte diese Thesen und Forderungen von den
Vordenkern des Bioregionalismus abgeschrieben haben. Ökologische und faschistische Ziele gehen hier Hand in Hand und
sorgen für eine gefährliche Mischung.

Die faschistische Auslegung des Bioregionalismus ist jedoch
nicht unumstritten, zumal so bekannte Esoterikforscher wie
Gugenberger und Schweidlenka den Bioregionalismus weit
weg von deutscher »Volksdümmelei« ansiedeln, allerdings
nicht bestreiten, daß Anregungen auch von rechts aufgenommen werden.[14] Trotzdem sind die ideologischen Eckpfeiler des
Bioregionalismus so dicht am Nationalsozialismus angelehnt,
daß man die Kritiker des Bioregionalismus nicht als »linke
Spinner« bezeichnen kann. Auch für die Nazis waren »Blut und
Boden« eine Einheit. Die Propagandamaschinerie wurde nicht
müde, den »gesunden Staat« mit dem »gesunden Volk«, einer
einheitlichen Rasse und ihrem eigenen Boden gleichzusetzen.
Solche ideologischen Vorstellungen finden sich auch im Bioregionalismus, wenn auch anders ausgedrückt. Der Bioregio-
nalist Thomas Berry vergleicht die Bioregion mit dem Haus
einer Familie, die Bioregion als häuslicher Schauplatz einer
Gemeinschaft.[15] Doch wo steht dieses Haus, wie groß ist das
Grundstück, wer bestimmt die Grenzen? Gugenberger sieht die
Grenzen der Bioregion in »naturräumlichen Gegebenheiten«,
die am besten von den Menschen gesetzt werden sollten, die

in der Bioregion leben.[16] Mit einer solchen Sichtweise stehen die politischen Grenzen der Staaten zur Diskussion. Mit Dankbarkeit wird der Bioregionalismus deshalb auch von rechtsextremen Organisationen und Geschichtsrevisionisten aufgenommen, die in die Ostgrenzen Deutschlands nur allzugerne Schlesien und Ostpreußen integriert wissen möchten. Wir werden diese Diskussion bei einzelnen Gruppierungen fortsetzen.

Der Bioregionalismus ist ein zentrales Merkmal der von uns untersuchten rechtsextremen Organisationen. Bioregionalismus ist die Basis für rechtsökologische Argumentationen. Er schafft es, den sogenannten Ethnopluralismus in ein neues Gewand zu verpacken und in ökologischer Verkleidung neue Anhänger zu rekrutieren. Jutta Ditfurth resümiert: »Der Bioregionalismus ist ein rechtes, weil biologistisches, antiemanzipatorisches und tendenziell rassistisches Konzept.«[17]

Auf dieser Grundlage lassen sich auch andere ökologische Probleme beleuchten. Zum Beispiel der Flächen- und Energieverbrauch. So soll die Ausländerbehörde in Wiesbaden einem Iraner die Aufenthaltsgenehmigung versagt haben, weil »die hohe Bevölkerungsdichte in der BRD und die hieraus resultierenden Umweltbelastungen [es gebieten], den Zuzug von Ausländern zu begrenzen«.[18] Auch Politiker der großen bürgerlichen Parteien, wie zum Beispiel der bayerische Umweltminister Peter Gauweiler, können sich einer solchen Argumentation nicht verschließen: »Wer unser ohnehin dichtbesiedeltes Land zum Einwanderungsland machen will, gibt das umweltpolitische Ziel, den Flächenverbrauch zu begrenzen, auf.«[19]

Das Heidelberger Manifest:
wichtige Grundlage der rechten Ökologie

Bereits 1981 hatten Professoren aus ganz Deutschland ähnliche Thesen in ihrem »Heidelberger Manifest« formuliert. Mit dem Anstrich von wissenschaftlicher Bewertung sind hier die Gefahren einer »Überfremdung des deutschen Volkes« beschrieben. So werden Biologismus, Umweltschutz und Rassismus geschickt miteinander verknüpft.[20] Die Rückkehr der Ausländer in ihre Heimat würde »der Bundesrepublik als eines der am dichtesten besiedelten Länder der Welt nicht nur eine gesellschaftliche, sondern auch eine biologische Entlastung bringen«.[21] Ohne eine Reduzierung des Ausländeranteils sahen die Professoren den Bestand des deutschen Volkes gefährdet und diskutierten das Problem biologistisch: »Völker sind (biologisch und kybernetisch) lebende Systeme höherer Ordnung mit voneinander verschiedenen Systemeigenschaften, die genetisch und durch Tradition weitergegeben werden.«[22] Das Heidelberger Manifest kam den rechten und rechtsextremen Gruppierungen im Lande wie gerufen, konnten sie doch nun scheinbar wissenschaftlich autorisiert ihre radikalen Ziele breiter begründen. So die vielfach als völkisch und rassistisch bezeichnete und im Verfassungsschutzbericht aufgeführte Deutsche Unitarier Religionsgemeinschaft (DUR): Holger Schleip, Funktionär der DUR, beschrieb 1983 in einem Artikel für die rechtsideologische Zeitschrift *Nation Europa* den zunehmenden Ressourcen- und Energieverbrauch in Deutschland als ein Problem, das auf den hohen Ausländeranteil zurückzuführen sei.[23]

Aus dem Heidelberger Manifest bedienen sich auch heute noch viele rechte Gruppierungen, wenn es darum geht, Ökologie und nationales Denken miteinander zu verbinden. Daß die an dem Manifest beteiligten Autoren ihrerseits keine Berührungsängste gegenüber Rechtsextremisten haben, zeigt das Beispiel von Professor Helmut Schröcke. Schröcke ist Mitverfasser des Manifests und soll Mitglied im Witikobund, einer radikalen Vertriebenenorganisation sein. Er soll auf einer revisionistischen Großveranstaltung in München im Frühjahr 1990 von dem Rechtsterroristen Manfred Roeder als Ehrengast begrüßt worden sein.[24] Manfred Roeder hat als Rädelsführer 1982 einen Brandanschlag auf ein Hamburger Asylbewerberheim verübt, bei dem zwei Vietnamesen ums Leben gekommen waren. Derartige Verbindungen zwischen rechts-ökologisch argumentierenden Ideologen zur radikalen Szene werden in diesem Buch noch mehrfach aufgezeigt.

Ökodiktatur: Endziel der Rechts-Ökologen?

Die Lösungsansätze rechts-ökologischer Ideologen und rechtsextremer Gruppierungen sind ähnlich. Beide sehen das Heil im Umsturz des bestehenden politischen Systems in Deutschland. So wird immer wieder die konsequente Durchsetzung ökologischer Politik gefordert. Der einzelne Mensch mit seinen egoistischen Bedürfnissen müsse sich dem Gemeinwohl radikal unterwerfen, um das globale Ökosystem noch zu retten. Wie verbreitet solche Gedanken sind, zeigt sich daran, daß der völlig unverdächtige Bürgerrechtler und ehemalige Kandidat für das Amt des Bundespräsidenten Jens Reich einen dem Bundestag gleichgestellten »ökologischen Rat« einzurichten fordert, damit die Politik endlich aufwache.[25] Deutlich weiter geht die rechte Zeitschrift *Junge Freiheit* in einem Artikel aus dem Jahr 1992, in dem die Ablösung der Demokratie durch eine Ökodiktatur gefordert wird: »Der nationale Notstand ist vielmehr auszurufen, und an die Stelle der parlamentarischen Demokratie tritt die Öko-Diktatur.« Und weiter heißt es: »Wenn es um das Überleben der Völker, ja ganzer Regionen und Kontinente geht, werden Demokratie und Individualismus keine Rolle mehr spielen.«[26]

Auch der ehemalige CDU-Abgeordnete Herbert Gruhl entwarf in seinem Buch *Ein Planet wird geplündert* das Szenario einer Ökodiktatur, die notwendig sei, um das Leben auf der Erde zu retten. Eine solche radikale Umwälzung, die die Menschenrechte massiv beschneiden würde, wird mittlerweile aus Angst vor dem Ökokollaps von immer breiteren Schichten in der Umweltbewegung mitgetragen, auch wenn etablierte Umweltverbände solche Forderungen noch ablehnen[27] und nur einzelne – wie der SPD-Politiker und ehemalige Grüne Freimut Duve – ein »internationales ökologisches Gewaltmonopol« fordern.[28]

Von der Ökodiktatur zum Rechtsextremismus

Die dargestellten Ideologien rechter Ökologen lassen sich mit klassischen Rechtsextremismusdefinitionen durchaus in Verbindung bringen. Dies gilt vor allem auch für die häufig aus der Esoterik kommenden Anhänger des »Bioregionalismus«. So werden als klassische Kernpunkte des Rechtsextremismus folgende Kriterien immer wieder angeführt:[29]

¤ Nationalismus in aggressiver Form, Verherrlichung des eigenen Volkes bei gleichzeitiger Abwertung anderer Staaten und Völker, Sicherung der Volksgemeinschaft gegen andere,

¤ Antisemitismus und Rassismus,

¤ Führertum, der Aufbau einer diktatorischen und autoritären Staatsform, Ablehnung staatsrechtlicher Gewaltenteilung ohne freies Oppositionsrecht,

- Elitenbildung,
- Verherrlichung des NS-Staates, NS-Staat als Vorbild, Leugnung des Holocaust,
- Primat des Völkischen, der Gemeinschaft des Volkes,
- Antiliberalismus, das Volk steht über den Interessen von Gruppen und einzelnen,
- Existenz von völkischen Lebensräumen, die »artgeschichtlich angestammt« sind,
- Harmonie »lebensräumlicher Natur« und »völkischer Gemeinschaft«,
- blutrechtlich begründeter Staat und volkstumsbezogene Grenzen,
- Ethnopluralismus und Ethnozentrismus,
- die Lehre vom »Geheimwissen«,
- Besinnung auf das »Uralte« und das ganz »Neue«,
- organische Ganzheit von Leben und Heimat,
- Irrationalität, eine bisweilen mythische Gesellschaftsbetrachtung.

Diese von verschiedenen Autoren zusammengefaßten Kriterien des Rechtsextremismus lassen sich auf das ökologische Bild der Rechten projizieren. Besonders das Verständnis von Volk und Natur spiegelt sich hier wider. Die Mystifizierung der Natur ist auf gottgewollte und nichthintergehbare Prinzipien, auf eine biologische und natürliche Ordnung zurückzuführen. Nicht nur deshalb geht Jutta Ditfurth sogar so weit, daß sie den Begriff des Ökofaschismus auf diese Sichtweise anwendet.[30]

Ökofaschismus ist ein Begriff, der immer noch selten benutzt wird und bislang vielfach von der kritischen Linken den rechtsausgerichteten Ökoparteien wie den »Unabhängigen Ökologen« zugeordnet wird. Jutta Ditfurth und der Soziologieprofessor Heinz Gess haben versucht, diesen Begriff theoretisch zu definieren. Sie zeigen, daß gerade die konsequente autoritäre Umsetzung von Ökologie und Ökopolitik faschistische Grundzüge aufweist. Ditfurth definiert Faschismus als die extreme Herrschaftsform des Kapitalismus, als systematische Form der Herrschaft von Menschen über Menschen.

Ökologie und spirituelle Szene

Die rechtsgerichtete Ökologie zeigt im Blick auf die angeführten Rechtsextremismuskriterien eine deutliche Nähe zu esoterischen Überzeugungen. Gerade deshalb findet sich bei den Organisationen, die wir in diesem Buch vorstellen, häufig eine Verquickung dieser Ideologien. Besonders klar wird das bei der Betrachtung des jüngsten ideologischen Ökotrends: der Tiefenökologie. Der Begriff »Tiefenökologie« oder auch »Deep Ecology« wurde von dem norwegischen Philosophieprofessor Arne Naess 1972 begründet und fand zunächst in den USA, seit kurzer Zeit auch in Deutschland, immer mehr Beachtung. Die Tiefenökologie kritisiert Mülltrennung, Schadstoffbegrenzung und Wiederverwertung als zu oberflächlichen Umweltschutz.[31] Der ökologische Kollaps sei unvermeidbar, wenn Ökologie nicht ganzheitlich betrachtet und zu einem einfacheren Lebensstil führen würde. »Der tiefe Umweltschutz hingegen glaubt nicht an ein übersteigertes technologisches Machbarkeitsdenken, er will eine auch gefühlsmäßige, tiefenpsychologisch verankerte Beziehung zur Natur verwirklichen.«[32] Erst mit einer spirituellen und esoterischen Hinwendung ließen sich die anstehenden Probleme lösen. Mit »ganzheitlich« ist hier offenbar die bewußte Verbindung von Ökologie und Esoterik gemeint. Die Tiefenökologen glauben an den Biozentrismus, ebenfalls ein biologistisches Konzept. Sie sehen den Menschen gleichgesetzt mit den Tieren und bezeichnen ihn als »Mitwesen«. Tiefenökologen fordern die ökologische Demut und üben sich in der Naturmeditation, um die Welt von allem Übel zu befreien. Weit weg von konkreten Umweltproblemen finden sich Teile der tief-bewegten Ökologen in »esoterischen Supermärkten«[33] wieder. Tiefenökologen sind sicherlich keine Rechtsextremisten, trotzdem liefern sie das ideologische Rüstzeug für rechte Nationalisten. Deutlich wird dies daran, daß einige von ihnen – so beschreibt es Schweidlenka – ihr Heil in ökoterroristischen Gruppierungen suchen. Dort schrecken sie auch nicht davor zurück, einer fremdenfeindlichen Ideologie zu folgen.

Die Tiefenökologie scheint aber nicht nur in ihren extremen Ausprägungen problematisch zu sein. So soll der Begründer Arne Naess ein Anhänger der Ökosophie sein, einer Weltanschauung, wie sie in rechtsextremen Zeitungen propagiert wird.[34] Naess fordert einen Lebensstil, »bei dem es unnötig sei, einander umzubringen, außer um, wie bei wilden Tieren, die Bevölkerungsdichte in Grenzen zu halten … Ich denke, wir sollten nicht mehr als 100 Mio. Leute zulassen, um eine Kulturenvielfalt, wie wir sie vor einhundert Jahren hatten, sicherzustellen.«[35]

Etwas weiter weg von solchen radikalen Vorstellungen versuchen andere spirituelle Gruppen die Umweltprobleme unserer Zeit zu lösen. Schamanen veranstalten regelmäßig »Heilmeditationen für die Erde«, und auch christlich motivierte Spiritisten suchen in meditativen Übungen die Kraftquelle für ein ökologisches Engagement.[36] Heidnische Gruppen wollen mit Hilfe der Naturreligionen das ökologische Gleichgewicht auf der Erde wiederherstellen. Ein Mitglied des rechten Armanen-Ordens fordert die Rückkehr der germanischen Götter, »damit die Naturzerstörung beendet wird«.[37]

Der Esoterikforscher Roman Schweidlenka sieht ökospirituelle Strömungen in allen politischen Lagern, »von linken und radikalökologischen Gruppen über die breite bürgerliche Mitte unserer Gesellschaft bis hin zu den recht üppig wuchernden rechtsextremen Rändern«.[38] Nicht immer ist eine rechtsextreme Sicht aber so eindeutig zu erkennen wie in dem Buch *Ökologische Religion* von Hubertus Mynarek, der es einer öko-religiösen Elite vorbehalten wissen will, als »Speerspitze der Evolution« Umweltprobleme zu lösen.[39] Vielmehr sind rechtsextreme Ideologien häufig gut getarnt in den Konzepten der spirituellen Ökologen zu finden. So firmiert auch in der Grundhaltung des New Age die Natur eindeutig vor dem Menschen. Und immer mehr Umweltaktivisten haben sich von der konkreten politischen Arbeit zurückgezogen und suchen im »neuen Zeitalter« die Wende.[40] Damit verbunden ist die langsame Entpolitisierung des ehemals links ausgerichteten Lagers in der Ökologie.

3 Mitten im deutschen Volke: Germanenglaube

Die historische Ausstellung im ehemaligen Konzentrationslager Buchenwald in der Nähe von Weimar hat erschütternde Qualitäten. Sie stellt die Realität des Nationalsozialismus auf besonders greifbare Weise vor. Der Tatort Buchenwald läßt, wie auch Auschwitz, Dachau, Treblinka und die vielen Lager anderswo, keinen Zweifel am System der Nationalsozialisten zu. Das System war ein beispielloser organisierter Mord. Eine Tötungsmaschinerie, die man heute in der Gedenkstätte Buchenwald begreifen kann. Allein das Krematorium auf dem KZ-Gelände belegt die Effektivität des Mordens. »Kostengünstig« wurde hier die Beseitigung »artfremder« Menschen praktiziert.

Erstaunlicherweise sind auch Neo- und Altnazis im Konzentrationslager Buchenwald, spätestens seit der »Wende«, regelmäßige Gäste.

Gleich in der ersten Abteilung des Museums findet sich eine treffende Feststellung: »Mitten im deutschen Volke« haben die Museumsmacher den Einstieg in eine fast unvorstellbare Inszenierung von Brutalität und Unmenschlichkeit genannt, die in dieser Ausstellung zu sehen ist. »Mitten im deutschen Volke« fand die Geschichte des KZs Buchenwald statt, nur wenige Kilometer von der Stadt Weimar entfernt. Anders gesagt bedeutet dies: Eine überzeugte nationalsozialistische Volksgemeinschaft war die Voraussetzung für den Erfolg des Hitler-Regimes. Eine Gesellschaft, die aktiv an der nationalsozialistischen Politik beteiligt war und in der Überhöhung der arischen Rasse die Selbstverwirklichung des deutschen Volkes sah.

Diese Volksgemeinschaft war eine Grundvoraussetzung für den Nationalsozialismus und seine mystische Glaubenswelt, die dann so etwas wie »Überzeugungstäter« schuf. In der Nachkriegszeit hat zwar eine ausführliche Diskussion über die »Opfer« stattgefunden, eine breitere Beschäftigung mit den »Tätern« ist jedoch erst 1996 durch ein Buch des Amerikaners Daniel Goldhagen ausgelöst worden.[1] In *Hitlers willige Vollstrecker* beschreibt Goldhagen nicht die bekannten Nazigrößen, sondern die Beteiligung der »ganz gewöhnlichen Deutschen« an den Verbrechen des Dritten Reichs.

> »Der wildeste Haß, ob Antisemitismus oder eine andere Art von Rassismus oder Vorurteil, wird nur dann zum systematischen Mord führen, wenn eine politische Führung die Hassenden mobilisiert und für die Durchführung eines Mordprogramms organisiert … Ohne die Nationalsozialisten und ohne Hitler wäre daher der Holocaust niemals möglich gewesen. Genauso wesentlich war aber die große Bereitschaft der meisten gewöhnlichen Deutschen … Ohne diese Bereitschaft hätte das Regime nicht sechs Millionen Juden ermorden können.«[2]

Goldhagens Buch löste eine kontroverse und äußerst emotionale Diskussion in Deutschland aus. Daß diese so vehement geführt wurde und immer noch wird, weist auf ein allgemeines Unbehagen bei der Beschäftigung mit den »Tätern« hin. Plötzlich tauchen neben Goebbels, Himmler, Hitler und anderen bekannten Naziverbrechern Namen ganz gewöhnlicher Nachbarn auf. Das perfekte Schuldzuweisungssystem an nur wenige Täter bricht zusammen. Gleichzeitig distanziert sich Goldhagen in seinem Buch übrigens deutlich von der »Kollektivschuld«.

Über Goldhagen hinaus deutet sich aber heute an, daß die längst überfällige »Täterdiskussion« aufgenommen wird. Nicht zuletzt auch dadurch, daß verschiedene Archive nach Ablauf von Sperrfristen erst jetzt der Öffentlichkeit zugänglich werden.

Religion und Runen

Eine gründliche Auseinandersetzung mit den Inhalten der völkischen Ideologie fehlt bisweilen ebenfalls und bildet eher die Ausnahme.[3] In dieser Ideologie aber liegt zu einem großen Teil der Erfolg der nationalsozialistischen Herrschaft begründet – vermutlich weit mehr als in der immer wieder angeführten wirtschaftlichen Situation der dreißiger Jahre mit ihrer hohen Arbeitslosigkeit. Die Taten der Nazis haben den Blick auf diese ideologischen Inhalte einigermaßen in den Hintergrund gedrängt, und die Beschäftigung mit dem Grauen im NS-Staat läßt diesen Aspekt sogar zu einer Randerscheinung werden. Diese Randerscheinung hat allerdings einen elementaren Bezug zum nationalsozialistischen Terror: Es waren völkische Wertvorstellungen, die »mitten im deutschen Volke« existierten.

Veröffentlichungen, die sich mit der völkischen Thematik beschäftigen, gehen in der Regel der Frage nach, inwiefern Hitler selbst von okkulten und esoterischen Gedanken beeinflußt war. In diesem Zusammenhang finden sich zwei Personen, deren Wirkung auf Adolf Hitler ohne Zweifel sein dürfte: der Österreicher Jörg Lanz von Liebenfels und Guido von List, der Begründer einer Runen-Esoterik und der Ariosophie, aus der sich die Höherwertigkeit der Rasse der Arier ableitet.[4] Liebenfels wird beschrieben als »der Mann, der Hitler die Ideen gab«.[5] Der Wiener formulierte seine Gedanken, die offensichtlich Hitler beeindruckt haben müssen, um die Jahrhundertwende:

»In Lanz von Liebenfels' Hauptwerk ›Theozoologie oder die Kunde von den Sodoms-Äfflingen und dem Götter Elektron, eine Einführung in die älteste und neueste Weltanschauung und eine Rechtfertigung des Fürstentums und Adels‹ (1904) beklagt er die Rassenvermischung und erklärt den ›ario-heroischen blonden Menschen‹ zum ›Mittelpunkt seiner gesamten Rassenlehre und Religionsphilosophie‹ ... Lanz von Liebenfels propagiert die Rassenreinheit. Er fordert dazu auf, niedere Rassen zu sterilisieren und unverheiratete Arierinnen in Zuchtklöstern zu begatten.«[6]

Liebenfels verbreitet seine Ansichten in den sogenannten *Ostara-Heften* und nennt diese die »Briefbücherei der Blonden«. Diese Hefte sind heute in rechten Kreisen besonders begehrte Sammelobjekte. Auch der »Ordo Novi Templi« (Neutemplerorden), in dem Liebenfels seine rassereligiösen Rituale pflegte, findet aktuell in diversen Tempelrittervereinigungen wieder Anklang. Liebenfels dürfte wohl maßgeblich für die esoterischen Einstellungen Adolf Hitlers gesorgt haben. Hitler selbst war spätestens seit der Machtübernahme 1933 an der »Realpolitik« des Nationalsozialismus orientiert. Esoterisches reduzierte sich bei ihm auf reine Begrifflichkeiten, wenn er etwa von »Schicksal« oder der »Vorsehung« sprach.

Doch wie stark waren solche Grundhaltungen bei der breiteren Bevölkerung im Dritten Reich verankert? War eine esoterisch-germanische und dazu religiöse Überhöhung des Deutschtums eine Basis für die Greuel in den KZs von Buchenwald und anderswo?

Die »kriminelle Energie« für diese Greueltaten brauchte einen festen Hintergrund, eine »religiöse« Überzeugung. An ein paar Begriffen läßt sich der religiöse Charakter der nationalsozialistischen Bewegung verdeutlichen. So gab es »Nationalheilige«, »Märtyrer« und »Geweihte«. Gegnern der nationalsozialisti-

Nr. 72.

Rasse und äußere Politik

von J. Lanz-Liebenfels

Inhalt: Rassenpsychologische und rassenhistorische Grundlagen der Politik, die Rassenzugehörigkeit der verschiedenen Völker und Staaten, der Kosmopolitismus der Blonden und die Schwindelpolitik der Dunkelrassen, mongoloide „Real"- und „Sozial" politik, mittelländische Universalpolitik, die jüdische und jesuitische Weltmacht, das Programm der Alliance israelite, Rassenverwandtschaft zwischen Juden und Jesuiten, die deutsch-österreichische Politik, der Dreibund als der Garantiebund für die Emanzipation der Juden und den Bestand des Jesuiten-ordens, Dreibund-Krach? der finanzielle, literarische und politische Boykott der antisemitischen Deutschösterreicher durch die Alliance, Triest, Albanien und Balkan keine österreichischen, sondern Berliner, Pester und Römische Probleme, die glänzende Zukunft eines arisch-christlich gereinigten u. geeinigten Österreich-Ungarn, Zusammenbruch der tschandalischen Welt-politik, das österreichisch-englische Bündnis als der Werde-punkt zur arisch-christlichen Weltpolitik. 2 Abbildungen: Der jüdische und der jesuitische Papst als die Repräsentanten der arierfeindlichen Weltpolitik.

Verlag der „Ostara", Mödling-Wien, 1913
Auslieferung für den Buchhandel durch
Friedrich Schalk in Wien.

Preis: 35 Pf. — 40 H.

Titelblatt eines Ostara-Heftes

schen Idee wurde »Blasphemie« vorgeworfen. Das Dritte Reich strebte wie ein »Gottesstaat« die Einheit von Religion und Politik an. Der »Hohepriester« des deutschen Volkes hieß Adolf Hitler. Der Nationalsozialismus war eine »ganzheitliche« Ideologie. Dieser Zusammenhang ist für jede Betrachtung der Beziehungen zwischen Esoterik und Nationalsozialismus von elementarer Bedeutung. Die NS-Ideologie bot in gewisser Weise »ganzheitliche« Erklärungsmodelle für alle Katastrophen auf dieser Welt und die politischen Unsicherheiten. Verbunden damit war das Versprechen, die Lösung all dieser Probleme zu sein.

Schon im frühen Stadium war ein Wesenszug dieser »deutschen Religion« Terror und Gewalt. Dies belegt vor allem die »Thule-Gesellschaft«, die allgemein als Vorläufer der NSDAP gilt. Ihre Symbole waren gleich mit der Gründung 1918 das siegende Sonnenrad und das Hakenkreuz. Die führende Person der »Thule-Gesellschaft« war Rudolf von Sebottendorff. Dieser hatte im Juni 1919 die Zeitung *Münchener Beobachter* aufgekauft. Kurz danach erschien das Blatt erstmals mit dem Titel *Völkischer Beobachter* als das später bekannte ideologische Sprachrohr der Nazis. Bereits im November 1918 hatte Sebottendorff mit einer Rede die Gründung eines Thule-Kampfbundes initiiert:

»Eine Zeit wird kommen des Kampfes, der bittersten Not, eine Zeit von Gefahr! Wir sind alle gefährdet, die wir in dem Kampfe stehen, denn uns heißt der Feind mit dem grenzenlosen Hasse der jüdischen Rasse, es geht jetzt Aug um Aug, Zahn um Zahn! … Was kann weiter von einander entfernt sein, als deutsches und jüdisches Denken, was ist unverständlicher, als wenn ein Deutscher zum Juden spricht?«[7]

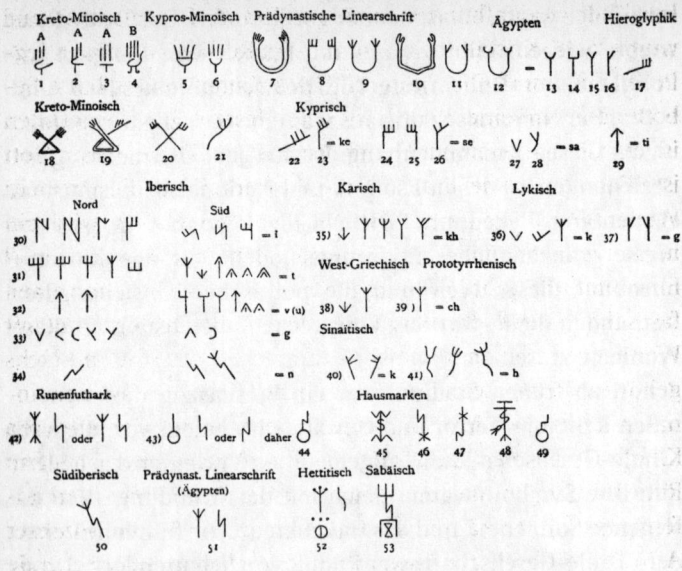

Runentafel von F. B. Marby (1932)

Der Thule Kampfbund war eine militante Organisation und wurde zum »Kristallisationspunkt von Rechtsextremisten jeglicher Couleur«.[8] Die Religion dieses Kampfbundes hatte Sebottendorff in seiner Rede auch schon festgelegt: »Unser Orden ist ein Germanenorden, Germanisch ist die Treue. Unser Gott ist Walvater, seine Rune ist die Aarrune. Und die Dreiheit: Wodan, Wili, We ist die Einheit der Dreiheit. Nie wird ein niederrassiges Gehirn diese Einheit in der Dreiheit begreifen.«[9] Eine Bilanz im Jahre 1996 zeigt für die aktuelle Situation einen fast schon »natürlichen« und selbstverständlichen Umgang mit Werten, die zum emotionalen Grundgerüst des Dritten Reichs gehörten. Runen waren ein alltäglicher Bestandteil der nationalsozialistischen Mystik. Heute findet man in jeder mittleren Kleinstadt Esoterikbuchläden, in denen man unter anderem Runenbücher en masse erwerben kann. Freundliche Verkäuferinnen und Verkäufer beraten einen gern über die »unserer Art« und nordischen Rasse angeblich besonders entsprechende Runenkultur, die mit Orakeln und gymnastischen Übungen aufwarten kann.[10] Runenkurse werden allerorten angeboten und scheinen einen besonders hohen Marktwert zu haben. Nicht selten werden diese Kurse von Personen geleitet, die eindeutig dem rechtsextremen Spektrum zuzurechnen sind. 1994 beispielsweise wurde ein solcher Runenkurs auf der Burg Merkenstein bei Wien vom Österreichischen Staatsschutz als Treffen von Rechtsextremisten beobachtet und schließlich aufgelöst.[11]

Runenbücher werden in den unterschiedlichsten Verlagen veröffentlicht, ein Stuttgarter Verlag wartet sogar mit Faksimile-Nachdrucken des radikalen Ariosophen Friedrich Bernhard Marby zum Thema Runen auf.[12] In einem dieser Bücher erfährt man gleich in der Einleitung, daß »zwischen dem germanischen Menschen und dem Tier, schon rein äußerlich, der größte Abstand vorhanden ist«.[13] In diesem Marby-Buch von 1932 wird vor »Kreuzungen der Rassen« gewarnt und das germanische Wesen stilisiert: »Was allen reinrassigen Menschen eigen ist und dem reinrassigen Germanen am meisten, das ist ein klarentwickeltes Gemüt.«[14] Das germanische »Erbgut« soll wieder geweckt werden, und dafür stehen die Runen.

> »Wir haben diesen Weg der Weckung des Erbgutes heute noch in unseren germanischen Runen vor uns. Diese Runen gilt es zu deuten und wieder lebendig zu machen. Es gilt sich an der Hand der Runen in das Weltbild unserer Vorfahren einzuleben ... damit wir das Erbgut in uns wecken.«[15]

Die Feinde einer solchen Runenkultur hat Marby dann auch gleich ausgemacht. Es sind die »okkulten Gesellschaften mit jesuitischer oder jüdischer Geheimleitung«.[16] Für viele Runenaktivisten von heute ist Marby einer der Klassiker.

»Zurück zu den germanischen Wurzeln«, lautet die aktuelle Forderung. Statt fernöstlicher Meditation Runengymnastik, statt Buddha oder Hare Krishna der Kriegsgott Odin. Die Götter- und Heldensagen der »Edda« werden zur Bibel und verkünden allen die Heilsbotschaft: den Sieg der nordischen Rasse über alle anderen und vor allem auch über alle Andersdenkenden.

Glaubensbekenntnisse der Neugermanen

Die Germanen von heute berufen sich immer wieder auf die Religionsfreiheit in dieser Republik, ihre Interessen richten sich aber eindeutig gegen die demokratische Kultur hierzulande. In einer kleinen Anfrage von SPD-Abgeordneten an die Bundesregierung wurde diese Problematik im August 1996 erstmals auf dieser Ebene angesprochen und die Beobachtung der

ist von unseren Vorfahren geprägt und kein Volk und keine
Rasse der Erde hat es sonst je vermocht, in so einfacher und
klarer Form das Wesen und die Wege Gottes im Sein und
in der Schöpfung zu erkennen und als von den Menschen
5 bewußt einzuhaltenden Schöpfungsweg festzulegen. —

Das Erkannte kenn-zeichnet den Er-Kenner als Kennenden
aber auch als Könnenden!

Diesen Weg der Erkenntnis bis zum Kennen und Können
wollen wir in Zukunft wieder gehen, Schritt um Schritt!
10

Rassengeister, Rassenseelen, Rassenkörper.

Der Kampf um die Einkörperung. Maskierte Dämonen.

Daß verschiedene Menschenrassen die Erde bewohnen, bestreitet kein vernünftiger Mensch. Daß es eine germanische
Rasse seit Urzeit gab und daß sie heute noch vorhanden ist,
20 bestreiten immer gerne diejenigen Menschen und Kreise, die
diese germanische Rasse zu Grunde richten wollen und doch
an ihr schmarotzen. Wer es sich heute merken läßt, daß er bewußter Germane ist, wird allen Kreisen der Schmarotzer
und Geschäftemacher damit verdächtig. Das Erwachen des
25 Germanentums soll möglichst verhindert werden. Kirche,
Universität, Beamtenapparat und Wirtschaftsapparat arbeiten mit aller Macht daran, den Germanen die germanische Bewußtheit zu stehlen, aber von den geistigen,
seelischen und persönlichen Werten der germanischen Rasse
30 leben sie alle. Eine vom Süden eingedrungene Schicht räu-
berischer Elemente herrscht seit rund 1200 Jahren in Europa
und fand überall Judasse und Verräter zwischen den germanischen Völkern. Durch eine gesicherte Position, durch
Titel und Würden und gute Verbindungen werden diese
35 Kreise so beeinflußt, daß in ihnen die Scham über ihren
Verrat am freien Germanentum und an den germanischen
Völkern nicht mehr aufzukommen vermag. Noch mehr: Sie
verachten und verhöhnen das niedergetretene germanische
Volkstum und verspotten die geistigen, seelischen und körper-
40 lichen Werte der germanischen Rasse und sehen eine „Ehre"
und ihre „Tüchtigkeit" darin, diese geistigen, seelischen und
körperlichen Werte für ihre Auftraggeber auszunutzen und
auszubeuten.

Alle denkenden Geister aller Jahrhunderte, seit Karl dem
Germanenschlächter, haben diese Sachlage mehr oder weniger

Kapitel in R.B. Marbys Runenschrift, Runenwort,
Runengymnastik *(1932)*

»neugermanisch heidnischen Gruppen« durch den Verfassungsschutz angefragt. In der Antwort der Bundesregierung wird eine solche Beobachtung problematisiert: »Dabei ist jeweils auch die grundgesetzliche Garantie der Religions- bzw. Weltanschauungsfreiheit zu berücksichtigen.«[17] Eine Passage aus der Fragestellung der Abgeordneten scheint an dieser Stelle besonders aufschlußreich:

> »Nach 1945 arbeiteten neugermanisch-heidnische Gruppen unbehelligt von Politik und Öffentlichkeit in der Bundesrepublik Deutschland und bilden inzwischen ein gut funktionierendes Netzwerk aus Vereinigungen und Zirkeln, Kultstätten, Verlagen, Videoproduktionen und Firmen ... Verachtung gegenüber Menschen, die nicht ›nordisch‹ sind, ist bis heute Kern der neugermanischen Ideologie, die auf drei Prinzipien beruht: nationale Gesinnung, Rassentheoretik und Blutmythos als Begründung des Führungsanspruchs der ›germanischen Rasse‹.«[18]

Die Gefährlichkeit dieser Gruppierungen liegt heute darin, daß sie sich inzwischen Themen widmen, die einen großen Teil der Gesellschaft beschäftigen. Längst sind sie keine abseitigen »Spinner« mehr, sondern versuchen, gesellschaftliche Trends wie die Ökologie für ihre Zwecke umzuwidmen. Baumpflanzaktionen werden durchgeführt, die Zerstörung der Natur offensiv kritisiert, Naturmeditationen angeboten und sogar Naturheilverfahren auf »germanischer Glaubensbasis«.[19] Es ist schwierig, die gut getarnten Rechten zu erkennen. Auch im Knaur Verlag beispielsweise ist ein esoterisch-germanisches Werk erschienen: *Oding Wizzod* von Gerhard Heß.[20] Inhaltlich wirkt *Oding Wizzod* in unserem Zusammenhang nicht besonders aufregend, nur zwischen den Zeilen deuten sich Tendenzen an. Der Knaur Verlag hat das Buch inzwischen aus dem Verlagsprogramm gestrichen.

Gerhard Heß ist eindeutig in rechten neuheidnischen Gruppen aktiv, so etwa in einem »Abendländischen Besinnungskreis Heimatreligion«. Dort formuliert Heß etwas klarer:

»Nur eine Religion, welche mit den Naturgesetzen harmonisiert, bleibt mit der großen Weltwahrheit in Einklang; sie allein kann deshalb geistig und körperlich Mensch und Umwelt gesund erhalten ... Wir bekennen uns zur Naturreligiosität unserer Völker. Wir weisen eine ununterbrochene Tradition dieser Religion nach bis in die Jetztzeit. Wir sind die Rechtsnachfolger des Heidentums (Artglauben).«[21]

Dieser Gerhard Heß kann aber noch deutlicher werden. In einem Brief an die *Frankfurter Rundschau* zu der ARD-Sendung *Kulte, Führer, Lichtgestalten* schreibt der Runenkundler Heß:[22]

»Wenn sich Tausende Orientalen zusammenrotten und Hunderte davon mit haßverzerrten Gesichtern knüppel- und fackelschwingend auf deutsche Polizisten dreindreschen, wenn die einstmals deutschen Großstädte vor ausländischer Aggressivität zittern, sobald die Straßenlaternen angehen, wenn immer wieder deutsche Frauen von ihren eifersüchtigen afro-orientalischen Liebhabern in Anwandlungen von kulturspezifischem männlichem Herrschwahn ermordet werden – dann gilt es für bundesrepublikanische Medienmacher, Verständnis und Rücksichtnahme mit den Tätern zu demonstrieren.
Werden hingegen drei Dutzend odinistische Esoteriker geortet, dann erheben die weisen Papis ihre Zeigefinger und wittern fürchterliche, ja geradewegs ins Chaos hinführende braune Umtriebe.«[23]

Jener Gerhard Heß ist, wie alle überzeugten germanisch Gläubigen, äußerst emotional:

> »Wer den Odingläubigen ihr Recht auf Religionsausübung streitig zu machen versucht, wer sie verleumdet, diskriminiert und dadurch eine hysterische Lynchjustizstimmung in der unwissenden Bevölkerung hervorruft, der steht in direkter Tradition verbrecherischer Inquisitoren, dem haftet der Geruch von Ketzerverfolgung, Hexenverbrenner, Heldenmörder und Judenverfolger an.«[24]

Gerhard Heß gilt in rechten Kreisen als eine der kompetentesten Personen in Glaubensfragen. In den rechten Mailboxen wird denn auch regelmäßig auf ihn und seine Publikationen verwiesen.

Die Glaubenswelt der Rechtsextremen liefert eine emotionale Basis für das gesamte Szenario der rechtsextremen Kräfte in Deutschland. Ohne diese mystische Ebene wäre nicht nur der Nationalsozialismus in dieser Form nicht funktionsfähig gewesen, sie ist auch unabdingbar für Kreise, die heute an einer Wiederbelebung der großdeutschen Idee arbeiten. Diese Idee eint fast alle neugermanisch-heidnischen Gruppen.

Ein Extrembeispiel ist sicherlich die Geschichte des sogenannten »Germanenmörders« Thomas Lemke. Der polizeibekannte Neonazi, vorbestraft wegen Waffenbesitz, Brandstiftung und Volksverhetzung, ermordete nach seinem ersten eigenen Geständnis mehrere Menschen im Auftrag des altgermanischen Gottes Odin. Der Gott der Schlachten habe ihm persönlich den Mordauftrag erteilt. Seine tatsächlichen Motive sind vermutlich eher einfacher Art. Ein Opfer mußte sterben, weil sie auf ihrer Jacke einen Aufkleber trug: »Nazis raus aus Deutschland«, ein weiteres Opfer wußte sein Versteck, und ein drittes Opfer hielt er für einen Verräter.[25] Lemkes kriminelle Energie steht

Die Wiedereinsetzung
des Glaubens
unserer Vorfahren

ist die große Hoffnung
für das Überleben
unserer Völker.

Ralph Harrison, England

Huginn und Muninn

Deutschsprachige Midgart-Zeitung für europäische Religion, Kultur und Mysterien
Herausgeber: ANSE -Arbeitsgemeinschaft naturreligiöser Stammesverbände Europas
Midgart-Verlag: Postfach ▮▮▮▮▮▮

Nr. 11 - Hornung 1996   DM/SF 5,70; öS 40. 6. Jahrgang

WINTERAUSTREIBEN.

Es zieht ein Dämon durch das Land -
doch man erkennt ihn nicht!
Er hat die Fäden in der Hand -
mit freundlichem Gesicht!
Die Hässlichkeit hält er verborgen,
um unerkannt zu sein.
Mit Menschenängsten und auch Sorgen,
da lässt er sich nicht ein.

Er lobt die Nacht in Geist und Welt -
viel Angst macht ihm das Denken -
doch wer treu zu ihm sich gesellt,
den wird er trefflich lenken.
Sie rauben der Natur die Zeit,
den Menschen ihre Ehre!
Der Lohn für die Ergebenheit:
Diäten und Karriere.
...
Doch Narren durch die Strassen zieh'n
mit Masken,fürchterlich -
die Freundlichkeit ist innen drin,
nur aussen Wüterich.
Den Stock und Besen schwingen sie,
die Kälte zu verjagen -
die Wintergeister wollen sie
nicht bei uns haben.

Vertreibt die Mächte doch gleich mit,
die Geisteskälte bringen!
Drängt sie hinaus mit festem Schritt,
um Freiheit zu erringen!
Die Götter werden es Euch lohnen:
Die Schöpfungswonne ist das Geld.
Und überall,wo Menschen wohnen,
da kommt der Frieden in die Welt!

Dagmund 8.2.'96

Titelblatt einer Ausgabe von Huginn und Muninn

offensichtlich in Zusammenhang mit einem emotionalen Grundgerüst, das er aus dem germanischen Glauben bezieht. Thomas Lemke war auf jeden Fall von der Wiedergeburt eines Großdeutschen Reiches überzeugt, und das verbindet ihn, egal, was seine Psyche auch sagt, mit anderen Germanisch-Gläubigen. Die Hohepriesterin der Rechtsextremen hingegen, eine Freifrau von Schlichting, verhext ihre Gegner eher nach einem angeblich altgermanischen Hexenwissen.

Die Freifrau selber führt ihre Ahnentafel direkt auf Odin zurück und trifft sich nebenbei regelmäßig mit alten SS-Kameraden, mit Mitgliedern der verbotenen Nationalistischen Front und, nach einem Pressebericht, sogar mit Leuten aus dem Umfeld von Briefbombenattentätern in Österreich.[26] Diese selbsternannte Nachfolgerin Odins gilt als die einflußreichste Frau an der Nahtstelle zwischen Esoterik und rechtsextremen Kreisen. In ihrer Arbeitsgemeinschaft Naturreligiöser Stammesverbände Europas (ANSE) wirbt sie für die Überlegenheit der nordischen Rasse.[27] Damit kann von einer etwaigen germanischen Leidenschaft oder auch einem netten archäologischen Hobby keine Rede mehr sein. In dem Buch *Mutter Erde, Magie und Politik* findet sich ein interessanter Bericht über einen »großen Auftritt der Sigrun Schleipfer«.[28] Sigrun Schleipfer hat sich später in Freifrau von Schlichting umbenannt. Berichtet wird über ein Schamanentreffen 1983 im bayerischen Königsdorf, bei dem sich indianische Medizinmänner und auch »deutsche Schamanen« trafen:

>»Vielleicht hätte alles noch seinen wohltemperierten Verlauf zwischen Tipis, biologischem Gemüse, Schwitzhütten ... genommen, wäre nicht die Armanenchefin Sigrun Schleipfer plötzlich uneingeladen aufgetaucht. Sie stellte sich sogleich als traditionelle Germanin vor und zelebrierte ein Runenorakel.
>Es kam zum Tumult, der in ein Handgemenge überging. Der eine

Leitgedanke

1. Ich bin stolz auf meine deutsche Abstammung!
2. Ich will meiner Art gerecht sein!
3. Ich kämpfe nur noch für meine Art!
4. Ich suche meine Freunde in meiner Art!
5. Ich gehe nur mit unserer Art ins Bett!
6. Ich zeuge nur Kinder unserer Art!
7. Ich meide alles Artfremde!
8. Ich kämpfe für ein Deutsches Reich!
9. Ich werde ein Kulturträger!
10 Ich bin gesittet!

Von nun an weiß ich woher ich komme, wer ich bin und wo ich hinzugehen habe! Ich kann jetzt jedem erklären, weshalb ich ein Deutscher bin und andere es nicht sind!

In meinem Umfeld schaue ich mich um, wer meiner Art ist und wer nicht. Ich werde beobachten welche Merkmale einen Fremden verraten und mit welchen Mitteln er versucht sich in mein Volk einzuschleichen.

Ich gehöre zu dem alten Sippen- und Bauernadel der Obalsgeschlechter und werde dem Losungsworte treu: **Adel verpflichtet!**

Ich beschäftige mich mit den großen Gestalten der Deutschen Geschichte. Ich werde ab und zu klassische Musik hören, Bücher lesen, in Museen gehen und versuchen, mich in die Zeit meiner Ahnen einzufühlen. Nur so kann ich Geschichte verstehen und erlernen!

Die stärkste Kraft kommt von Innen!

Leitgedanken aus dem Lebensborn

Teil der Lagerbewohner war über die ›Schamanin und Hexe Sigrun‹ begeistert … Der andere Teil empörte sich über die ›nationalsozialistische Germanin‹ und geleitete sie recht kriegerisch aus dem Lager. Luisa Francia war über die Darbietung der ›Sonnenideologie … mit ihrem ganzen arischen Scheiß‹ schockiert und wunderte sich, wie manipulierbar die sich ›um spirituelle und ökologische Inhalte‹ bemühenden Zuhörer waren.«[29]

Rassismus ist das Stichwort, und in diesem Begriff bündelt sich die gesellschaftliche Gefährlichkeit fast aller germanischen Gruppierungen. »Ich gehe nur mit unserer Art ins Bett«, fordert Jörn Schönlaub, ein langjähriger Weggefährte der Freifrau.[30] Jörn Schönlaub steht für die brisante Verquickung zwischen esoterisch-germanisch orientierten Gruppierungen und militanten Neonazis. Schönlaub betätigt sich im »Armanen-Orden«, einer der führenden germanisch-esoterischen Gemeinschaften, die auf den ersten Blick »harmlose« Rituale vollziehen, nach eigenem Selbstverständnis aber die Vordenker der arischen Rasse sind.[31] Gleichzeitig war Schönlaub aktiv in der verbotenen militanten Nationalistischen Front. Eine derartige Mehrfachbetätigung ist übrigens typisch für die meisten Neonazis in exponierter Stellung. In ihren esoterischen Zirkeln wird die Überlegenheit der nordischen Rasse sozusagen durch einen religiösen Akt zur Glaubensüberzeugung. Die Nähe von Germanentum, Esoterik und Rechtsextremismus macht ganz plakativ eine Anzeigenseite der österreichischen Zeitschrift *Sieg* deutlich,[32] einem Propagandablatt, das zur radikalen Spitze im Bereich der rechten Szene gehört. Hier findet man auf einer Seite neben der Werbung für die militante »nationalistische Front« oder für die »Vereinten Länder des deutschen Ostens im Deutschen Reich« folgende Anzeige:

»Nationaler Aktivist (26 J. 198 cm, alkohol- und nikotinfrei, neuheidnisch, ortsgebunden im Raum der Externsteine) sucht passende Ehefrau aus diesem Gesinnungskreis.«[33]

Direkt daneben wird für einen »Bio-Logischen Mondphasen Kalender« geworben, der »Runenkunde u. Mythologie« anbietet und »die Festtage im Jahresverlauf aus esoterischer Sicht«.[34] Die germanisch-esoterische Weltanschauung prägt die Denkweise fast sämtlicher rechter Zirkel.

Die Suche nach Atlantis

Vielleicht mag es manchem als Witz erscheinen, aber Atlantis soll nach »sauberem« germanischen Denken bei Helgoland liegen. Von dort haben dann die germanischen Weisen Reisen unternommen, um die chinesische Hochkultur zu begründen und natürlich auch den Pyramidenbau in Ägypten zu organisieren. Sämtliche Hochkulturen dieser Welt sind auf die höherwertige Rasse der nordischen Germanen zurückzuführen, und damit ist die Überlegenheit der Arier präzise belegt. So steht es nicht nur in rassentheoretischen Fibeln der Nationalsozialisten, sondern so wird es auch bei den germanischen Vereinigungen heute gepredigt. Ohne die Überlegenheit der arischen Rasse kann das System der Rechtsextremen nicht funktionieren. Dieses System gipfelt in einer angeblich deutschen »Verantwortung der Welt gegenüber«. Die Welt vom Bösen zu befreien ist die »heilige« Aufgabe der nordischen Rasse, und deren Wurzel ist das »Germanentum«. Einen nicht unerheblichen Teil der Grundlagen für diese »heilige« Aufgabe lieferte 1928 der »Wissenschaftler« Herman Wirth in seinem äußerst umfangreichen Werk *Der Aufgang der Menschheit*.[35] Der Untertitel: »Untersuchungen zur Geschichte der Religion,

Symbolik und Schrift der Atlantisch-Nordischen Rasse«. Dieses Buch beinhaltet die verbindlichen religiösen Überzeugungen der Nationalsozialisten, auch wenn Wirth zeit seines Lebens als Wissenschaftler äußerst umstritten war.

Auf weit über 600 Seiten führt Herman Wirth im ersten Band seiner Arbeit hauptsächlich den »Beweis«, daß sämtliche Hochkulturen dieser Welt auf die germanische Herrenrasse zurückzuführen sind. Die Grundanschauungen dieser Rasse finden sich im »angestammten Volkstum der heimatlichen Scholle, die Verbindung mit den gefühlsmäßig geahnten, geistig-seelischen Erbmassen sucht«.[36] Diese verweist auf die bekannte Blut-und-Boden-Ideologie. Wirth geht von einer folgenschweren These aus: »... es ist einer Rasse eine bestimmte Weltanschauung angeboren, welche als geistige Erbmasse nach erfolgter rassischer oder (und) geistiger Mischung reinerbig immer wieder zum Durchbruch kommen muß ...«[37] Damit verfolgt er eine ganz bestimmte Absicht, nämlich daß sich die von ihm als überlegen definierte germanische Rasse zwangsläufig durchsetzen muß. Alles andere wäre der Untergang der Kultur und der zivilisierten Menschheit.

Wirth kommt in seinem Buch weiter zu der Erkenntnis, daß die »urnordische Rasse das Bindeglied der Menschheit ist«.[38] Dies zu beweisen setzt sich Herman Wirth zur Aufgabe, dazu bemüht er die unterschiedlichsten Wissenschaften. Er führt dafür eine »urnordische Blutgruppe an« und spricht von »höchst harmonischen Schädelentwicklungen«. Selbst eine Blutgruppe der Blonden zieht er als besonders arisches Kennzeichen heran und beruft sich auf »das Sinken der Zahl der Blonden von Norden nach Süden und das Steigen der Zahl der Brünetten«.[39] Hier liegt also ein weiterer Urgrund für die Vorliebe der Nationalsozialisten für blonde Menschen. Selbst Jesus bleibt vom Arierwahn Herman Wirths nicht verschont: »Insofern ist also der Galiläer, Jesus von Nazareth, hinsichtlich

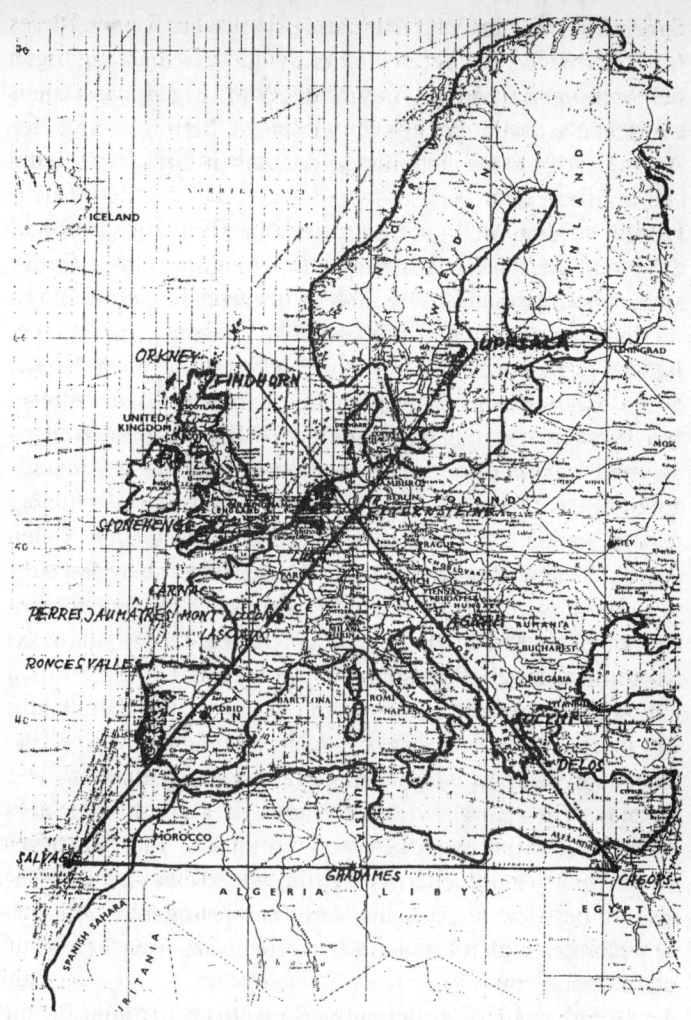

Die Externsteine als der Mittelpunkt der Welt:
Mit diesen merkwürdigen Linien tritt der
Walter-Machalett-Kreis den »Beweis« an

seiner Erbmasse, unzweifelhaft als ein ›Arier‹ anzusprechen.«[40]
Als »Lichtmenschen« bezeichnet Wirth die Germanen und fragt
sich, »wie verwirrend der Anblick des reinrassigen, nordischen
Menschen ... auf die Römer wirkte ... Betroffen von der
Schönheit ihrer Erscheinungen, der hohen Gestalten, licht-
haarumwoben.«[41]

Worum es eigentlich geht, sagt Herman Wirth auch: »... daß
die nordische Rasse als geistiger Sauerteig der Erde und der
Menschheit das Selbstopfer ihrer artgegebenen, gottgewollten
Weltmission ward. Die Untersuchung ... wird ... uns zeigen,
welche Aufgabe der Selbst- und Welterlösung noch einmal
dieser Rasse in ihrer geistigen und folgenden körperlichen
Wiedergeburt zuerteilt ist.«[42] Diese »Wiedergeburt« nach eben-
diesem Programm war elementarer Bestandteil der NS-Ideologie, und das Stichwort »Welterlösung« findet sich regelmäßig
in den Reden der Naziführerschaft. Die in solchen Reden
ebenfalls immer wieder erwähnte »Herrenrasse« »beweist« Herman Wirth auch. Als Belege dafür greift er unter anderem auf
die polynesischen Mythologien zurück, bemüht die Himmels-
richtungen, beschäftigt sich mit Hieroglyphen, die natürlich
germanischen Ursprungs seien, und stellt fest, daß überall dort,
wo jemals etwas geschrieben oder gesprochen wurde, die
Germanen zwangsläufig beteiligt gewesen sein müßten.

Herman Wirth spricht von den Germanen noch als »der nordischen Kulturbringer-Oberschicht« und von »der lebensge-
setzlich unzertrennlichen Verkettung der Erbmassen des Blutes und des Geistes«.[43] Seine Veröffentlichungen gehören zu
den fundamentalen Quellen der nationalsozialistischen Ideologie.

Eine Frage stellt Wirth immer wieder: Wo war Atlantis? Zur
Beantwortung bemüht er die altgriechischen Philosophen, die
römischen Geschichtsschreiber, alles, was an volkskundlichen
Quellen seiner Zeit (1928) zur Verfügung stand, und natürlich

auch die Blutgruppen. Er kommt zu folgendem Ergebnis: »Wenn also ein Atlantis-Schollengebiet ... bestanden hat, haben wir dies an erster Stelle nördlich vom 40.° n. Br. zu suchen.«[44] Das heißt, irgendwo in der Nordsee, wie Wirth schreibt, sind »heute in Gestalt der Waddeninseln nur noch dürftige Trümmer vorhanden. Das Meer allein kann die Antwort auf diese vereinten Fragen geben ... Vielleicht entringt die wissenschaftliche Forschung sie noch einmal seiner schweigenden Tiefe.«[45]

Eigentlich müßte jeder einigermaßen informierte Leser diesen Unsinn als Marotte eines versponnenen Gelehrten abtun. Doch all dies war elementarer Bestandteil der »religiösen« Überzeugungen der Nationalsozialisten. Es diente zudem als »wissenschaftliche« Legitimation der Realpolitik im Dritten Reich. Und es war die Begründung, um »Volksschädlinge« zu bekämpfen, denn Wirths Gedanken enthielten schon 1928 auch eine »wissenschaftliche« Absicherung der Morde an »Artfremden«, die er mit dem erschreckenden Wort »Verfallskulturen« belegt.

Wallfahrten, Kultstätten und Geschichtsbilder

Die eigentlichen Überlieferungen der germanischen Kultur sind eher spärlich. Der römische Geschichtsschreiber Tacitus schreibt einige Sätze, aus denen man allerdings keine besonderen Aufschlüsse über die mögliche »Hochkultur« der Germanen gewinnen kann. Durch Tacitus weiß man wenigstens, daß die Germanen als Gemeinschaft existierten, daß sie mit halbnacktem Oberkörper in die Schlacht zogen und dabei irgendwelche Gesänge von sich gaben: »Wenn die Römer aus ihrem sonnigen Land, über das ein ewig heiterer Himmel seine blauen Bänder spannte, nach dem Norden kamen, war ihr erster

Eindruck, in ein Gebiet trüben Lebens und düsterer Wildnis versetzt zu sein ... Schrecklich, wie Sturm und Donner wirkte es auf die eisernen Legionäre, wenn diese Barbaren mit lautem Gebrüll in den Kampf stürzten, und selbst die Weiber unterstützten ihre Männer mit wildem Geheul.«[46] Tacitus hat selbstverständlich noch eine Menge mehr über die Germanen verfaßt, aber irgendwelche klaren Schlußfolgerungen über die germanische Hochkultur sind nicht zu entdecken, obwohl die besonders eifrigen Germanenforscher das Ihre daraus herauslesen.

Die Beschreibungen des römischen Geschichtsschreibers Tacitus bringen im nationalen Sinne also nicht besonders viel. So findet eine fieberhafte Suche nach geschichtlichen Belegen für die Rechtfertigung der eigenen Ideologie statt. Dabei beruft man sich hauptsächlich auf die Götter- und Heldensagen der Edda und feiert dieses Werk aus Island als die germanische Bibel. Daß die Edda kein einheitliches Werk ist, sondern eher eine willkürliche Sammlung, ohne historische Qualitäten, belegt *Kindlers Literaturlexikon*.[47] Die Edda ist vor allem ein interessantes Lesebuch isländischer Mythen, aber selbstverständlich bezieht sich auch Herman Wirth in seinen germanischen Theorien auf die Edda als eine Art geschichtliches Nationalheiligtum.

In der Edda sind wenigstens irgendwelche Helden benannt, alte Geschlechter, und vor allem wird eine Ordnung der germanischen Gottheiten vorgestellt. So beruht die Glaubenswelt der Rechtsextremen auf vermutlich zusammenhanglosen Mythen der isländischen Helden- und Götterdichtung – ein Geschichtsbild ohne jegliche historische Grundlage. Das Weltbild der Germanisch-Gläubigen wie auch der Nationalsozialisten setzt eine glorifizierte Geschichte voraus. Eine Geschichte, die man aus der Edda bezieht und aus Runenzeichen deutet, deren deutlichstes Symbol die Rune des Hakenkreuzes ist. Eine

Geschichte, die Mord und Totschlag – wie im Dritten Reich praktiziert – legitimiert.

Der Rückgriff auf das Germanentum erlebte seinen ersten großen Höhepunkt in der Romantik. Die Neuheiden aus dieser Zeit waren, wie interessanterweise auch alle späteren Bewegungen, naturreligiös orientiert und sahen in diesen Wurzeln eine Alternative zur Aufklärung, also einen Gegenpol zu einer vernunftbetonten Weltanschauung. Man könnte die damalige Bewegung durchaus schon als eine esoterische Strömung bezeichnen. Die romantischen Forscher beschäftigten sich mit germanischer Mythologie und den nordischen Gottheiten, um sich den Wesenszügen des Volkes zu nähern. Das bekannteste Beispiel dafür sind die Gebrüder Grimm, die sich über ihre Sammlung von Märchen erhofften, die »Reinheit der Volksseele« zu entdecken. Das Volk wurde in der Romantik zu einer Naturkraft stilisiert. Die deutlichste nationale Position bezog dabei der Philosoph Johann Gottlieb Fichte in seinen »Reden an die deutsche Nation« 1807/1808: »Die neue nationale Erziehung wurde darin mit der ›Sendungsmission der Deutschen‹ verbunden … Die Deutschen wurden wieder einmal auf ein unveränderbares Urvolk mit starren, einseitigen Merkmalen reduziert.«[48] Kein Wunder, daß gerade Johann Gottlieb Fichte auch heute für die gesamte nationalrevolutionäre Rechte zu den populärsten Persönlichkeiten aus der Geschichte zählt.

Die Symbole der Romantik waren dieselben, die im Dritten Reich, in der Jugendbewegung und beim Wandervogel – und eben auch heute wieder verwendet werden. So wandern die Nazis von heute, immer öfter gemeinsam mit Esoterikern der unterschiedlichsten Richtungen, zu den alten germanischen Pilgerstätten, um dort ein »nordisches« Feeling zu verspüren. Daß sie dabei zum Beispiel an den Externsteinen in Ostwestfalen eher den Geist von Himmler verspüren könnten, wird manchem vielleicht gar nicht klar. Himmler nämlich war im

Dritten Reich Vorsitzender der Externsteinstiftung. Der Besuch solcher Kultstätten kommt Wallfahrten gleich und ist damit wiederum ein »religiöser Akt«.

Doch gerade bei den Kultstätten werden die Abgrenzungsmöglichkeiten schwieriger. Wer Bayreuth und die Wagner-Festspiele besucht, ist noch lange kein Nazi. Vielleicht eher ein national-konservativ angehauchter Esoteriker oder ein liberal anarchistischer Musikliebhaber, vielleicht sogar ein ehemaliger Hippie, der sich in den Nibelungenring verliebt hat oder in Brunhilde, wie ja auch die Garderobenfrau heißen könnte. Das nationale Symbol Bayreuth überdauert sie alle – sicherlich Grund genug für den ehemaligen Republikanerchef Schönhuber oder auch seinen DVU-Kollegen Frey, dort regelmäßig präsent zu sein.

Auch wer das Hermannsdenkmal im westfälischen Detmold besucht, wird in der Regel eher die Aussicht genießen oder diese monströse germanische Gestalt bestaunen wollen. Immerhin ist der Hermann eine der touristischen Topadressen in ganz Deutschland. So ganz nebenbei werden hier auch die Werte vermittelt, die mit dieser nationalen Institution zusammenhängen. Diese Werte scheinen populärer zu sein, als mancher denkt. So hat der Westdeutsche Rundfunk, eher als kritisch eingestellter Sender bekannt, in einer einstündigen Livesendung zum 100jährigen Jubiläum des Hermannsdenkmals berichtet.[49] Innerhalb dieser Sendung waren nur am Rande kritische Gedanken zu einem nationalen, aber für eine demokratische Gesellschaft völlig unbrauchbaren Symbol zu vernehmen. Der Grund ist klar: die Hoffnung auf die berühmte Einschaltquote. Die Frage, die sich daraus ergibt, ist allerdings äußerst schwierig: Wie stark ist nationales Denken wieder geworden, wenn das Fernsehen darauf schielt, um seine Einschaltquoten zu steigern?

Mit einer solchen Feier an einem seiner Geschichte nach

»undemokratischen« Denkmal geht man auf alle Fälle unge-
wollt ein merkwürdiges »Bündnis« ein. Rechtsextremisten wie
der »Bund der Goden«, eine heidnisch-germanische Glaubens-
gemeinschaft, reklamieren den »Hermann« wohl zu Recht für
sich. Diese »Arbeitsgemeinschaft des erweiterten Godenrates
der religionswissenschaftlichen Vereinigung ›die Goden‹ e. V.«
lädt im »Mittsommer« 1995 zum Hermannstag[50] in Bad
Pyrmont ein:

> »Zu diesem Hermannstag, der mal ein deutscher Nationalfeier-
> tag werden soll, haben besonders volksbewußte Persönlichkei-
> ten als Vortragende zugesagt; ... Vor der Felsengruppe der
> Externsteine im Teutoburger Walde, vor diesem Heiligtum aller
> Germanenstämme, rief einst der Cheruskerfürst Hermann alle
> Gaufürsten zusammen ... Und unweit der Externsteine wurde
> ihm zu Ehren auf Bergeshöh das weit sichtbare Hermannsdenk-
> mal errichtet.
> Dem deutschen Volke gilt es nicht nur zu Erinnerung, sondern
> als Mahnung und Verpflichtung.«[51]

Das Hermannsdenkmal ist ein Symbol von ganz besonderer
geschichtlicher Bedeutung. Der legendäre Cheruskerfürst Arminius soll im 9. Jahr nach Christus die Legionen des römischen Feldherren Varus besiegt haben. Die historische Forschung ist der Ansicht, daß Arminius diese Legionen geschickt
in die Sümpfe gelockt hat und dort umkommen ließ. Mit
seinem Sieg einigte er angeblich die germanischen Stämme
und schuf so den Vorläufer für »Deutschland«. Es ist nicht
verwunderlich, daß der »Arminius-Hermann Kult« bei Rechts-
nationalen aller Zeiten eine zentrale Rolle spielt. »Dabei wurde
auch ein Führerkult geprägt, der seinerseits wieder die autoritären, antidemokratischen Strukturen der rechten und rechtsextremen Germanenrezeption verstärkte. Arminius wurde zum

Führer mit autoritärer Macht und Herrlichkeit hochstilisiert ...«[52]

Dieser Hermann ist bis auf den heutigen Tag im wahrsten Sinne des Wortes populär. Das wäre weiter kein Problem, wenn es nicht diese enge Beziehung zu rechtsnationalen Gedanken gäbe. In einer Zeitung finden wir unter der Überschrift »Cheruskerfürst Hermann, Superstar« einen Artikel, der sich mit Filmen über den »Helden«, das Denkmal und die Ideologie im Hintergrund beschäftigt.[53] Eine besonders aufschlußreiche Passage beschreibt eine Filmdokumentation vom Hermannslauf anläßlich der 50-Jahr-Feier des Denkmals 1925:

»Die gewiefte Werbeabteilung der Deutschen Turnerschaft verstand es vortrefflich, Volkssport und Nationalismus auf einen Nenner zu bringen – und zu filmen. Von insgesamt 16 Orten entlang der Reichsgrenze ... starteten die Läufer, und alle bedeutenden Nationaldenkmale wurden ›berührt‹. Der Film zeigt zunächst das Hermannsdenkmal, das Führersymbol des deutschen Nationalismus in aller Pracht ... Die in Köchern mitgeführten Grußbotschaften der Läufer schwelgten im Nationalgeist und beschworen den Zusammenhalt der ›deutschen Stämme‹. Hermann erschien in diesen ›Urkunden‹ als Symbol für die ›rettende Führergestalt‹ und vermittelte die Gewißheit, daß ›Schmach‹ und ›Schande‹ dereinst zu rächen sei.«[54]

Der Hermannslauf findet auch heute noch jährlich Zuspruch und hat Tausende von Teilnehmern.

Beigelegt sind der Einladung der »Goden« zum Hermannstag mehrere Buchempfehlungen, so die *Kriegsschuld* von Horst Eckert, in der eindeutig revisionistische Standpunkte vertreten werden.[55] Im Bund der Goden ist auch der Rechtsterrorist Manfred Roeder eine äußerst aktive Figur. Gruppierungen wie die »Goden« bewegen sich aber weit mehr »mitten im deutschen

Einladung vom Bund der Goden zum Hermannstag

Volke«, als man allgemein annimmt. Solche Verbindungen lassen sich über Kultstätten wie etwa das Hermannsdenkmal besonders unauffällig herstellen und haben den Vorteil, ganz harmlos zu wirken.

Die rechten Gruppierungen erhoffen sich wohl eine Wiederbelebung dieser nationalen Institution. Das Germanentum scheint den Deutschen Allmacht zu verleihen – eine Allmacht, die eng verbunden ist mit den Unmenschlichkeiten eines KZs wie Buchenwald.

KZ-Tourismus

Nationalsozialisten besuchen das Konzentrationslager Buchenwald auf ihre Art. Neonazis treffen sich dort und fotografieren sich gegenseitig vor Baracken oder Wachtürmen beim Hitlergruß.[56] Einige reisen mit Stahlhelm an und spielen SS-Wachsoldaten. 1996 gab es bis Oktober »nur« sieben polizeilich bekannt gewordene derartige Fälle.[57] Die Dunkelziffer ist unbekannt. Vor ein paar Jahren, sagt die Polizei in Weimar, fuhr man stündlich Streife, da Übergriffe dieser Art doch zu massiv wurden. Heute reisen sogar Busse mit Altnazis an, wie die Museumsleitung uns in einem persönlichen Gespräch betroffen mitteilte. KZ-Touristen der besonderen Art.

In Sichtweite vom Lager hatten die Nazis einen Zoo eingerichtet, ohne besondere Zäune. Die Gefangenen sollten klar wissen, daß sie weniger wert waren als die Tiere gegenüber. »Volksschädlinge« hatten in einer germanisch-esoterisch »heilen Welt« nichts zu suchen. Es war, davon zeugt Buchenwald, eine Welt, »mitten im deutschen Volke«.

II.
Kulte und Ideologen

4   Die Haverbeck-Story

Werner Georg Haverbeck ist der »Hauptbestandteil« einer Geschichte, die sich im wesentlichen einerseits in der westfälischen Stadt Vlotho abspielt, andererseits im Nationalsozialismus.

In seinem Buch *Der Weltkampf um den Menschen*[1] beschwört Werner Haverbeck gemeinsam mit seiner Frau Ursula den Untergang der deutschen Kultur als das Ende jedweder Zivilisation. Kultureller Niedergang und Sprachverkümmerung gehen Hand in Hand, so die Haverbecks, und es hat schon etwas Dreistes, wenn sie pauschal von »dem genuschelten Kauderwelsch unserer Kinder und Jugendlichen« sprechen:[2]

> »Sie bitten zur Geburtstagsparty, singen nicht mehr: ›Viel Glück und viel Segen auf all deinen Wegen‹ ... sondern das aus vier Worten bestehende einfallslose ›happy birthday to you‹. Als Kleidung kommen nur Jeans und T-Shirts in Frage mit so schönen Aufschriften wie multicoloured oder I am crazy, was dann ja wohl auch zutrifft.«[3]

Der Weltkampf um den Menschen ist im übrigen durchweg ein esoterisch ausgerichtetes Buch – Esoterik in diesem Fall eindeutig im Dienste der »rechten« Sache. Haverbeck war schon im Dritten Reich maßgeblich daran beteiligt, Esoterik als Mittel der rechtsextremen Propaganda einzusetzen.

Werner Haverbeck, Jahrgang 1909, ist einer der Chefideologen für die gesamte rechte Szene. Er genießt einen außerordentlichen Ruf und hat zu »rechten« Größen jeder Couleur Berührungspunkte. Sein Betätigungsfeld erstreckt sich von eher konservativen Kreisen bis hin zu nationalrevolutionären Rechtsextremen. Haverbecks Lebenswerk ist die Verbindung von esoterisch völkisch-germanischen Ideen mit einer nationalsozialistischen Weltanschauung. Seine Arbeit steht zu einem großen Teil in Zusammenhang mit dem Collegium Humanum. Nähern wir uns der Person Werner Haverbecks über diese Institution, als deren geistiger Übervater Haverbeck erscheint.

Volkstum und Esoterik – Das Collegium Humanum

Die Bildungseinrichtung »Collegium Humanum« in der westfälischen Stadt Vlotho ist eine rechtsextreme Einrichtung. Im Verbund mit dem »Weltbund zum Schutz des Lebens« (WSL) wird hier seit Jahrzehnten rechte Bildungsarbeit geleistet, die sich vor allem mit Volkstum, Ökologie und Esoterik beschäftigt. An Belegen für die eindeutige politische Ausrichtung dieser Seminarstätte herrscht kein Mangel. So fand 1984 ein Treffen zur »Vorbereitung des 100sten Führergeburtstags« in Vlotho statt. Im Einladungsschreiben dazu hieß es:

> »Rundschreiben an die Kreissekretäre, Sonderbeauftragten und Stützpunktleiter im Gau Rhein-Westfalen.
> Am 20./21. Oktober findet in Vlotho ein wichtiges Schulungs- und Besprechungstreffen auf Gauebene statt ...
> Auf der Anreise zum Veranstaltungsort und im ›Collegium Humanum‹ besteht strengstes Uniformverbot ...
> gez. Christian Malcoci,
> Gausekretär.«[4]

Einlader war ein »KAH, Komitee Adolf Hitler«.

KOMITEE ZUR VORBEREITUNG DER FEIERLICHKEITEN ZUM 100. GEBURTSTAG
DES FÜHRERS (K A H)

Rundschreiben an die Kreissekretäre, Sonderbeauftragten und
Stützpunktleiter im Gau Rhein-Westfalen.

Am 2o./21.Oktober findet in Vlotho ein wichtiges Schulungs- und
Besprechungstreffen auf Gauebene statt. Alle Kreissekretäre,
Sonderbeauftragte und Stützpunktleiter sind dazu eingeladen.
Treffpunkt : Samstag, 2o.1o., 15.oo Uhr
         Collegium Humanum
         ████████████████
         4973 Vlotho
Die Veranstaltung dauert bis Sonntag, 21.1o., 15.oo Uhr.
Auf der Anreise zum Veranstaltungsort und im "Collegium Humanum"
besteht strengstes Uniformverbot.

Am 3.11. findet der Landesparteitag der FAP statt. Der genaue Termi
und der Ort werden noch rechtzeitig bekanntgegeben.

Christian Malcard.
               Gausekretär

Christian Malcoci
Postfach ███████
D-███████████████

*Einladungsschreiben des Komitees zur Vorbereitung der
Feierlichkeiten zum 100. Geburtstag des »Führers« ins
Collegium Humanum, Vlotho*

Zum Zeitpunkt der erwähnten Veranstaltung war bezeichnenderweise ein gewisser Michael Krämer Angestellter der Bildungseinrichtung, und dieser kann auf eine »vielseitige« rechtsextreme Biographie zurückblicken. Damals unterschrieb Michael Krämer namens seines Führers Michael Kühnen, Anfang der achtziger Jahre die zentrale Figur der militanten Neonazis. Über Krämer meldet der Verfassungsschutz:

> »Er ist dem Kreis um den 1979 wegen seiner neonazistischen Aktivitäten zu 4 Jahren Freiheitsstrafe verurteilten Michael Kühnen und seiner am 07.12.1983 verbotenen neonazistischen ›Aktionsfront Nationaler Sozialisten/Nationale Aktivisten‹ (ANS/NA) zuzurechnen. Am 23.06.1984 war er Teilnehmer an der Sonnenwendfeier auf dem Grundstück des Neonazis Curt Müller in Mainz, bei der über 100 NS-Anhänger aus dem gesamten Bundesgebiet zusammentrafen. ... In der ... in Österreich erscheinenden rechtsextremen Schrift *Sieg* bot Krämer Urlaubsmöglichkeiten in der Nähe der Externsteine an, die vermutlich mit dem Collegium Humanum in Zusammenhang standen.«[5]

Mit wilden Drohbriefen agierte Krämer, der auch Mitglied der inzwischen verbotenen »Freiheitlichen Deutschen Arbeiterpartei« (FAP) war, gegen Gewerkschaftsfunktionäre. In einem Brief an den WDR von 1996 bestätigt Michael Krämer das »Führer Geburtstagstreffen« im Collegium Humanum.[6] Das Collegium selber sieht alle Versuche, das Treffen zu leugnen, inzwischen als gescheitert an und spricht von einem Versehen. Ein »Komitee zur Vorbereitung des 100sten Führergeburtstags« läßt schließlich auch keinen Spielraum für harmlose Interpretationen zu, ganz anders als Seminare über Ökologie und Esoterik.

»Mythos, Leib und Schwert« finden sich im Programm des Collegium oder: »Kontemplation und Meditation – Übungsseminar zur Mystik Meister Eckharts«.[7] In solcher geschickten Verpackung vermittelt das Collegium rechtsextremes Gedankengut, das sich allerdings nur auf Umwegen in all seinen Schattierungen ermitteln läßt. Erst die nähere Betrachtung der am Collegium und im Weltbund zum Schutz des Lebens tätigen Personen macht die ideologische Basis dieser Institutionen durchschaubarer. Die zentrale Figur ist, wie bereits erwähnt, der überzeugte Nationalsozialist Werner Georg Haverbeck. Seine überragende Rolle wird später noch ausführlicher behandelt.

Eine auf den ersten Blick besonders harmlos wirkende Person dagegen ist der Kantor Werner Herrmann aus Rinteln, zum Zeitpunkt des erwähnten Treffens Erster Vorsitzender im Trägerverein des Collegium Humanum. Ein angesehener Bürger einer niedersächsischen Kleinstadt und glühender Verehrer von Werner Georg Haverbeck. Der Kantor ist ein leidenschaftlicher Leserbriefschreiber und äußerte sich auch umfangreich nach der Ausstrahlung unserer Fernsehdokumentation im Juni 1996, in der auch das Collegium Humanum Thema war.[8] Einige Zitate aus seinem Brief vom 21. Juni 1996 an den WDR sprechen eine deutliche Sprache. Der Kantor Werner Herrmann sorgt sich dort »um den geistigen, kulturellen und biologischen Erhalt des deutschen Volkes«.[9] Weiter schreibt Herrmann in diesem Brief:

»Alle Völker dieser Welt dürfen unangefochten stolz auf ihre völkische und nationale Vergangenheit sein, die Erinnerung an ihre Geschichte pflegen und ihre Interessen wahrnehmen, aber uns Deutschen wird von Politikern und Meinungsmachern (wie Sie) alles charakteristisch Deutsche madig gemacht und ausgetrieben. Wes Geistes Kind sind Sie eigentlich? Unter Ihnen befinden sich einige Personen mit ausländischem Namen.[10] Darf man (ohne als ›Rassist‹ gebrandmarkt zu werden) die Frage stellen, ob diese nicht ›mit zweierlei Maß messen‹ und den Deutschen Dinge vorwerfen, die in ihren Herkunftsländern gang und gäbe sind? … Es wird allerhöchste Zeit, daß Sie sich nach einer anderen Beschäftigung umsehen, möglichst weit weg von Positionen, in denen Sie in Zukunft gesellschaftspolitischen und volkspädagogischen Schaden anrichten können … Sie könnten sich einer großartigen Aufgabe widmen, nämlich dem Deutschen Volk die seit 50 Jahren vorenthaltenen Geschichtswahrheiten zu vermitteln … Da der als wahr übernommene Inhalt der ›Kriegspropaganda‹ inzwischen unter juristischen Rechtsschutz gestellt ist, werde ich mich hüten, Ihnen eine Aufklärung zu vermitteln.«[11]

Hier bezieht sich der Kantor offensichtlich auf den Strafgesetzparagraphen über die Auschwitzlüge. Herrmann gibt dann noch ein paar Literaturhinweise für seine Art der Aufklärung. Bücher, in denen die Kriegsschuldfrage geleugnet wird und nach denen der Holocaust nie stattgefunden hat. Seinen Brief unterschreibt er als »Nationaldeutscher christlich pazifistischer Patriot«.[12] Dieser Patriot ist übrigens Träger der Bundesverdienstmedaille der Bundesrepublik Deutschland. Nebenbei verfaßt er antisemitische Choräle und Traktate, die er nach Zeugenaussagen in verschiedene Briefkästen seiner Heimatstadt Rinteln verteilen soll. Auch ein Choral »Wider Den Islamischen Antichrist« stammt aus seiner Feder. Zu singen auf die Melodie »Wach auf, wach auf, du deutsches Land«:

»Du lädst die Feinde Christi ein
in deinem Land Gast zu sein.
Wer kann solch Torheit fassen …
Sie fallen ein ins deutsche Land,
mit List getarnt als Asylant
und lehren Christus hassen.«[13]

WIDER DEN ISLAMISCHEN ANTICHRIST (Mel.:"Wach auf, wach auf, du deutsches Land")

Wach´ auf, wach auf, du la-scher Christ, du hast zu lang ge-schla - - fen.
Er-ken-ne, wie be-droht du bist, sonst wird dich Un-heil stra - - fen.

Du lädst die Fein-de Chri - - sti ein in dei-nem Land zu Gast zu sein.

Wer kann solch´ Tor-heit fas - - - - - - sen.

2. Der Koran lehrt, daß Jesus nicht
   den Tod am Kreuz gestorben
   und auch nicht, wie die Bibel spricht,
   hat Göttlichkeit erworben.
   Wer glaubt an "Vater, Sohn und Geist",
   so seine "Unreinheit" beweist
   und muß verachtet werden.

3. Der Islam drängt jetzt und begehrt
   Europa zu verheeren.
   Er braucht diesmal dazu kein Schwert,
   es töten seine Lehren
   den Geist der Freiheit und des Lichts,
   er achtet außer Allah nichts.
   Willst du´s geschehen lassen?

4. Der Islam ist nicht int´ressiert
   am Dialog mit Christen.
   Die Mullahs sind "khumeinisiert"
   als Fundamentalisten.
   Sie fallen ein ins deutsche Land,
   mit List getarnt als Asylant
   und lehren Christus hassen.

5. Die"Fundis" sind dämonisiert
   durch Suren des Propheten.
   Wer aus dem Islam konvertiert,
   den suchen sie zu töten.
   Den Gott der Liebe gibt es nicht,
   nur Allahs grausames Gericht
   für alle Koran-Sünder!

6. Die Menschenrechte gelten nicht
   für die muslimischen Brüder.
   Für sie ist die "Scharia" Pflicht,
   auch Frauen gegenüber.
   Erst wenn sie auf der ganzen Welt
   Islam und Staat zusammenhält,
   kann "Fried auf Erden" werden.

7. Darum erheb´ dich, deutsches Land,
   du darfst nicht länger schlafen.
   Tu endlich, wozu du gesandt,
   wofür dich Gott geschaffen.
   Bekämpfe stets den Antichrist,
   - bevor du ihm erlegen bist -
   als Christi Heils-Verkünder.

8. Denn dies, so hoff´ich,wird vielleicht
   auch Moslems überzeugen,
   daß Jesus einen Rang erreicht,
   dem alle sich soll´n beugen.
   Denn nur durch seines Geistes Kraft
   der Mensch auf Erden Frieden schafft,
   als Feindschafts-Überwinder.

9. Woraus erwächst die Zuversicht,
   daß dies so könnte werden?
   Das "Grabtuch Christi" deutlich spricht:
   Er war ein Mensch auf Erden.
   Den Leib dann Gott verwandelt hat.
   Das "Bild" bezeugt die "Jona"-Tat,
   um alle zu bekehren!
                           (wehe)

Choral gegen den Islam von Kantor Werner Herrmann

89

Der angesehene Bürger der Stadt Rinteln betrieb jahrelang eine Kinder- und Jugendmusikschule. Im Collegium Humanum war er von 1981 bis 1989 Erster Vorsitzender des Trägervereins. Der derzeitige Erste Vorsitzende reiht sich nahtlos in die politischen Grundhaltungen des Kantors ein. Ernst Günter Kögel, rechtskräftig wegen Volksverhetzung verurteilt: im Jahre 1990 wegen Leugnung der Massenvernichtung von Juden zu einer Geldstrafe von 12 600 DM und im Oktober 1995 vom Amtsgericht Remscheid wegen Beleidigung und Verunglimpfung des Andenkens Verstorbener zu einer einjährigen Haftstrafe ohne Bewährung.[14] Ernst Günter Kögel ist ein besonders offensiver Auschwitzleugner und verbreitet seine Gesinnung unter anderem in der rechtsextremen Postille *Deutschland – Schrift für neue Ordnung,* die dem Verfassungsschutzbericht zufolge eine Auflage von etwa 500 Exemplaren hat. Unverblümt stellt Kögel in einer Ausgabe dieser Zeitung von 1989 fest:

>»Denn wie wir heute wissen, war den Verantwortlichen von der ersten Stunde an bekannt, daß es keine Vergasungsanlagen gab. Die im westlichen Machtbereich zur Besichtigung freigegebenen wurden von den Häftlingen nach 1945 erbaut, wie im östlichen Machtbereich die Genickschußanlagen. Zeugenaussagen der Erbauer liegen vor.«[15]

Lesertreffen und die Jahreshauptversammlungen der Propagandazeitschrift *Deutschland* fanden gelegentlich auch im Collegium Humanum in Vlotho statt, wie vom 4. bis 6. September 1992.[16] In der Einladung zu dieser Veranstaltung kann man erfahren, daß es sich bei der Schrift *Deutschland* um eine Zeitung handelt, »die in ihrer Art einzig in Rumpfdeutschland ist«.

Ernst Günter Kögel, der außerdem die rechtsextreme »Vereinigung Gesamtdeutscher Politik« leitet, macht immer wieder von sich reden. Im September 1995 sorgte er im Prozeß um den Brandanschlag von Solingen für beträchtliche Unruhe. Mit wüsten Spekulationen über den Tathergang und vermeintlichen Zeugen versuchte er die Angeklagten aus dem rechtsextremen Umfeld zu entlasten und türkischen Männern die Tat in die Schuhe zu schieben.[17]

Lebensschutz der nordischen Art

Das Collegium Humanum wurde 1963 von Prof. Dr. Werner Georg Haverbeck gegründet und nennt sich selber »Akademie für Umwelt und Lebensschutz«. Eine Selbstdarstellung beschreibt diese »Akademie« folgendermaßen: »Das Collegium Humanum ist eine Bürgerinitiative des freien Geisteslebens, getragen durch einen eingetragenen Verein, von Mitgliedern unterschiedlicher Herkunft und Berufsausübung. Es ist unabhängig, parteipolitisch neutral und überkonfessionell.«[18] In dieses Konzept scheint es durchaus zu passen, wenn sich hier die militante Jugendorganisation »Bund der heimattreuen Jugend« (BHJ) trifft oder eine radikal germanische Vereinigung der »Goden« ihre Versammlungen abhält.[19]

Die Reihe derartiger Beispiele ließe sich fortsetzen. Doch entscheidender ist die Verquickung des Collegium mit dem Weltbund zum Schutz des Lebens (WSL). Lebensschutz und Ökologie ist das große Thema des WSL, der 1958 von Günter Schwab in Salzburg gegründet wurde. In Vlotho siedelte sich die deutsche Sektion an. Der »Weltbund« bezeichnet sich völlig zu Recht als älteste Umweltschutzorganisation. Standardwerk des WSL wurde ein Buch von Günter Schwab, *Der Tanz mit dem Teufel*. Darin vertritt er unter anderem folgende Position:

»Heute gibt es um 2 1/2 Milliarden Menschen zuviel auf der Welt, die kein Lebensrecht haben, weil sie sich das Leben gegen die Gesetze der Natur zu erschleichen wußten. Schon ihre Vorfahren wären von Schöpfungs wegen durch die natürlichen Nöte des Daseins längst ausgemerzt worden.«[20]

Trotz solcher Einstellungen wird Günter Schwab später mit dem WSL in eine scharfe Auseinandersetzung treten und der Lebensschutzorganisation in Vlotho Rechtsextremismus vorwerfen. Dabei ist Günter Schwab im »Wissenschaftlichen Beirat« der »Gesellschaft für biologische Anthropologie, Eugenik und Verhaltensforschung e.V.« (GfbAEV).[21] Das ist eine Gesellschaft, in der Rassismus an der Tagesordnung ist. Lebensschutz bezieht sich nach ihrem Verständnis auf die Erhaltung der nordischen Art. In ihrer Zeitschrift *Neue Anthropologie* wird eine Rassenlehre vertreten, wie sie im Dritten Reich üblich war. Das reicht bis zu einer Gesetzesinitiative, die ein Verbot von Mischehen fordert. Daneben findet man in dieser Zeitschrift Artikel wie: »Rasse, Volkszugehörigkeit und Verbrechensneigung«, »Der vorgeburtliche Tod infolge Rassenmischung zwischen Weißen« und »Die Juden aus anthropologischer Sicht«.[22] Das Ganze gibt sich einen hohen »wissenschaftlichen« Anstrich und schmückt sich in seinem Beirat mit Professoren und Doktoren, die fast allesamt aus dem parteipolitisch rechten Spektrum stammen.[23]
Geleitet wird diese Gesellschaft vom radikalen Staranwalt der rechten Szene, Jürgen Rieger. In seiner Person bündelt sich besonders deutlich das Zusammenwirken scheinbar ganz unterschiedlicher Aktivitäten. Die klaren Verbindungen Riegers zu militanten Neonazis sind allgemein bekannt, in seiner »Artgemeinschaft« und im »Nordischen Ring« praktiziert er nordisch-germanische Rituale. In Schweden hat er erst kürzlich ein esoterisch-ökologisches Zentrum gegründet. Für dieses

Zentrum hat er 1996 sogar Fördermittel der Europäischen Union in Höhe von 220000 DM erhalten[24] – ein Skandal, der auch die Bundesregierung beschäftigt. Jürgen Rieger und seine völkisch-germanischen Gruppierungen waren sogar Thema einer Fragestunde im Deutschen Bundestag im November 1996. Bestätigt wurde in dieser Fragestunde vom Bundesinnenministerium, daß die Gruppierungen von Jürgen Rieger vom Bundesamt für Verfassungsschutz beobachtet werden.[25] Beteiligt ist er weiter an einem Neonazi-Zentrum in Hetendorf in Niedersachsen, das für Schulungen und auch Wehrsportübungen genutzt wird. Selbstverständlich sind auch in Hetendorf esoterische Praktiken beheimatet, Sonnenwendfeiern zum Beispiel, der Umgang mit Runen oder die »kosmischen« Weltanschauungen im dortigen Bund der Goden. Es ist auch kaum vorstellbar, daß Jürgen Rieger bei Veranstaltungen des harmlos scheinenden »Nordischen Rings« seine rechtsradikale Gesinnung am Eingang abgibt. Ganz im Gegenteil: Eine esoterische Grundhaltung ist Bestandteil der Gesinnung nationalrechter Kreise, und Esoterik ist ein probates Mittel, um eine neue Klientel zu gewinnen. Bei einem ökologisch-esoterischen Zentrum wie dem von Jürgen Rieger schöpfen die wenigsten Verdacht. Solche Verquickungen gehören zu den Vernebelungstaktiken der rechten Szene und sind Bestandteil der strategischen Konzepte der »Neuen Rechten«.

Lichtseiten des Naziregimes?

Das Zusammenwirken zwischen dem Weltbund zum Schutz des Lebens (WSL) und dem Collegium Humanum ist äußerst geschickt angelegt. Denn die nach außen hin demonstrierte Trennung der beiden Vereine und die immer wieder betonte Selbständigkeit beider Institutionen existiert in der Praxis nicht. Damit will man sich lediglich von allzu auffälligen extremen Gruppen distanzieren und vor allem das Personengeflecht verdecken. Es ist »die organisierte Verwirrung«.[26] Der Verbindung zwischen WSL und Collegium Humanum liegt eine in einem umfangreichen Schriftwechsel dokumentierte Geschichte zugrunde.[27] Sie handelt von Werner Haverbecks Kampf um die Vormachtstellung innerhalb dieser Institutionen, der gleichzeitig die ideologische Ausrichtung des WSL Vlotho zeigt. Aus diesem Schriftwechsel läßt sich interpretieren, daß WSL Vlotho und Collegium Humanum verfassungsfeindliche Organisationen sind.

Der WSL Deutschland war zum Zeitpunkt der erwähnten Briefe in Landesverbände aufgeteilt. Werner Haverbeck und seine Vlothoer Anhänger kämpften um die Vorherrschaft. In dominierender Rolle mit dabei die Ehefrau von Haverbeck, Ursula Haverbeck-Wetzel. 1981 setzte eine Austrittswelle beim WSL ein. Frau Annemarie L. aus Norddeutschland begründete das in einem Schreiben vom Januar 1981: »Da die geringste neonazistische Tendenz nicht mit der Anthroposophie vereinbar ist, möchten wir uns vom WSL distanzieren und haben aus diesem Grunde die Mitgliedschaft gekündigt.«[28] In einzelnen Landesverbänden formierten sich Gruppierungen, die eine eindeutige Distanzierung von rechtsextremem Gedankengut durch den Vorstand des WSL forderten. Vom 1. bis 3. Mai 1981 fand in Vlotho die Bundesvorstandssitzung des WSL statt. Unter Tagesordnungspunkt 8 »Verschiedenes« ist eine »Diskussion über NS-Tendenzen« im WSL erwähnt. Das Verlaufsprotokoll schildert diese Sitzung so:

> »C. B. berichtet von konkreten Vorwürfen, die an ihn herangetragen wurden, und fordert vom Präsidium Aufklärung, speziell, ob die Schrift ›Es gab keine Gaskammern‹ mit Billigung Hv's [Haverbecks] verbreitet worden sei.

Cohrs vertritt den Standpunkt, er müsse das Recht haben, sich aus historischem Interesse, auch um ›unersättlichen Wiedergutmachungsforderungen‹ des Staates Israel Einhalt bieten zu können, aus allen zugänglichen Quellen zu informieren ... auch wenn sie nicht mit der offiziellen Geschichtsschreibung übereinstimmten.

Dieser Standpunkt findet teilweise Zustimmung, teilweise aber auch heftige Ablehnung.«[29]

Das Protokoll vermerkt danach die Diskussion einer Erklärung, in der sich der WSL eindeutig vom »lebensverachtenden NS-System« distanzieren soll:

»Hv [Haverbeck] hält eine pauschale Distanzierung von der NS-Zeit für ihn persönlich nicht zumutbar, da in dieser Zeit auch viel positives bewirkt und geschaffen worden sei ... UHW [Ursula Haverbeck-Wetzel] sieht sich durch solche Forderungen in ihren politischen und religiösen Grundrechten eingeschränkt (›ich bin aus religiösen Gründen nicht bereit, mich von irgendeinem Menschen zu distanzieren, auch nicht von Hitler‹) und stellt ihre Ämter im WSL zur Verfügung.«[30]

Das Protokoll berichtet weiter, daß sich schließlich die Distanzierung vom NS-System nicht durchsetzen konnte – ein ungeheuerlicher Vorgang in einer damals noch öffentlich geförderten Institution. In einer schriftlichen Stellungnahme von Teilnehmern zu dieser Sitzung ist darüber hinaus folgendes zu erfahren: »Herr Otto Cohrs betreibt eine umfangreiche Verteilung von antisemitischem Schriftmaterial und leugnet es nicht. Er ist der Meinung, das sei seine Privatsache.«[31] Eine weitere Reihe von Austritten folgte. Joachim B. aus Witzenhausen schrieb am 2. Oktober 1981: »hiermit erkläre ich meinen Austritt aus dem Weltbund zum Schutze des Lebens mit sofortiger Wirkung. Begründung: Ich vermisse eine eindeutige Stellungnahme des Weltbundes zum Schutze des Lebens gegenüber neofaschistischen Tendenzen.«[32] In der weiteren Flut von Briefen auf diese Ereignisse wird Haverbeck mehrfach mit den Worten zitiert: »Die Massenausrottung Unschuldiger unter Hitler ist historisch gar nicht erwiesen.« In einer ganzen Reihe anderer Briefe ist dokumentiert, daß Haverbeck die Kriegsschuldfrage geleugnet und die Vergasung der Juden als historisch unwahr bezeichnet hat.[33] Das ist insofern von Bedeutung, als Haverbeck selbst sich öffentlich in dieser Frage immer sehr zurückhaltend gibt.

Es mehren sich aber in dieser Phase im Vlothoer WSL auch die positiven Stimmen für die Haverbecks. So schrieb eine Ruth P. aus Plön im Januar 1982 von den »Lichtseiten des Naziregimes«, dazu zählte sie das »Verbot der krankhaften Homosexualität« und »die Ausmerzung des nur vegetierenden minderwertigen Lebens als Reinigungs- und Ausleseprozeß am Volkskörper«.[34] Weitere bestätigende Briefe ähnlichen Inhalts von WSL-Mitgliedern liegen vor.

Es folgte eine jahrelange Auseinandersetzung zwischen den WSL-Landesverbänden und der »Gruppe Vlotho«, wie man Haverbeck und seine Gefährten nur noch nennt. Haverbeck erreichte schließlich sein Ziel: eine Säuberung des WSL von kritischen Geistern und eine eindeutige Verquickung zwischen WSL und Collegium Humanum, bei einer gleichzeitigen Trennung der Organisationen nach außen. Doch personell gibt es Verflechtungen. So stößt man im Zusammenhang mit dem WSL immer wieder auf einen Mann, der auf den ersten Blick nur in ganz lockerer Verbindung mit dem Collegium Humanum zu stehen scheint: Ernst Otto Cohrs, ein rechtsextremer Ökobauer, der keine offenen Verbindungen ins nationale Lager scheut. Jener Otto Cohrs, der in der erwähnten Sitzung in Vlotho antisemitische Schriften verteilt hatte.

Als Schriftleiter der Zeitung *Lebensschutz – Information, Stimme des Gewissens* ist Cohrs so etwas wie das Sprachrohr des WSL. Ernst Otto Cohrs ist deutlich und radikal, und er scheint nach außen auch die Ansichten von Werner Haverbeck zu vermitteln. In einem Brief an den ehemaligen Bundespräsidenten Richard von Weizsäcker machte Ernst Otto Cohrs einmal mehr seine Denkweise klar: »Weshalb wurde denn das gesamte deutsche Volk jahrzehntelang mit der Lüge von 6 Millionen Vergasungsopfern derartig infam belogen und betrogen?«[35]

Der Ökobauer schreibt auch in rechtsradikalen Zeitschriften, im Verein mit Oberst Rudel und dem Rechtsterroristen Manfred Roeder. Er annonciert für »Naturgemäße Dünge- und Futtermittel« in der *Bauernschaft* von Thies Christophersen, einem besonders einflußreichen Neonazi, der sich vor der Verfolgung durch die Behörden ins Ausland abgesetzt hat. Sein Buch *Die Auschwitzlüge*, mit einem Vorwort von Manfred Roeder, gilt in Neonazikreisen als Standardwerk und steht auf dem Index der Bundesprüfstelle für jugendgefährdende Schriften.[36]

Thies Christophersen scheint dem Vermerk eines Mitarbeiters im WSL Vlotho zufolge offensichtlich auch kurzzeitiges Mitglied im Weltbund zum Schutz des Lebens gewesen zu sein.[37] Die Auschwitzlüge verbindet den früheren SS-Sonderführer Christophersen allemal mit dem Ökobauern Cohrs, der nebenbei noch einen rechtsradikalen Buch- und Schriftenversand betrieb. In dem angeschlossenen Widar-Verlag publizierte auch Haverbeck 1985 sein Büchlein *Wittekinds Sieg,* in dessen Einführung er schrieb: »Im Jahre 1985 sollte nach 40 Jahren an das Ende des Zweiten Weltkrieges gedacht werden. Sein Ergebnis war die Zertrümmerung des Deutschen Reiches.«[38]

Ein leidenschaftlicher Nationalsozialist

Werner Georg Haverbeck scheint jemand mit geradezu charismatischer Ausstrahlung zu sein. Selbst einer seiner vehementesten Gegner, Arfst Wagner, der sich seit Jahren als Anthroposoph kritisch mit dem Lebenswerk Haverbecks auseinandersetzte, bescheinigt Haverbeck aus persönlichen Begegnungen diese Ausstrahlung.[39] Der Übervater des Collegium Humanum ist überzeugter Nationalsozialist, aber sicher kein gewöhnlicher. Haverbeck kam mit seinen radikalen nationalen Überzeugungen gelegentlich in Widerspruch zur Realpolitik im Nationalsozialismus, die ihm manchmal nicht völkisch genug war. Er wollte in gewisser Weise die Administration Hitlers »rechts überholen«, wie auch Teile des »Großdeutschen Bundes« in ihren Ansichten weit radikaler waren als die NSDAP.

Haverbeck ist auf keinen Fall ein Mitläufer, sondern ein Überzeugungstäter, der auch im Nationalsozialismus seine Ecken und Kanten hatte, wie sein Rausschmiß aus der SS am 23. Mai 1938 belegt: »Ich entlasse Sie mit sofortiger Wirkung aus der SS, da Sie nicht die primitivsten Eigenschaften von Disziplin und menschlicher Anständigkeit besitzen, die von einem SS-Führer verlangt werden müssen. Der Reichsführer-SS, gez. H. Himmler.«[40]

Am 20. November 1936 war Werner Haverbeck als Untersturmführer in die SS aufgenommen worden. Sein »Rausschmiß« steht zu seiner ansonsten makellosen nationalsozialistischen Biographie nicht im Widerspruch, die ihn als einen der führenden Ideologen des Dritten Reiches zeigt und die nach dieser »Entlassung« ungebrochen weiterging. Haverbecks Aufgaben waren offensichtlich anderer Art, auch wenn seine »idealistischen« völkischen Wertvorstellungen nicht mehr in allem mit der immer brutaler werdenden Politik der Nazis übereinstimmten.

Werner Haverbeck war ein Vordenker, dessen Rolle bei der Ausformung völkisch-nationaler Denk- und Lebensweisen nicht zu unterschätzen ist. Eine solche Rolle hat er in den letzten Jahrzehnten auch für die »Neue Rechte« übernommen. Seine ideologischen Grundlagen haben sich nicht verändert, seine Einstellung war immer völkisch – national – esoterisch. Er war und ist offensichtlich ein »leidenschaftlicher« Nationalsozialist, den Rudolf Heß ganz besonders begünstigte.

Haverbeck wurde am 28. Oktober 1909 in Bonn geboren. Im Januar 1940 verfaßte er auf Anfrage einen Bericht über seine politische Tätigkeit. Daraus Auszüge:

> »Meinen ersten Eintritt in die NSDAP vollzog ich im November 1926 noch als Schüler. Durch Verbot der Zugehörigkeit von Schülern zur Partei wurde dieser Eintritt später unwirksam. Ich wiederholte als Student meinen Beitritt zur Partei und erhielt unter dem 1.8.1929 die Mitgliedsnummer 142009.1929 aktiver SA-Dienst.
>
> 1928 wurde ich zum Mitbegründer der Hochschulgruppe Bonn des N.S.D.St.B. [Nationalsozialistischer Deutscher Studentenbund] ... 1929 arbeitete ich als Presseleiter der Reichsführung des N.S.D.St.B. in München. In der gleichen Zeit wurde mir die Schriftleitung der ersten gemeinsam mit dem N.S.D.St.B. herausgegebenen Pressekorrespondenz der SS vom Reichsführer SS übertragen.
>
> Nach Fortsetzung meines Studiums wurde ich 1931 zum Aufbau der neugegründeten Kulturpolitischen Abteilung der NSDAP herangezogen ... und wurde ganz in den Parteidienst übernommen.«[41]

Die offizielle Gründung einer Nationalsozialistischen Deutschen Studentenschaft organisierte Haverbeck im März 1930 gemeinsam mit Baldur von Schirach. »Schirmherr ist der

Führer aller Nationalsozialisten Adolf Hitler. Oberster Befehl und Entscheidung Adolf Hitlers ist verpflichtend für alle.«[42] Werner Haverbeck war ein glühender Verehrer Adolf Hitlers. In ihm sah er die Person, die seine Vorstellungen aus einer romantisch orientierten Jugendbewegung zum Ziel bringen könnte, um, wie er bei der Gründung des Studentenbundes schrieb, die »Aufgabe des Aufbaus einer nordisch deutschen Gesittung zu lösen«.[43] Doch schon 1929 war ein Vorläufer dieses Studentenbundes mit Haverbeck in vorderster Front aktiv. In welche Richtung es schon weit vor 1933 ging, zeigt ein zeitgenössisches Dokument über diese studentische Bewegung:

»Während in den vergangenen Semestern der Kampf gegen das ganze politische System in breiter Front vorgetragen wurde, soll nun im Sommersemester 1929 ein Keil gegen das Judentum vorgetrieben werden ... Am 30. Mai 1929 spricht Pg. Hofstätter über ›Die Vernichtung der deutschen Kultur durch das Judentum‹ ... der Jude muß auf verschiedenen Ebenen angegriffen und zurückgeschlagen werden. Immer wieder ist es nötig, auf den hinterhältigen Kampf dieses ›auserwählten Volkes‹ aufmerksam zu machen.«[44]

Weiter heißt es in diesem Artikel aus dem Jahr 1929:

»Kollegs werden geschwänzt und die gesamte Freizeit wird geopfert, um 120000 Flugblätter in den Straßen Bonns zu verteilen ... auf der Rückseite sind die Namen von 150 nichtjüdischen Geschäften verzeichnet, ein Aufruf: ›Kauft nicht bei Juden!‹ empfiehlt den Hausfrauen, diese Geschäfte zu bevorzugen.«[45]

Die Entdeckung der Volksseele

Im Juni 1933 wurde Haverbeck vom Leiter der Deutschen Arbeitsfront Dr. Ley »mit der verantwortlichen Führung der gesamten kulturpolitischen« Volkstumsarbeit der nationalsozialistischen Bewegung für das ganze Reichsgebiet beauftragt.[46] Werner Haverbeck wurde Leiter im Reichsbund für Volkstum und Heimat, was in etwa einem Ministerrang entspricht. In seinem ersten Großprojekt entdeckte er den »Maibaum« als Symbol für die nationalsozialistische Bewegung. Den 1. Mai 1934 inszenierte er als nationalsozialistische Weihefeier im Sportpalast Berlin als »Frühlingsfest des Volkstums«. In einem Originalbericht über diese Feierlichkeiten heißt es: »Die junge Mannschaft tritt an. Stoßtrupp ›Volkstum und Heimat‹ der deutschen Arbeitsfront, SA. und SS., Soldaten der Reichswehr und Arbeitsdienst waren zusammen mit Süddeutschen Landsmannschaften die Träger des Frühlingsspiels.«[47] Das Frühlingsspiel erlebte Haverbeck von der Ehrentribüne aus mit den Führern des Reichs, wie der Bericht über das Fest vermerkt, der begeistert weiter beschreibt, wie »der Führer die Maikönigin empfing ... Im Gefolge des Führers befanden sich die Reichsminister Rudolf Heß, Dr. Goebbels, Vizekanzler v. Papen, ferner der Führer der deutschen Arbeitsfront Dr. Ley und der Leiter der nationalsozialistischen Volkstumsarbeit, Werner Haverbeck, der Veranstalter des Festzuges.«[48]
Ulrich Schmiedel, ein Kamerad Haverbecks, hat seine Erinnerungen in persönlichen Notizen festgehalten. Darin finden sich interessante Bemerkungen zu Werner Haverbeck. Über das Frühlingsfest schrieb Ulrich Schmiedel: »Werner Haverbeck sprach auf dem Podium des Sport Palastes in Berlin. Trupps von Wehrmacht, Arbeitsdienst, von uns gegründete Stoßtrupps um ihn herum zum 1. Mai 1934. Reichsleiter, Minister

in den ersten Reihen … Werner stand auf einem Podest unter den uniformierten Abordnungen, alle überragend.«[49] Dann hielt Werner Haverbeck seine feurige Rede: »Wenn der Nationalsozialismus seinem Bekenntnis entsprechend als der Wiederaufbruch der deutschen Volksseele schlechthin bewertet werden muß, dann werden die Äußerungen des deutschen Volkstums … auch zum kultischen Ausdruck der nationalsozialistischen Weltanschauung.«[50]

In diesem Jahr, 1934, war Werner Haverbeck maßgeblich an der kulturellen Gestaltung des Nürnberger Reichsparteitags beteiligt, eine religiöse und esoterische Zeremonie um die Lichtgestalt des Führers Adolf Hitler. Eine gefühlsbeladene mystische Inszenierung, die der Realpolitik der Nationalsozialisten den schönen Schein der Übermacht verlieh. »Der Reichsparteitag 1934 in Nürnberg wurde kulturell im Auftrage von Hess geformt von Werner Haverbeck und seinen Männern. Er war der große Sieger!«[51]

Die »Volksseele« sollte eingefangen und erobert werden, und wie die Geschichte zeigt, war dieses Unternehmen erfolgreich. Esoterik wurde geschickt als Mittel rechtsextremer Propaganda eingesetzt, und Haverbeck hatte auch schon eine fest definierte Zielgruppe: »Nun sammelt sich die junge Generation in geschlossener Gemeinschaft unter der Fahne Adolf Hitlers zu bewußter Gestaltung ihrer Lebensaufgabe auf Grund arteigener Weltanschauung.«[52] Werner Haverbeck hatte diese Sammlungsbewegung auch schon genau umrissen. In den *Nationalsozialistischen Monatsheften* (Herausgeber: Adolf Hitler, Schriftleiter: Alfred Rosenberg) veröffentlichte Haverbeck im Februar 1933 einen umfassenden Artikel unter der Überschrift »Aufbruch der jungen Nation«.

Dieser Artikel ist von besonderem historischem Interesse, da hier die Geschichte der Jugendbewegung und der Wandervögel aus »berufenem« Mund als die völkisch-esoterische Grund-

Nationalsozialistische
Monatshefte · Freiheit und Brot!

Herausgeber: Adolf Hitler

Heft 35

Feb. 1933

Schicksal

und Aufgabe der

deutschen Jugend

Aus dem Inhalt:
Thilo von Trotha: Die Sendung der Jugend • Werner Haverbeck: Aufbruch der jungen Nation. Ziel und Weg der nationalsozialistischen Volksjugendbewegung • Dr. Walther Schmitt: Unser Wille zum deutschen Sozialismus • Lothar Stengel von Rutkowski: Rasse und Geist • Kritik der Zeit • Das Buch

Verlag Frz. Eher Nachf., G.m.b.H., München

Nationalsozialistische Monatshefte *mit dem Aufsatz von Werner Haverbeck: »Aufbruch der jungen Nation«*

lage für nationalsozialistische Rituale und auch deren politische Auswirkungen beschrieben werden. Geschrieben von einem überzeugten Nationalsozialisten, der sich trotzdem zunächst dagegen gewehrt hat, die Jugendbewegung ohne Wenn und Aber in die Hitlerjugend mit einzubeziehen. Haverbeck schwebte eine Elitenfunktion der bündischen Jugend vor und nicht so sehr eine Massenbewegung wie in der Hitlerjugend (HJ). Damit war sein späterer Konflikt mit anderen Ideologen des Nationalsozialismus programmiert.

In dem erwähnten Artikel stellte Haverbeck die Frage nach dem Sinn des Lebens: »Dies Leben ist nicht aufschäumende Kraft, die aufjubeln läßt, selbst wenn es einen niederwirft, ist nicht heiliges Feuer, das in allem brennt, was lebt.«[53] Die »blutsmäßig gegebenen Ideale« seien verloren, und eine »Gesellschaft inhaltloser Oberflächlichkeit« sei entstanden.[54] Die letzte Aussage könnte ohne weiteres auch in dem Werbeprospekt eines beliebigen esoterischen Zirkels von heute stehen. Andere Inhalte wird man heutzutage eher unter dem Ladentisch erhalten, etwa wenn Werner Haverbeck von dem »verlogenen Internationalismus, der die ihm folgenden vom Juden betörten Massen nun zu ihrer sozialen Enterbung auch noch seelisch entwurzelte«,[55] spricht. In einem Brief an den bereits erwähnten Kantor aus Rinteln wurde Haverbeck – trotz solcher Sprüche – noch 1996 als »weltweit verehrter Humanist« gefeiert.[56]

Doch weiter mit der Schrift des »Humanisten« von 1933, der darin die Forschung nach der »deutschen Seele« beschrieb und wie man auf »rassische Probleme« und »erbgesundheitliche« Fragen stieß. »Die bewußt bekannte Lösung von Blut und Boden aus Nordischer Art führte zu den ersten Siedlungsversuchen … in der Ganzheit von Leib, Seele und Geist, von Weltanschauung und Gestaltung … Ein neues Bild deutschen Menschentums entstand.«[57] Das bezog Haverbeck auf den

»harmlosen« Wandervogel, der auch eine klare Führerauslese kannte: »Wehe, wenn ein eitler Schwätzer oder Postenjäger sich in seine Reihen verirrt hätte, man hätte ihn schon bald herausgespürt. Diese Scheidung machte alle Gefolgschaft echt und züchtete Führer heran.«[58] Durch die Rolle der »Mädel« in der Jugendbewegung weicht »jede ungermanische Schwüle und Spannung ... einer reinen Luft natürlicher Unbefangenheit«.[59] Homosexuelle waren im Dritten Reich KZ-Insassen unter den härtesten Bedingungen, ihre »Männlichkeit« genügte der germanischen Gesinnung nicht.

Haverbeck greift alle Bereiche des menschlichen Lebens auf, begeistert beschreibt er die Kleidung, die nach »Nordischem Stilempfinden« gemacht wurde. Von »Nordischer Verantwortung« ist die Rede und von der Besonderheit des Nationalsozialismus, den Haverbeck wie folgt beschreibt:

> »Was ihn heraushob aus allen anderen politischen Gebilden, war seine Begründung auf die völkische Weltanschauung. Die Weltanschauung, deren Erleben, echtem Glaubenstum gleich, den Menschen am Innersten packt, nur sie ist es gewesen, die dem Nationalsozialismus die Stoßkraft und mitreißende Wucht bei Eroberung der Volksseele verlieh ... In dem Schöpfer dieser Bewegung wurde dem jungen Volk der Führer, den es sich lang genug ersehnt hatte und der ihm nun entstand in Adolf Hitler.«[60]

Hitler erfüllt für Haverbeck das »heilige Wollen« des Volkes, der Nationalsozialismus präzisiert sich als eine religiös mythische Angelegenheit, aber auch die Gewalt bekommt ihren Platz: »Die Klampfe wird mit der Trommel vertauscht. Kampf um die Straße!« Das »Recht auf Lebensraum« und »jegliche Volkswerdung selbst zu erkämpfen« empfiehlt Haverbeck der nationalsozialistischen Bewegung.[61] »Gott offenbart sich ihr im Kosmos und in dem ihr eingeborenen blutsbedingten

Gewissen. Und damit kehrt sie wieder zurück zur höchsten Gotteserkenntnis der Ahnen, wie sie aus allen Erscheinungsformen deutscher Gläubigkeit entspricht ... damit uralte Nordische Weisheit unbewußt erneuernd ... Denn nicht Zufall, sondern Gottesgesetz schuf die Rassen und Völker.«[62] Damit trifft Haverbeck das Gefühl der Zeit und schafft schon im Februar 1933 eine Begründung für den Massenmord in deutschen Konzentrationslagern: »Daher wird uns das Volkstum auf rassischer Grundlage zum höchsten Ausdruck menschlicher Gemeinschaft.«[63] Er beschreibt auch gleich die Überlegenheit der nordischen Rasse: »Heute wissen wir, daß überall dort, wo auf der Erde überragende Kulturen aufblühten, Herrenschichten Nordischen Blutes am Werke waren.«[64] Haverbeck erhebt die vermeintliche Überlegenheit der nordischen Rasse zum Naturgesetz und ortet deren Feind in »der gleichmachenden Minderwertigkeit in Demokratie und Parlamentarismus«.[65] Die Rettung findet sich in der nordischen Lehre und deren Grundprinzip »Erkenne dich selbst!«[66] – eine denkwürdige Übereinstimmung mit der Ausgangsformel aller esoterischen Strömungen heute. Über Hitler bemerkt Haverbeck noch begeistert: »Er ist der Mythus des zwanzigsten Jahrhunderts.«[67]

Von der Macht und dem einen Großen

Mit seiner Schrift stellte Werner Haverbeck das grundlegende Zusammenwirken zwischen nationalsozialistischer Weltanschauung und einer germanisch-völkisch geprägten Esoterik dar. Diese Ideen empfahlen ihn für die Leitung des »Reichsbundes für Volkstum und Heimat«, in dem über Brauch- und Volkstum ein emotionaler Hintergrund für die Volksmassen geschaffen werden sollte. Die Fähigkeiten Werner Haverbecks, die Massen zu begeistern, beschreibt Ulrich Schmiedel in seinen Erinnerungen: »Wir fuhren mit einem Sonderzug nach Mainz, formierten uns zum Marsch. Werner war plötzlich wieder da. Der baumlange Mensch ging … dem langen Zug voran, hinter ihm die Stoßtrupps der Jungarbeiter, dann die Heimatbünde und Trachtengruppen … Werner führte unseren Zug, ergriff das Mikrofon der Hitlerjugend und sprach in einer uns alle bis in die Tiefen packenden, zündenden Rede.«[68]

Haverbeck geriet in ideologische Auseinandersetzungen und Machtkämpfe zwischen Alfred Rosenberg und Rudolf Heß. Es scheint, daß auch seine eigenen Machtbestrebungen einigen Nationalsozialisten etwas zu vehement wurden. Immerhin leitete Haverbeck eine Millionenorganisation. Möglicherweise standen auch seine allzu »schwärmerischen« esoterischen Vorstellungen einer immer härter werdenden Realpolitik im Nationalsozialismus im Wege. Ohnehin waren die Grundlagen für die »religiöse« Aufgabe Deutschlands zu diesem Zeitpunkt bereits geschaffen und in einem großen Teil des deutschen Volkes verankert.

Der »Reichsbund Volkstum und Heimat« wurde 1935 aufgelöst und von der Organisation »Kraft durch Freude« (KdF) übernommen. Ulrich Schmiedel:

»Am 4. Februar benachrichtigte mich Haverbeck aus Berlin: Gegen RVH (Reichsbund Volkstum und Heimat) liegt Auflösungsbefehl des Reichsministers Goebbels vor. Eine Begründung ist nicht beigefügt. Über alles weitere läßt sich schwer etwas schreiben. Alles eigene Erleben und Erfahren wird für Dich zwischen den Zeilen stehen. Du darfst mir nur eines glauben: Wir werden aus diesem Kampf ungebrochen hervorgehen, und wir haben noch uns, und der eine Große ist auch da, darum Heil Hitler! Werner«[69]

Werner Haverbeck 1934 (Foto © Archiv der deutschen Jugendbewegung, Burg Ludwigstein)

Mit dem einen »Großen« meinte Werner Haverbeck Adolf Hitler. Der »Große« war für ihn unantastbar. Sein Bekenntnis zu Adolf Hitler scheint bis auf den heutigen Tag ungebrochen zu sein.

Haverbeck nimmt sein Studium wieder auf und schreibt seine volkskundliche Dissertation zum Thema »Lebensbaum und Sonnensinnbild«. Vom Reichsführer-SS persönlich erhielt er ein Stipendium bis zum Abschluß seines Studiums.[70] Ulrich Schmiedel: »Haverbeck war nun doch in die vorher von ihm angeprangerte Wissenschaft zurückgekehrt. Er schrieb an seinem Volkskundeatlas und dann an seiner Doktorarbeit. Der Prophet blieb für uns stumm.«[71]

Die restlichen Jahre im Nationalsozialismus zeigen ihn an ideologisch brisanten Stellen,[72] beispielsweise als Referent der Rundfunkpolitischen Abteilung des Auswärtigen Amtes. 1941 und 1942 ist er maßgeblich am Aufbau deutscher Propagandasender für Lateinamerika beteiligt.

Die Tarnmäntel des Werner Haverbeck

Nach dem Krieg besucht Haverbeck ein Priesterseminar der anthroposophischen Christengemeinschaft und wird 1950 zum Priester geweiht. Scheinbar tritt nun nach außen hin eine Wende ein, denn Haverbeck gibt sich linkssozialistisch. Nicht ohne Erfolg. Er engagiert sich in der Friedens- und Ostermarschbewegung, wird 1973 zum Professor an der Fachhochschule Bielefeld ernannt, arbeitet mit Gustav Heinemann zusammen und bringt es zu Egon Bahrs Berater für Umweltschutzfragen. In den sechziger Jahren schreibt er sogar Aufsätze für die »linksradikale« Zeitschrift *Pläne*.[73] Erst bei genauerem Lesen entdeckt man in diesen Schriften den altbekannten Haverbeck wieder. Nur daß er seine Gedanken über

Rasse jetzt äußerst geschickt in die damals populären Themen der Ostermarschbewegung verpackt.

Professor Heinz Gess von der Fachhochschule Bielefeld hat sich intensiv mit Person und Schriften Werner Haverbecks auseinandergesetzt:

> »Haverbeck war zeitlebens ein Faschist. Seit der Zeit des Nationalsozialismus hat er immer eine identische politische und ideologische Position vertreten. Aber er hat diese Position je nach Zeitumständen anders verpackt.
>
> In den 50er Jahren hat er sie in anthroposophische Begriffe verpackt. Solche Begriffe sahen damals harmlos aus. Dann in den 60er und 70er Jahren hat er ökologische Termini verwandt, um seine faschistischen Positionen weiter verkaufen zu können. Den allermeisten ist das noch nicht mal aufgefallen.«[74]

1974 wird Haverbecks Linie wieder etwas deutlicher greifbar, er wird Präsident im Weltbund zum Schutz des Lebens (WSL), und spätestens 1981 gibt er Teile seiner Ansichten wieder offen zu erkennen: Er gehört zu den Erstunterzeichnern des rassistischen »Heidelberger Manifests«. Ausgehend von einem biologistischen Weltbild wird darin unter anderem folgende Feststellung getroffen: »Die Integration großer Massen nichtdeutscher Ausländer ist daher bei gleichzeitiger Erhaltung unseres Volkes nicht möglich und führt zu den bekannten ethnischen Katastrophen multikultureller Gesellschaften.«[75]

Kurz nach der Veröffentlichung des Heidelberger Manifests fand im Collegium in Vlotho eine Veranstaltung zur »Ausländerfrage« mit einschlägigen Referenten statt. Der *Vlothoer Anzeiger* berichtete über dieses Seminar am 22. Juni 1982 unter der Überschrift »Schmidt-Kalers Thesen riefen Ängste und Befürchtungen hervor«: »Durch die Beiträge des Hauptreferenten … fühlten sich gerade am Nachmittag die Frauen der

›Interessengemeinschaft der mit Ausländern verheirateten deutschen Frauen (IAF)‹ aus Minden angegriffen. Wie eine der Frauen unserer Zeitung gegenüber äußerte, fühlte sie sich durch die Art der Argumentation ›persönlich bedroht‹. Hätte sie gewußt, was dort liefe, wäre sie nicht gekommen.«[76]

Über all dem schwebt das meisterhaft gewebte Tarnmäntelchen eines angeblich freien Geisteslebens. Mögliche strafrechtliche Konsequenzen, beispielsweise im Zusammenhang mit der Leugnung der Greueltaten in den KZs, umgeht Haverbeck geschickt, indem er sich des Begründers der Waldorfpädagogik Rudolf Steiner bedient. So schreibt er in seinem umfangreichen Werk *Rudolf Steiner – Anwalt für Deutschland*: »... kein Lehrer oder Hochschulprofessor« darf heute »die Frage der Kriegsschuld Deutschlands oder von Massenvernichtungslagern öffentlich zur Diskussion stellen, ohne sofort gemaßregelt und unter Umständen sogar vor Gericht gestellt zu werden, denn hier handele es sich um unbezweifelbare Tatbestände. Sie sind schon deshalb nicht anzuzweifeln, weil darauf – und wie wir jetzt meinen sagen zu können: auf einer historischen Lüge – Staaten der Nachkriegszeit begründet wurden, deren Existenz dadurch ebenfalls in Frage gestellt würde. Eine solche Politik wäre von Rudolf Steiner nicht schweigend hingenommen worden.«[77]

Eindeutiger als Haverbeck leugnet dessen Freundeskreis Auschwitz, etwa der rechtskräftig verurteilte Ernst Günter Kögel oder sein Intimus Ernst Otto Cohrs, den er vehement durch seine Frau Ursula Haverbeck-Wetzel in einem Leserbrief verteidigen läßt: »Im übrigen ist bei allen ernstzunehmenden Historikern, die sich noch einen letzten Rest von Freiheit der Forschung und der Lehre erhalten haben, einwandfrei nachgewiesen, daß es im gesamten Reichsgebiet keine Vergasung gegeben hat.«[78]

An Märchen soll die Welt genesen

Das Collegium Humanum kam Ende der achtziger Jahre zunehmend ins Gerede, als der Öffentlichkeit die dortigen rechtsextremen Tendenzen bekannt wurden. Werner Haverbeck reagierte und machte einen äußerst geschickten Schachzug. Er holte sich 1990 das »Märchenzentrum Troubadour« ins Haus, um unpolitische Aktivitäten im Collegium zu dokumentieren. Märchenerzähler, Therapeuten und Lichtmasseure übernahmen die Räume des Collegium Humanum in Vlotho. Die esoterische Sekte der »Troubadoure« führte bis 1994 das Collegium als Pächter. Doch auch damit verfolgte Haverbeck die Absicht, eine Verbindung zwischen Esoterik und einer nationalen Weltanschauung zu schaffen. Im Veranstaltungskalender 1991 bemerkte er: »Nach 28 Jahren Bildungsarbeit ... wird 1991 durch die ›Troubadour-Märchen-Initiative‹ und deren Seminare eine Hinwendung zum Geisteserbe unseres Volkes ... Hauptanliegen der Tätigkeit des Collegium Humanum sein.«[79]

Die esoterischen Grundüberzeugungen der Troubadoure und ihres Leiters Jean Ringenwald paßten vortrefflich mit den völkisch-germanischen Anschauungen Werner Haverbecks zusammen. So feierte man einträchtig gemeinsam Sonnenwendfeiern, an denen auch einschlägig bekannte Neonazis teilnahmen.[80] Spätere Versuche der »Troubadoure«, sich vom Collegium Humanum zu distanzieren, wirken auch vor dem Hintergrund weiterer, eindeutig rechtsextremer Veranstaltungen, die in dieser Zeit stattfanden, reichlich vorgeschoben. Die Distanzierung scheint wohl eher finanziell motiviert zu sein, denn der rechtsextreme Ruf des Collegiums muß dem Märchengeschäft empfindlich geschadet haben. Daß die Troubadoure keine »Berührungsängste« zur rechten Seite hin haben, belegt einer der Autoren ihrer Märchenzeitschrift, Henning

Eichberg, einer der führenden Köpfe der »Neuen Rechten«. Auch Ursula Haverbeck-Wetzel schrieb für die Märchenzeitschrift. Für eine nationale Esoterik sind Märchen ein wichtiger Bestandteil, und selbst der Rechtsterrorist Manfred Roeder fühlt sich berufen, persönlich Märchenkassetten zu besprechen.

Der Weltkampf um den Menschen

In dem bereits eingangs zitierten Buch *Der Weltkampf um den Menschen – Eine deutsche Selbstbesinnung*[81] stellt Haverbeck gemeinsam mit seiner Frau Ursula nicht nur fest, daß eine multikulturelle Gesellschaft einer natürlichen gottgegebenen Ordnung widerspricht, sondern auch, daß »Deutschland eine religiöse Aufgabe« sei.[82] Bei seinen Belegen für diese Theorien greift Haverbeck auf die Esoterik zurück und nutzt sie als Mittel seiner rechtsextremen Propaganda, wie er es schon im Dritten Reich praktizierte. So sprechen die Haverbecks beispielsweise von »Sonnenoffenbarungen«, »Ur-Bildern« und »Mysterienstätten«.[83] Außerdem kündigen sie eine große Zeitenwende an. Eine Zeitenwende, wie sie fast alle esoterischen Gruppen erwarten, nur daß die völkisch-germanisch orientierten sich eine ganz spezielle erhoffen: das Wiederentstehen des Großdeutschen Reichs im Jahr 2000.

5 Das Geheimnis von Questenberg

Es geschah am 2. Juli 1995, kurz nach 22.00 Uhr. Genau zwölf Sekunden sollten das Leben von Heidi Ringleb entscheidend verändern. Die Bürgermeisterin aus Questenberg, einem kleinen Dorf im Harz, ganz im Süden von Sachsen-Anhalt, hatte es gewagt, einem Fernsehteam des WDR ein Interview für die *Tagesthemen* der ARD zu geben. In dem Bericht wurden die rechtsextremen Aktivitäten des Collegium Humanum und seines geistigen Vaters Werner Georg Haverbeck dargestellt.[1] Haverbeck war gleich nach der Wende in die ehemalige DDR nach Questenberg gefahren. Der Anlaß war das Questenfest, ein alter Sonnenkult, der regelmäßig zu Pfingsten dort abgehalten wird. Neben Haverbeck wurden in Questenberg auch andere Rechtsextremisten gesichtet, die gemeinsam mit der Dorfbevölkerung dieses Fest begehen wollten. Der ehemalige nationalsozialistische Brauchtumsforscher Haverbeck wurde in dem kleinen Dorf schnell zu einem gefragten Mann. Ausgestattet mit der Autorität eines Volkstumsexperten, referierte Haverbeck in der Questenberger Festhalle vor der Dorfbevölkerung. Über die Veranstaltung wurde in der Lokalpresse berichtet. Haverbecks Thema, zu dem »alle interessierten Heimatfreunde des Landkreises und der Umgebung eingeladen«[2] waren, lautete: »Sonnenlauf und Erdenweg – Das Geheimnis vom Questenberge«.

Die völkische Unterwanderung

Die Bürgermeisterin Heidi Ringleb machte dieses Engagement von Werner Haverbeck in Questenberg stutzig. Sie kannte die Zusammenhänge zwischen Haverbeck und dem Collegium Humanum und wußte auch um die NS-Vergangenheit des Professors. Gegenüber den Reportern der *Tagesthemen* berichtete sie über rechtsextreme Gruppen, die regelmäßig seit der Wende das Fest besuchen, und über Haverbecks Referat in dem kleinen Dorf: »Während des Vortrages betonte er, daß er vor 60 Jahren zur Zeit des Nationalsozialismus schon einmal am Questenfest teilgenommen hat und er das Fest aus dieser Zeit noch in sehr guter Erinnerung hat.«[3] Diese eher banale Aussage wurde der Bürgermeisterin zum Verhängnis. Im Dorf begann für sie ein Spießrutenlauf, ihre Familie wurde massiv eingeschüchtert, sie selbst erhielt Morddrohungen. Und dabei geht es in Questenberg doch nur um ein harmloses Dorffest, das für viele rechte Gesinnungsgenossen nur deshalb wie ein Magnet wirkt, weil der alte Sonnenkult ausgesprochen gut in eine völkisch-esoterische Tradition paßt.

Aus ganz Deutschland reisen mittlerweile jedes Jahr zu Pfingsten germanisch-interessierte Besucher an. Die Trennung zwischen rechtsextremen Aktivisten und harmlos wirkenden Gästen fällt schwer. In Questenberg findet man keine fackeltragenden Skinheads, keine rechtsnationalen Aufmärsche. Das, was alle Gruppen hier eint, ist der Glaube an die Tradition des Volkstums.

Drei von weit her angereiste Besucher berichteten einem Fernsehteam der ARD über ihre Motivation, an dem Questenfest teilzunehmen: »Richtig gutes, schönes germanisches Wetter, möchte ich sagen.« – »Was reizt Sie an diesem Fest?« – »Die lange Tradition. Daß sich das alles so lange erhalten konnte, trotzdem wir 1000 Jahre Christentum zu erdulden hatten oder noch haben.« – »Unser Brauchtum in Europa oder Deutschland geht so ziemlich den Bach runter, es schläft alles ein, alles so Einheitstraditionen werden bloß noch gepflegt und nicht das Altertümliche eben der Vorfahren und Ahnen.« – »Ich vermute hier stark, daß das hier eine heidnische Tradition ist. Die findet man hier nur noch selten. Ich habe das auch früher gar nicht gewußt hier, da redet ja auch kein Mensch drüber.«[4]

Diese Anerkennung ihres Questenfests ehrt die knapp 300 Dorfbewohner. Sie sind stolz darauf, ihr Fest über Jahrhunderte hinweg immer in der gleichen Art und Weise gepflegt und gefeiert zu haben. Selbst unter der ehemaligen DDR wurde in Questenberg weiter gefeiert. Das Gedenken an die Ahnen und die Fortführung einer alten Tradition mit Rückbesinnung auf die Wurzeln deutscher Geschichte sind die Basis des Questenfestes. »Natur, Geschichte und lebendige Volkstraditionen, das ist der Dreiklang, der jedem Besucher in Questenberg entgegentönt. Er kann jedoch nicht durch das Fenster hindurchfahrender Autos wahrgenommen werden, er erklingt nur den Menschen, die sich Zeit nehmen und in Ruhe den heiligen Hain der Natur betreten!«[5] Kein Wunder, daß völkisch-rechte Gruppen und Ideologen von den meisten Questenbergern mit offenen Armen empfangen werden. Questenberg ist ein Beispiel, wie schwammig die Grenzen zwischen »Heimat«, »Brauchtum« und rechtsnationaler Gesinnung sind, wie schnell sich diese Grenzen verwischen und wie leicht sich Menschen zu Handlangern und Mitläufern extremistischer Ideologien machen.

Sonnenkult und Lebensbaum

Trotz allen Bemühens ist der Ursprung des Questenfestes nicht exakt festzumachen. Es gibt unterschiedliche Deutungsansätze, die das Fest mal in eine slawische, keltische oder germanische Tradition stellen. Fest steht nur: Urkundlich erwähnt wird das Questenfest erstmalig 1660, und gefeiert wird es fast durchgängig seit über 330 Jahren. Hoch über dem Dorf steht auf einem Steilhang ein zehn Meter hoher Eichenstamm. Auf einem Querbalken hängt ein Kranz mit einem Durchmesser von drei Metern, »flankiert von zwei herabhängenden Quasten, gekrönt von einem ›Lebensbuschen‹ auf der Spitze des Eichenstammes. Es entsteht so ein altes vorgeschichtliches Sonnensymbol: das Radkreuz, verbunden mit der ebenso alten Lebensbaumsymbolik.«[6]

In der Nacht vor dem zweiten Pfingsttag steht ganz Questenberg Kopf. Es wird gefeiert, getrunken und getanzt. Übernächtigt zieht die Dorfbevölkerung ganz früh am Morgen, lange vor Sonnenaufgang, mit einer Musikkapelle zur Queste. Dort wird, während es langsam dämmert, der alte Kranz abgenommen. Dieser Höhepunkt des Festes wird nach einem strengen Ritual zelebriert. Die Questenmannschaft tritt in den Kreis des herabgenommenen Kranzes, dann folgt eine Ansprache, die die Bedeutung des Festes unterstreichen soll:

»Darum haben wir uns zu dieser nächtlichen Stunde hier zusammengefunden, um nach altem Brauch unser gemeinsames Nachtmahl einzunehmen, aber vor allem die aufgehende Sonne zu begrüßen und zu verehren und zugleich auch unsere Liebe zur Heimat zu bekunden. Wenn es auch heute bei unserem Questenfest in erster Linie darum geht, pflichtgetreu die alten Traditionen zu pflegen und zu erhalten, so sollten wir doch aber auch daran denken, was wohl vor Jahrhunderten unsere Vorfah-

Ein Questenbaum

ren dazu bewegte, hierher auf diese alte Wallburg zu ziehen, um die wieder höher steigende Sonne zu begrüßen und zu verehren ...«[7]

Anschließend feiert man den Sonnenaufgang mit Gesang und Unterstützung der Bläser. Nach Frühschoppen und Gottesdienst wird der am Vortag neu erstellte Kranz den steilen Berg hinaufgebracht und an dem Eichenstamm befestigt. Auch dies passiert nach streng festgelegten Regeln. Eine von ihnen schließt die Frauen von den meisten Ritualen aus. Sie dürfen seit der Vereinsgründung im Jahre 1991 zwar Mitglied werden, haben aber im aktiven Teil des Vereins, der Questenmannschaft, nichts zu sagen. Das war auch schon im Nationalsozialismus so, als das Fest in den Dienst der völkischen Tradition gestellt wurde.

Schon vor der Machtergreifung Hitlers versuchten Volkskundler das Questenfest zu »germanisieren«. Als Sommersonnwendfeier wurde der Brauch mit »Wodan, dem höchsten der germanischen Götter, in Verbindung gebracht«.[8] Für den Frühlingsgott sollte das Fest Wodans Brautwerbung um seine Gemahlin Freya symbolisieren. Historisch allerdings läßt sich diese Deutung nicht untermauern. Die Queste selbst wurde als eine Irminsul, das höchste germanische Heiligtum, angesehen; auch für den nationalsozialistischen Rasseforscher Herman Wirth verkörperte das Questenfest die »Urreligion der Germanen in ihrer nordischen Heimat«.[9]

Herman Wirth referierte 1925 in Questenberg und versuchte seiner Sicht von Herkunft und Bedeutung des Questenfestes einen wissenschaftlichen Anstrich zu geben: »Welche starken Einflüsse bzw. Überlieferungen arktisch- und atlantisch-nordischer Kultur hier vorlagen, erhellt auch aus den Felszeichnungen der südamerikanischen Indianer.«[10] Herman Wirth war ein wichtiger Ideengeber der Nationalsozialisten für ras-

Germanische Sonnenwendfeier mit Queste

sistische Volkstumgedanken. Er lieferte die ideologische Grundlage zur Überhöhung des Questenfestes im Dritten Reich. Der Einfluß der Nationalsozialisten zeigte sich nach 1933 auch ganz praktisch: »Abordnungen der Jungarbeiter der Deutschen Arbeitsfront aus allen Deutschen Gauen werden im nächsten Jahr zum Questenfest erscheinen und gemeinsam mit den Burschen des Ortes und den Vertretern des Bauerntums diesen heiligen Volksbrauch zu einem Fest des Gemeinschaftsgeistes ausgestalten.«[11] Dorfbewohner erzählten uns während unserer Recherchen vor Ort, daß im Nationalsozialismus Rasseforscher nach Questenberg gekommen sein sollen, um die Köpfe der Questenberger zu vermessen und sie als die Prototypen der Arier besonders herauszustellen.

Die Geschichte des Questenfestes, auch mit seinen nationalsozialistischen Einflüssen, hat der Heimatforscher Ernst Kiel 1995 in einem Buch nachgezeichnet. Während sich Kiel heftig und vehement von Herman Wirth distanziert, versucht er den früheren nationalsozialistischen Leiter des Reichsbundes für Volkstum und Heimat und heutigen rechten Ideologen Werner Haverbeck in Schutz zu nehmen, ja sogar zu rehabilitieren. Haverbeck hätte schon 1934 versucht, das Fest in seiner Ursprünglichkeit zu erhalten. Im Gespräch mit Kiels Co-Autor Alfred Schneider sagte Haverbeck rückblickend bei einem Besuch in Questenberg 1990: »Und ich fühlte mich damals berufen und dadurch zu helfen und zu sichern, daß ich sagte: Darum wollen wir uns kümmern, daß die unbeschadet dieses schöne, alte Fest weiterführen können.«[12]

Kiels Darstellung eines geläuterten Haverbeck, der mit nationalsozialistischer Ideologie nur wenig gemein hatte und der das Questenfest genau vor diesen Einflüssen schützen wollte, zeigt den Einfluß, den der Vordenker des Collegium Humanum noch heute auf die Questenberger zu haben scheint. Denn im Gegensatz zu der Darstellung von Kiel versuchte Haverbeck

1934, ganz in der Tradition des Rasseforschers Herman Wirth, dem Questenfest einen germanischen Ursprung unterzujubeln:

»In ununterbrochener Überlieferung aus unserer germanischen Vorzeit wurde am dritten Pfingsttage in Questenberg am Harz von der ganzen Dorfgemeinschaft das Questenfest gefeiert … eines der urältesten Sinnbilder unserer völkischen Vergangenheit, das in ununterbrochener Überlieferung aus Jahrtausenden her überkommen ist.«[13]

Haverbeck, inspiriert durch die Ideen von Herman Wirth, bei dem er übrigens auch knapp ein Jahr gewohnt hat, zog Vergleiche zwischen dem Fest und alten germanischen Kultstätten:

»Dieser uns auch als Irminsul bekannte Lebens- und Weltenbaum ist heute in Deutschland überall verschwunden und nur noch in Questenberg am Harz in unmittelbarer Überlieferung erhalten.«[14]

Esoterisch begründet Haverbeck, mit welcher Erkenntnis der Questenbaum der völkischen Sache dienen kann:

»Wir haben wieder zurückgefunden zu der Erkenntnis, daß unser Leben nur mit den göttlichen Kräften des Alls, wie sie in Natur und Heimatscholle, in Blut und Volkstum sich für uns offenbaren, Kräfte erhalten kann … Darum soll dieses Fest dem ganzen Volk gehören.«[15]

In seiner Ablehnung einer rein rationalen Bildung steht Haverbeck der heutigen Esoterik in nichts nach. Den Liberalismus lehnte er vehement ab, weil dieser das Seelenleben des Volkes zerstöre:

»Heute wollen wir nichts mehr zu tun haben mit diesem Bildungskapitalismus, der ausschließlich mit dem Maßstab des Verstandes wertete. Wir setzen ihm entgegen unser Bild, nach dem wahre Kultur Gesinnungskultur ist. Uns ist die Kultur Ausdruck der Weltanschauung.«[16]

Die Verbindung zwischen Volkstum und der Politik der Nationalsozialisten war für Haverbeck die lang ersehnte Synthese für ein neues Deutsches Reich. In seinen Schriften ließ er keinen Zweifel daran, daß die Basis für den Nationalsozialismus in einer völkischen Einstellung, in der »Volksseele«, zu suchen und zu finden ist:

»Der Nationalsozialismus erstand als gewaltiges Fundament politischer, wirtschaftlicher, weltanschaulicher und charakterlicher Neugestaltung. Was ihn heraushob aus allen anderen politischen Gebilden, war seine Begründung auf die völkische Weltanschauung. Die Weltanschauung, deren Erleben, echtem Glaubenstum gleich, den Menschen am innersten packt, nur sie ist es gewesen, die dem Nationalsozialismus die Stoßkraft und mitreißende Wucht bei Eroberung der Volksseele verlieh, gegen die noch nichts ankam.«[17]

Als Haverbeck 1990 zum erstenmal nach Questenberg zurückkehrte, zeigte sich sein großes Geschick, seine Ideologien den jeweiligen gesellschaftlichen Strömungen anzupassen und sie raffiniert immer wieder neu zu verpacken. Zwar fehlten in seinen Vorträgen nun die typisch nationalsozialistischen Wendungen, die völkisch-esoterische Gesinnung sei jedoch geblieben, berichteten uns Zuhörer einer Vortragsveranstaltung. Kein Wunder, daß im Gefolge von Haverbeck 1995 immer mehr Anhänger des rechtsextremistischen Spektrums in Questenberg auftauchen. Die »Freiberger«, eine Neonazi-Gruppierung aus Dresden, nahmen an dem Fest teil und dokumentierten ihre Eindrücke in der rechten Zeitschrift *Zeitenwende:* »Etwas schmunzeln mußte ich bei den Servietten, die es auf dem Dorfplatz zu den Imbißspeisen gab. Auf der Amerika-Fahne richtete sich die Freiheitsstatue auf. Vielleicht ein kleines Übel, was ein Großteil der Besucher nicht bemerkt, aber dem Sinn eines Festes unserer Heimat nicht entspricht.«[18]

Zwei weitere Beispiele untermauern die Bedeutung des Questenfestes für die rechte Szene: Steffen Hupka, rechtsextremer Aktivist aus Quedlinburg, verwendete ein Foto der Queste als Titelmotiv für die Zeitschrift *Umbruch,* ein Schulungsorgan der rechten Szene.[19] Hupka soll mehrere Male zu Gast in Questenberg gewesen sein.

Und im rechtsextremistischen Seminarzentrum in Hetendorf feiern Neonazis regelmäßig ihre Sommersonnwendfeiern. Als kultischer Mittelpunkt für ihr nächtliches Ritual dient ein nachgebauter Questenbaum.[20]

Brauchtum, Brauchtum über alles?

Von derartigen Zusammenhängen scheinen die Questenberger nichts wissen zu wollen. Die Bürgermeisterin Heidi Ringleb mußte sich auf einer Gemeinderatsversammlung wegen ihrer kritischen Äußerungen zu Werner Haverbeck in den *Tagesthemen* und in einem Artikel der *Berliner Zeitung* vor dem Questenverein verantworten. Genauer gesagt: Die Bürgermeisterin wurde von dem Verein geradezu vor den Gemeinderat zitiert. Ihr wurde klargemacht, wer das Sagen im Ort hat.

Fast das ganze Dorf gehört dem Questenverein an. Er ist nicht nur der wichtigste und größte Kulturträger der Gemeinde, sondern auch die mächtigste Instanz in dem kleinen Ort.

Obwohl es normalerweise nicht möglich ist, daß der Verein dem Rat der Gemeinde quasi vorschreibt, was er zu tun oder zu lassen hat, verkehrte sich die Lage am Abend des 22. September 1995: Der Questenverein war es, der die Bürgermeisterin zur Rede stellte und ihren Rücktritt verlangte.

> »Das Verhältnis zum Vorstand des Questenvereins verschlechterte sich ganz extrem nach der Sendung der *Tagesthemen*, obwohl offiziell im Ort keiner die Sendung an sich wohl gesehen hatte. Der Vorstand des Questenvereins veröffentlichte eine Vereins-Information, in der Professor Haverbeck in Schutz genommen wurde, und dann kam es zu diesem Artikel in der *Berliner Zeitung*. Auf Grund dieses Artikels wurde auch ich als Bürgermeister und der Gemeinderat beschuldigt ... den Schaden, der der Gemeinde und dem Fest entstehen wird, weil in Zukunft Neonazis oder Leute der rechten Szene vermehrt bei uns auftreten werden, die Schuld wurde uns zugeschoben. Oder uns wurde unterstellt, daß wir diesen Schaden heraufbeschworen haben.«[21]

Nach außen hin mag sich die engagierte Bürgermeisterin zwar zu wehren wissen, innerhalb ihres Dorfes erfährt sie allerdings kaum noch Unterstützung. Tradition und Pflege des heimatlichen Brauchtums stehen in Questenberg über allem anderen, auch wenn man sich damit rechtsextreme Ideologen ins Dorf holt.

> »Der Vereinsvorstand verkennt die Tatsache, daß sie schon seit Jahren Kontakt zum Collegium Humanum halten, freundschaftliche Beziehungen haben und ganz besonderen Wert auf ihren freundschaftlichen Kontakt zu Professor Haverbeck legen. Meiner Meinung nach ist es unbedingt notwendig, daß der Gemeinderat die Zusammenhänge begreift. Personen, die im Collegium

Humanum auftreten, sind vielen gar nicht unbedingt bekannt. Ich bezweifele auch, daß den Vereinsmitgliedern allzuviel über das Collegium bekannt ist, außer über die Person Professor Haverbecks ... Er wurde damals vorgestellt als Brauchtumspfleger, Heimatfestpfleger oder Traditionspfleger. Mehr ist über den Vereinsvorstand an die Mitglieder auch nicht herangetragen worden. Ich denke, da besteht ein ganz extremer Nachholbedarf.«[22]

Dabei liegen dem Verein spätestens seit den diversen Veröffentlichungen über das Collegium Humanum in der Presse ausreichende Informationen vor. Es scheint in dem Dorf eher an der Bereitschaft zu mangeln, sich kritisch mit Werner Haverbeck und seinen Freunden auseinanderzusetzen.

Aufbau Ost

Die Aktivitäten von Haverbeck in Questenberg zeigen, wie leicht sich ein ganzes Dorf auf völkischen Kurs bringen läßt. In Questenberg fand Haverbeck ein nationales Biotop, das sich auch während der sozialistischen Herrschaft in der ehemaligen DDR halten konnte. Es bedurfte nur einiger weniger Vorträge oder Referate, um dieses Dorf wieder auf Kurs zu bringen. Dabei half dem rechten Ideologen aus Westdeutschland die Tatsache, daß in Questenberg Menschen leben, die sich im politischen Wandel der Vereinigung nach einer neuen Identität sehnten. Diese gab ihnen der Professor mit der Rückbesinnung auf alte heimatliche und völkische Traditionen.

Wegen einer schweren Erkrankung konnte der 86jährige Haverbeck 1996 nicht an seinem geliebten Questenfest teilnehmen. Aber Haverbeck werden andere folgen. Der Aufbau Ost läuft im rechten Lager mit Hochdruck. Gerade der Ostteil des

Harzes gilt schon jetzt als eine der Hochburgen der Neonazis. In Nordhausen, unweit von Questenberg, kam es in der Vergangenheit immer wieder zu ausländerfeindlichen Übergriffen. Steffen Hupka, der seinen Wohnsitz im Zuge der deutschen Einheit nach Quedlinburg verlegte, zählt zu den wichtigsten rechtsextremen Aktivisten. Questenberg droht zu einem der neuen rechten Aushängeschilder zu werden. Denn hier könnte ein falsch ausgelegtes Volkstum zur Basis einer rechten Weltanschauung werden. Der Grundkonsens mit esoterischen Ideen hilft dabei.

Trotz massivster Drohungen hat die Bürgermeisterin ihren Kampf gegen den Rechtsruck im Dorf noch nicht eingestellt. Sie will weiter aufklären und sucht Unterstützung bei ihren Parteifreunden im Landtag. Heidi Ringleb hat sich nicht einschüchtern lassen und ist auch nicht von ihrem Amt zurückgetreten:

>»Weil ich der felsenfesten Überzeugung bin, daß das nicht Sinn des Questenfestes ist. Das Questenfest ist ein sehr alter Brauch in unserer Gemeinde. An und für sich ist das Questenfest ein sehr schönes Fest und hat mit Rechtsextremismus nichts zu tun. Es ärgert mich auch, daß solche Leute versuchen, dieses Fest für ihre Zwecke auszunutzen. Andererseits muß ich sagen: Irgendwo hab ich vielleicht auch noch eine Idealvorstellung von Recht und Ordnung. Ich finde es einfach nicht in Ordnung, daß diese Leute sich in das Fest reinhängen, sich einmischen.«[23]

6 Rechte Geschichten aus der Frühgeschichte

Im rechten Netzwerk finden sich zahllose Gruppen, Personen und Vereinigungen, die nach außen ein Bild der Zersplitterung bieten, während gleichzeitig ein reger Austausch zwischen ihnen stattfindet. Aber es gibt auch Gruppierungen, die erst bei genauerer Betrachtung diesem Netzwerk zuzuordnen sind, wie etwa eine »Gesellschaft für europäische Urgemeinschaftskunde«, die sich unter anderem mit der Geschwindigkeit von Wikingerschiffen oder mit dem Alter von Einsiedlerhöhlen beschäftigt.[1] Im offiziellen Tagungsbericht dieser Gesellschaft von 1994 erfährt man über den »Nazi-Wissenschaftler« Herman Wirth folgendes: »Er konnte beweisen, daß vor etwa 30000 Jahren arktische Eisrandjäger mit einer voll ausgereiften Gesittung ... ein Kultureuropa vom Atlantik bis zum Altai schufen.«[2] Das »entwickelte Weltbild der Historiker«, so erläutert der Tagungsbericht weiter, sei »viel zu eng«.[3]

Ein Vortrag über die »Steinrinne von Bilzingsleben« ist auf einer solchen Tagung nichts Ungewöhnliches, verdeckt aber die eigentlichen Tendenzen: Die »wissenschaftliche« Grundlage für eine rechtsnationale Weltanschauung zu liefern, die sich aus der frühen Vergangenheit ableiten läßt, ist eine der Bestrebungen dieser Gesellschaft. So heißt es im Tagungsbericht später: »Von England bis an den Don [!] wohnen Germanen. Die Abspaltung der noch lange heidnischen Ostgermanen sei eine Folge ihrer standhaften Abwehr der gewaltsamen christlichen Bekehrung.«[4] Die Vermischung solcher Gedanken mit einem Bericht über die »Vermessung des Turmzimmers auf den Externsteinen mit dem Sonnenloch« und dem Ergebnis einer »vorgeschichtlichen Sonnenaufgangsbeobachtung zur Sommersonnenwende«[5] führt dazu, daß die Ziele dieser Gesellschaft nur schwer auszumachen sind. Diese seltsame Themenmixtur brachte uns auf die Idee, eine Tagung dieser Gesellschaft direkt zu beobachten, zumal uns eine Reihe an Hinweisen vorlagen, daß sich bei diesen »frühgeschichtlichen« Veranstaltungen auch Leute aus den Führungskadern der Rechtsextremen treffen. Wohl auch deshalb ist der Besuch einer solchen Tagung für Außenstehende mit einigen Schwierigkeiten verbunden.

Schaalby – fast am Ende der Welt

Die »Urgemeinschaftskundler« tagen im Oktober 1995 in Schaalby bei Schleswig, in Norddeutschland. Und sie sind scheu: Die Einladungen gehen nur an Mitglieder und Freunde. Eine Gemeinschaft, in der jeder Fremde auffällt, erst recht, wenn es sich, wie in unserem Fall, um Journalisten handelt, die im rechtsextremen Umfeld recherchieren. Daher soll eine unverdächtige Person den Besuch dieser Veranstaltung für uns übernehmen. Ein Lehrer aus Flensburg in der Nähe von Schaalby ist dazu bereit. Er will sich offiziell zu einem Wikinger-Vortrag anmelden.

Das Vorhaben scheitert jedoch aus einem ganz simplen Grund: Es gibt keinen öffentlichen Hinweis auf die Veranstaltung, wie er sonst zu Tagungen etwa in den örtlichen Tageszeitungen publiziert wird. Noch nicht einmal am Tagungsort selbst, einer Gaststätte in Schaalby, findet sich ein Verweis auf das Treffen. So bleibt uns nur eine vorsichtige Beobachtung des Geschehens von außen.

Das ist nicht einfach, denn der Ort ist so gewählt, wie bei ähnlichen Treffen üblich: Immer »am Ende der Welt« gelegen, gut einsehbar, jede fremde störende Person wird schnell ent-

16. 3. 1995

An alle Mitglieder und Freunde unserer Gesellschaft

Einladung

Hiermit laden wir Sie ein zu unserer nächsten Vortragsveranstaltung nach Schleswig-Holstein

vom 29. September bis 1. Oktober 1995.

Anreise: z.B. Donnerstag, 28. September 1995 mit Bahn-card oder "Sparpreis"-Fahrkarte

Rückreise: Montag, 02. Oktober 1995

Quartier: Familie ██████████████

██████ Schaalby bei Schleswig, Tel. ████████

Das Gasthaus befindet sich in ca. 7 km Entfernung nordöstlich von Schleswig und hat einen Saal, (wir bemühen uns jedoch noch um einen Saal in der Stadt Schleswig). 11 Doppelzimmer mit Bad und WC, pro Bett 40,-- DM einschließlich Frühstück. Einzelzimmer sind in ca. 5 km Entfernung von dort zu haben in Geel bei Füsing. (Bitte bei der Anmeldung in Schaalby vermerken!)

Bahnstation ist Schleswig. Die Teilnehmer können vom Bahnhof abgeholt werden. Bitte verständigen Sie das Gasthaus und unsere Gesellschaft, wer wann abgeholt werden möchte. Wer mit Kfz. anreist, bitte unserer Geschäftsstelle in Kolbermoor mitteilen.

Diese Einladung erfolgt deswegen schon heute, weil die Zimmerbestellung unbedingt Anfang April erfolgen muß und ein anderes günstiges Quartier, wo wir alle unterkommen können, schon heute nirgends mehr zu haben ist für den Herbst.

Unser genaues

Programm

wird erst im Spätsommer verfügbar sein, sodaß etwaige Änderungen möglich werden.

Donnerstag, 28. 09. 1995

Am Anreisetag ist abends ein gemeinsames Treffen mit Abendessen im Tagungslokal vorgesehen, danach ein Einführungsvortrag.

Freitag, 29. 09. 95

Besichtigungen in und um Schleswig (Holm, Landesmuseum, Haitabu, Danewerk usw.)

Alternativ: ganztägige Busfahrt. Abfahrt 9 Uhr vom Gasthaus Schaalby. Dannewerk - Waldemarsmauer - Hügelgräber - Eindeichung an der Nordsee - Naturschutzgebiet - (Mittagessen mitbringen!) -Wattenmeer - Stollberg - evt. Kaffeepause im Gasthof Stollberg- Mönkebüll - Opfermoor und Hügelgrab mit der einzigen Stele in Schleswig-Holstein - Rückfahrt über Sandesberg - Hollingstedt.

Anmeldung hierzu bitte bis 01. Juli an die Geschäftsstelle unserer Gesellschaft in Kolbermoor. Die Buskosten werden auf die Teilnehmer umgelegt.

20,00 Uhr gemeinsames Abendessen im Gasthaus - danach geselliges Beisammensein.

Konten: Kreissparkasse Kolbermoor BLZ ███████ Konto-Nr. ███████

Sonnabend 30. 09. und Sonntag 01. 10. 95

jeweils 9,30 Uhr Vorträge bis ca 17,00 Uhr mit Unterbrechung für die Mittagspause. An Referenten wurden vorgeschlagen: Prof. Dr. Reichstein - Dr. Kramer: Wikingerzeitliche Absperrung in der Schlei - Dr. Hauke Jöns: "Jodelund, das eisenzeitliche Ruhrgebiet des Nordens" _ die jungsteinzeitliche, befestigte Siedlung "Büdelsdorff" - Sönke Hartz: "Jäger der Tundra" - Dieter Stoltenberg: "Ausgrabungen in Flintbek, bronzezeitliche Gräber".

Jeweils   19,00 Uhr gemeinsames Abendessen. Danach

            Sonnabend - Mitgliederversammlung

            Sonntag - Zusammenfassung und Verabschiedung.

Die Tagung z.T. mit Referenten des dortigen Landesmuseums - Themen mit Schwerpunkt Schleswig-Holstein - verspricht besonders interessant zu werden.

Im Anschluß an diese Tagung können wir eine gemeinsame

<u>BUSREISE nach BOHUSLÄN / Schweden</u>

organisieren, wenn sich dafür genügend Interessenten finden, um dort die von Herman Wirth gedeuteten Felsbilder in Natur zu besichtigen.

Montag, 02. 10. 95

8,00 Uhr Abfahrt über Dänemark durch interessante Landschaften nach Frederikshavn. Um 16,00 Uhr Fähre nach Göteborg. Übernachtung in oder bei Göteborg.

Dienstag, 03. 10. 95 (Feiertag in Deutschland!)

Weiterfahrt nach Bohuslän mit Felsbilderbesichtigung unter fachkundiger Führung. Rückfahrt zum vorigen Übernachtungsquartier.

Mittwoch, 04. 10. 95

Überfahrt nach Frederikshavn, Besuch der Steinzeit- und Bronzesiedlung am Limfjord oder Museumsdorf bei Aarhus.

17,00 Uhr Ankunft in Schleswig. Anschließend Heimfahrt oder Übernachtung in Schaalby.

Kosten: Busreise bis Bohuslän einschl. Fähre (hin und zurück) pro Person = 180,-- DM zuzügl. 2 Hotelübernachtungen und Essen. (Preise z. Zt. noch nicht bekannt.)

Auch hier ist eine frühzeitige <u>Anmeldung</u> spätestens <u>bis zum 1. Juli</u> Voraussetzung für diese Reise (begrenzte Teilnehmerzahl).

Sollten sich Teilnehmer mit PKW oder Bus finden, die selber fahren und es billiger organisieren für Mitreisende, bitte melden!

Die Frühjahrstagung in Horn/Bad Meinberg vom 25. bis 28. Mai 1995, die vom "Walther-Machalett-Kreis veranstaltet wird, dient in diesem Jahr auch der Gründung eines eigenen "e.V." 's. Wer dort Mitglied werden will, melde sich frühzeitig an. (Unsere Gesellschaft ist in diesem Jahr n i c h t offiziell beteiligt.)

Wir hoffen auf eine zahlreiche Teilnahme in Schleswig und wünschen Ihnen eine gute Anreise, wobei evt. auch ein längerer Aufenthalt (vorher oder nachher) durhaus angebracht ist wegen der vielen Sehenswürdigkeiten und Ausflugsmöglichkeiten in der näheren und weiteren Umgebung, vor allem für diejenigen Teilnehmer, die noch nie in Schleswig waren.

Mit freundlichen Grüßen

gez. Rohkst

(Dipl.-Ing. Paul A. Rohkst)
1. Vorsitzender

Einladung zu einer Veranstaltung der Gesellschaft
für Europäische Urgemeinschaftskunde

deckt. Dennoch bringt unsere Beobachtung Ergebnisse: Eine bekannte Gruppe Dresdner Neonazis taucht auf, die an exponierter Stelle in der rechtsextremen Szene der neuen Bundesländer steht und einen besonders starken Kontakt zum Collegium Humanum in Vlotho hat. Über die Autokennzeichen auf dem Parkplatz der Gaststätte werden weitere einschlägig bekannte Personen identifiziert. So unter anderem ein gewisser Harro Horn, seines Zeichens ein rechter Hardliner, in SS-Kameradschaftsverbänden aktiv und Verbindungsmann zwischen der Neonaziszene in Deutschland und der NSDAP-Auslandsorganisation (NSDAP/AO).

Ein Telefonat mit dem Wirt des Lokals ergibt, daß Steffen Hupka die ganze Sache organisiert. Hupka war Mitglied der verbotenen »Nationalistischen Front« und ist seit Jahren eine der zentralen Figuren der Szene.

Nach diesen Informationen versuchen wir, doch noch Einblick ins Innenleben dieser Tagung zu erhalten. Ein Anruf durch den Flensburger Lehrer, der sich als Mitarbeiter eines lokalen Anzeigenblättchens ausgibt, macht dies für den nächsten Tag tatsächlich möglich. Allerdings nur, weil zufällig ein Gastreferent dieses Telefongespräch entgegennahm, dem gegenüber die Gesellschaft ihre Pressescheu nicht zugeben konnte. In einem persönlichen Telefonat berichtete uns dieser Referent später von den merkwürdig aufgeregten Reaktionen seiner Gastgeber.[6]

Der angebliche Mitarbeiter des Anzeigenblatts – einer Zeitung mit keinerlei politischen Ambitionen – erhält bei seinem Besuch am nächsten Tag eine umfangreiche Presseerklärung. Die professionell aufgebaute dreiseitige Presseinformation wurde offensichtlich ausschließlich für diesen Zweck erstellt. Darin zeigt sich ein fast perfektes System an Vorsichtsmaßregeln der Öffentlichkeit gegenüber. Plötzlich befindet sich an der Eingangstür zur Gaststätte auch ein Schreibmaschinenblatt mit einem Hinweis auf die Vorträge – zu einem Zeitpunkt, an dem die Veranstaltung kurz vor ihrer Beendigung stand.

Unser Flensburger Informant kann an Hand von Fotos verschiedene Personen aus dem Neonazi-Lager identifizieren.[7] Überraschend entdeckt er einen gewissen Frank Rennicke auf dem Treffen. Rennicke ist der radikale und äußerst populäre Liedermacher der gesamten rechten Szene. Außerdem zählt er zur Führungsriege der Neonazis. Im rechtsextremen Netzwerk begegnet man ihm nicht nur bei den Urgemeinschaftskundlern. Er ist regelmäßig auf NPD-Veranstaltungen als Sänger aktiv, trifft sich unter anderem mit dem Rechtsterroristen Manfred Roeder im Schulungszentrum Hetendorf und tritt auch, wie 1993, auf dem internationalen Treffen der Rechtsextremisten in Diksmuide in Belgien auf.

Die personelle Zusammensetzung der Tagung in Schaalby spricht ganz ohne Zweifel für ein Treffen auf höchster Ebene. Unser Informant fördert aber noch einen weiteren interessanten Aspekt zutage. Während die älteren Tagungsteilnehmer sich im Saal beispielsweise Vorträge über eine »frühgeschichtliche Kalenderscheibe« anhören, scheinen solche Themen für die erwähnte »Führungsriege« nicht der eigentliche Grund ihrer Anwesenheit zu sein. Diese entfaltet vielmehr im Gastraum mit Unterlagen und Mobiltelefonen eine rege Geschäftigkeit. Ganz offensichtlich findet im Schutz der Veranstaltung ein Planungstreffen statt. Eine gängige Praxis von Neonazis, die sich zu Sonnenwendfeiern, zu germanischen Festtagen oder zur Verehrung der altgermanischen Gottheiten versammeln und in derart unverdächtigem Rahmen einen Teil ihrer Strategiediskussionen führen. Doch die »Tarnung« ist gleichzeitig auch Inhalt, denn die »Führungsriege« in Schaalby kann sich durchaus mit den frühgeschichtlichen Inhalten der Tagung identifizieren.

Die Gesellschaft für europäische Urgemeinschaftskunde sieht

sich in der Nachfolge des »Forschers« Herman Wirth. So erfährt unser Informant noch vom Vorsitzenden der Gesellschaft, daß »Atlantis wirklich bei Helgoland« war.[8] Nach wie vor bilden die »Forschungsergebnisse« des Rassentheoretikers Wirth die Basis der Organisation. Welches schwerwiegende Erbe die Urgemeinschaftskundler angetreten haben, zeigt eine Vereinigung aus der Nazi-Zeit, die in direktem Zusammenhang mit Herman Wirth steht.

Das Deutsche Ahnenerbe

Der Verein »Das Deutsche Ahnenerbe« entstand 1935 in Berlin und sollte die esoterische Institution des Dritten Reichs werden. Die Geschichte dieser Organisation im Nationalsozialismus zeigt den NS-Staat wesentlich differenzierter als in den üblichen Vorstellungen von Terror und Gewalt. Über das »Ahnenerbe« gibt es kaum größere Veröffentlichungen. Lediglich Michael Kater hat sich mit seinem Buch *Das Ahnenerbe der SS 1935–1945* umfangreich mit dieser Institution auseinandergesetzt.[9] Im Vorwort dazu schreibt er:

> »So ist für eine objektive Würdigung der Hierarchien im Dritten Reich ein Verständnis des sog. ›Führerprinzips‹, das letztlich der nationalsozialistischen Weltanschauung verhaftet war, unerläßlich. Bei ihrer Geringschätzung dieser sogenannten Weltanschauung ... hat die Forschung gelegentlich die Frage übersehen, wie weit die von ihr als hohl und inhaltslos abgetanen Maximen des Nationalsozialismus einen Extrakt nationalistischen und deutsch-völkischen Gedankenguts der letzten hundert Jahre darstellten ...«[10]

Am 1. Juli 1935 wurde in den Diensträumen der SS in Berlin die »Studiengesellschaft für Geistesurgeschichte ›Deutsches Ahnenerbe‹« gegründet. Die Idee und auch die inhaltlichen Vorgaben stammten von Herman Wirth. Unter den weiteren Gründungsmitgliedern fanden sich der Reichsführer-SS Heinrich Himmler und der Reichsbauernführer Richard Walter Darré. Die besonderen ideologischen Übereinstimmungen zwischen Darré und Himmler beschreibt Michael Kater folgendermaßen:

> »Seit dem 31. Dezember 1931, als das Rasseamt (später Rasse- und Siedlungsamt) der SS mit SS-Standartenführer Darré als Leiter ins Leben gerufen wurde, blieben der Begriff der reinen Rasse und der des siedelnden Bauern eng miteinander verbunden: ›planmäßig und nach wissenschaftlichen biologischen Erkenntnissen‹ ... wollten Reichsbauernführer und Reichsführer-SS ein neues, völlig reinrassiges Bauerntum heranziehen, das sich schließlich als ein neuer deutscher Adel werde präsentieren dürfen.«[11]

Herman Wirth verdankte seine Beziehungen zu diesen beiden NS-Größen einer zufälligen Bekanntschaft auf einer Abendgesellschaft 1934. Gerade in dem »Vorgeschichtsfanatiker Himmler«[12] fand Wirth einen Partner, der mit seinen esoterisch-germanischen Vorstellungen übereinstimmen konnte. Der Deutsch-Holländer Herman Wirth wurde zunächst im »Ahnenerbe« als »Erneuerer der germanischen Kultur« gefeiert.[13] Wirths Ideen entsprach das Weltbild Himmlers, »der sich wohl schon damals für eine Reinkarnation des Slawenbezwingers Heinrich I. hielt«.[14] Eine esoterische Grundeinstellung Himmlers ist unbestritten. Der Reichsführer-SS beabsichtigte, über das »Ahnenerbe« seine Organisation zur germanischen Elite des Dritten Reichs zu machen:

»In Himmlers rassistisch determiniertem Weltbild zählte der nordisch-germanische Menschentypus als ein außerordentliches biologisches Phänomen ... in den germanischen Ahnen sah er die Vorkämpfer einer hochentwickelten Kultur und eines herrschaftlichen politischen Systems. Die rassische Beschaffenheit der Germanen war ihm Grundvoraussetzung für ihre Überlegenheit; die Rassenreinheit der deutschen Volksgenossen ... war sein wichtigstes Anliegen, gerade in der SS.«[15]

Das »Ahnenerbe« sollte diese Aufgabe der Germanisierung der SS übernehmen, und deshalb kam es zu dem merkwürdigen Umstand, daß die »Schutzstaffel« beispielsweise tatsächlich an Ausgrabungen beteiligt war. So war die SS neben den Massenmorden in den KZs gleichzeitig damit beschäftigt, nach Zeugnissen der Wikinger in der berühmten Ausgrabungsstätte Haithabu zu suchen.[16] 1944 war Himmler persönlich mit dem Denkmalschutz am Westwall beschäftigt: »Himmler fühlte sich als Feldherr und Denkmalschützer in einem – fürwahr die kühnste Kombination, die er sich je erträumt haben mag.«[17]

Die erste Zeit des »Ahnenerbes« stand noch unter deutlichem Einfluß von Herman Wirth. Doch zunehmend wurde Himmler zur bestimmenden Gestalt. Herman Wirth geriet in personelle Querelen im »Ahnenerbe«, und immer stärker wurde auch die wissenschaftliche Seriosität seiner Arbeiten angezweifelt. Solche Zweifel hatten ihn allerdings schon immer begleitet.

1937 wurde die Organisation dann umstrukturiert: »Wirth wurde als ›Ehrenpräsident‹ kaltgestellt. Nicht nur, daß er ein wissenschaftlicher Versager war, er hatte sich Mißwirtschaft und Verschwendung zuschulden kommen lassen. 1938 trat er aus dem Ahnenerbe aus. Sein Nachfolger als Reichsgeschäftsführer wurde der SS-Standartenführer Wolfram Sievers ...«[18] Sievers wurde später im Nürnberger Prozeß wegen Menschenversuchen mit KZ-Häftlingen, die das »Ahnenerbe« durchgeführt hatte, zum Tode verurteilt und hingerichtet.[19]

Mit Rassenstudien an Häftlingen war das »Ahnenerbe« aktiv an der Judenvernichtung beteiligt. In einem »Institut für Wehrwissenschaftliche Zweckforschung« im »Ahnenerbe« wurden Kälteversuche an Häftlingen im Konzentrationslager Dachau durchgeführt, bei denen die »Versuchspersonen unbekleidet im Freien innerhalb 9 bis 14 Stunden auf 27° bis 29° abgekühlt wurden«.[20] Häftlinge wurden mit Senfgas gespritzt oder mit Fleckfieber infiziert. »Berühmt« wurde Prof. Dr. August Hirt mit seiner Schädelsammlung. In einer Denkschrift dazu wird die ganze Perversion des Dritten Reichs deutlich:

> »Nahezu von allen Rassen und Völkern sind umfangreiche Schädelsammlungen vorhanden. Nur von den Juden stehen der Wissenschaft so wenig Schädel zur Verfügung … Der Krieg im Osten bietet uns jetzt Gelegenheit, diesem Mangel abzuhelfen. In den jüdisch-bolschewistischen Kommissaren, die ein widerliches, aber charakteristisches Untermenschentum verkörpern, haben wir die Möglichkeit, ein greifbares wissenschaftliches Dokument zu erwerben, indem wir uns ihre Schädel sichern … Nach dem … herbeigeführten Tode des Juden, dessen Kopf nicht verletzt werden darf, trennt er den Kopf vom Rumpf und sendet ihn … zum Bestimmungsort.«[21]

Die Betätigungsfelder im »Deutschen Ahnenerbe« waren ausgesprochen vielfältig: »Ende 1944 bestand das Ahnenerbe aus rund 40 wissenschaftlichen Abteilungen, die an zahlreichen Orten auch außerhalb Deutschlands untergebracht waren und ihre Arbeit kaum koordinierten.«[22] Es gab Forschungsgruppen, die sich mit Märchen beschäftigten, während andere Astronomie und Wünschelruten zum Gegenstand hatten. Daneben gab es eine Abteilung »zur Überprüfung der sogenannten Geheimwissenschaften« oder eine »Abteilung für Schrift und Sinnbild-kunde (Runenkunde)«.[23]

Ein besonderes Thema war die sogenannte Welteislehre: »die Welteislehre ... die Himmler jetzt favorisierte, hatte im Rahmen des ›Ahnenerbes‹ das Ihre dazu beigetragen, Entstehung und Entwicklung der Germanen auf dem Planeten Erde sichtbar zu machen. Große Bedeutung wurde dabei der seit Platon sagenumwobenen Insel ›Atlantis‹ zugemessen, auf der nach Himmlers monokausalen Vorstellungen die Kultur der Germanen einst ihren Anfang genommen hatte, bevor sie ihren Siegeszug um die ganze Welt antrat.«[24] Göring und Hitler waren Anhänger dieser Welteislehre, nach der die Welt aus einem ewigen Eis im Weltraum entstanden sein soll. Die Welteislehre war von einem österreichischen Ingenieur entwickelt worden. Fast die komplette Nazi-Oberschicht war von dieser Lehre überzeugt, denn über die Welteislehre hoffte man das versunkene Atlantis wiederzuentdecken und damit die Quellen der germanischen Kultur. Nach dieser Lehre war Atlantis in einer kosmischen Urkatastrophe untergegangen. Eine der Hauptaufgaben im »Ahnenerbe« bestand nun darin, den »wissenschaftlichen« Beweis für die Richtigkeit dieser Lehre zu erbringen. Dazu sollten in der »Abteilung für Wetterkunde« neue Methoden der Beobachtung von Sonne und Mond entwickelt werden. Erst im Krieg wurde das Forschungsvorhaben abgebrochen; die Welteislehre brachte keinerlei Erkenntnisse für die Kriegsführung.

Nach 1945 erlebte die Lehre wieder einen Aufschwung. Sie wurde von den sogenannten »Hitler-Esoterikern« aufgegriffen, nach deren Überzeugung sich Hitler im Winterschlaf in der Antarktis befindet. Vom dortigen Neuschwabenland wird er mit seinen SS-Getreuen zu gegebener Zeit zurückkehren und das Großdeutsche Reich wieder zur Blüte bringen.

Im »Ahnenerbe« war die Welteislehre Chefsache. Die Organisation war ohne Zweifel eine mächtige Institution im Dritten Reich. In welchem Umfang sie das kulturelle Leben in der SS und im Nationalsozialismus insgesamt bestimmte, läßt sich nicht genau beantworten. Innerhalb der Machtstrukturen aber war sie eindeutig die anerkannte Institution für esoterische Fragen. Daß sie dennoch bis auf den heutigen Tag so geringe Beachtung gefunden hat, ist ein klarer Hinweis auf die fehlenden Täterdiskussionen, denn hier waren Tausende von Wissenschaftlern als »Hitlers willige Helfer« damit beschäftigt, den kulturellen Überbau der nationalsozialistischen Ideologie zu zimmern.

Zum zentralen Heiligtum der germanischen Religion erklärte das »Ahnenerbe« die Externsteine bei Detmold und verfügte, »daß die gesamte Schulungsarbeit des ›Ahnenerbes‹ von der der Schutzstaffel heiligen Stätte der Externsteine ihren Ausgang zu nehmen habe«.[25] Der Reichsführer-SS Heinrich Himmler war im Vorstand der Externsteine-Stiftung und erklärte kurzerhand »den gesamten Raum Detmold als weltanschauliche Interessensphäre der SS«.[26]

Die Externsteine – Mitte der Welt

> »Die Gefahr, in die die Erde bzw. die Menschheit vor 12000 Jahren geraten war, sei es nun durch das Abschleifen eines Mondes auf der Erdatmosphäre oder durch das Fehlverhalten der Verantwortlichen auf Atlantis, führte wohl dann dazu, durch Steinsetzungen geomantische Punkte, Kultstätten und Beobachtungslinien zu markieren.«[27]

Das kann man heutzutage im »Arbeits- und Forschungskreis Walter Machalett« erfahren, der in direktem Zusammenhang mit den Urgemeinschaftskundlern steht. Herman Wirth spielt

in diesem Kreis eine gewichtige Rolle, ebenso Werner Haverbeck, der gerade hier seine weltanschaulichen Vorstellungen
immer wieder bestätigt findet.

Der Machalett-Kreis beschäftigt sich schwerpunktmäßig mit
den Externsteinen, der bedeutendsten germanischen Kultstätte. An diesem geheimnisumwitterten Ort soll sich ursprünglich
das höchste Heiligtum der Germanen, der Irminsulaltar, be-
funden haben.

Der Arbeitskreis wurde vor etwa 30 Jahren von Walter Machalett gegründet, der in seinem Lebenswerk hauptsächlich belegen wollte, daß die Externsteine der – im übertragenen Sinn –
kultische Mittelpunkt der Welt waren. Dafür erhob er das
Naturdenkmal in den Rang einer Pyramide: »Herr Machalett
bezeichnet als EXTERNSTEINPYRAMIDE die frühgeschichtlichen Mondbeobachtungslinien für den aufgehenden Mittsom-
mer-Vollmond zwischen den Punkten Gizeh-Externsteine-
Salvages.«[28] Mit sogenannten »Machalettschen Linien« führt
der Forscher seinen reichlich simplen Beweis. Er zeichnet eine
Gerade von der Cheopspyramide in Ägypten hinauf in die
Nordsee zum angeblichen Atlantis. Dann eine Gerade von
einer Kultstätte westlich von Nordafrika (Salvages) zu einer
solchen Stätte im schwedischen Upsala. Das Ergebnis: Die
beiden Geraden haben ihren Schnittpunkt bei den Externsteinen. Was zu beweisen war.

Aber nicht nur diese Linien sind merkwürdig, in einer Beschreibung über einen der Pyramidenerbauer klingt auch eine
fragwürdige Ideologie an: »Einer der ›Bauherren‹, Ramses II
(2520 v. Chr.), der heute – in Granit gehauen – vor dem Kairoer
Bahnhof steht, zeigt die Gelassenheit und Kraft eines absoluten
Herrschers, die wohl für eine solche Hinterlassenschaft erfor-
derlich sind.«[29]

Warum sich Rechtsextremisten für solche Linien interessieren,
wird noch deutlicher, wenn man erfährt, »daß alle Hochkultu-

ren der Vergangenheit – die Römische, die Etruskische, die Griechische, die Ägyptische, die Phönikische, die Assyrische, die Sumerische, selbst die von Harappa, die Tibetanische, die Indische, die Chinesische und viele weitere – nichts anderes sind als Ableger oder Neutriebe der einstigen weltbeherrschenden Kultur der Atlanter«.[30] Die Atlanter aber sollen die nordisch-arische Herrenrasse gewesen sein. Hier decken sich die Ansichten des Machalett-Kreises mit den »Urgemeinschaftskundlern«, dem »Ahnenerbe« der SS und den Anschauungen der Nationalsozialisten im Dritten Reich.

Der Walter-Machalett-Kreis blickt aber nicht nur zurück, sondern hat sich auch eine aktuelle Aufgabe gestellt: Die »Entlarvung des bisher als ›unsere‹ Geschichte uns aufgenötigten Geschichtsbildes«.[31]

Die Esoterik ist ein fester Bestandteil der Themen in diesem »Arbeits- und Forschungskreis«. Man beschäftigt sich mit kosmischen Strahlungen und Energien, mit dem »Lichtglauben der Urgemeinschaft« oder mit der »Einsicht in die Ordnung der Bewußtseinsstufen«.[32] Und die Externsteine sind für den inzwischen eingetragenen Verein eine »Mysterienschule«. Auf der Tagung 1996 soll sogar die These vertreten worden sein, daß Hitler die Autobahnen in ihrem Verlauf wie Kultstätten angelegt habe.[33]

Bei all solchen Abstrusitäten erfreut sich der Arbeitskreis erstaunlicher gesellschaftlicher Akzeptanz. So fand ein Teil der Tagungen des Walter-Machalett-Kreises, garniert mit einem festlichen Rahmenprogramm, den offiziellen Einladungen zufolge im Rathaussaal der Stadt Horn bei Detmold statt.

Interessenten an den »Machalettschen Linien« kommen aus ganz unterschiedlichen Kreisen. Uns liegt eine aktuelle offizielle Adressenliste vor, in der die Personen auftauchen, die mit dem Kreis in Verbindung stehen, eine Liste aus den Originalunterlagen des Machalett-Kreises. Unter einigen hundert Na-

EINLADUNG
ZUR 28. ARBEITSTAGUNG

DES ARBEITS-UND FORSCHUNGSKREISES WALTHER MACHALETT
FÜR DIE VOR-UND FRÜHGESCHICHTE
DER EXTERNSTEINE IM TEUTOBURGER WALD

VOM 11. MAI - 15. MAI 1994

32805 HORN IN LIPPE

TAGUNGSLEITUNG MARTHA FISCHER . FERDINAND FRHR. VON LAMEZAN

Einladung zu einer Veranstaltung des
Walter-Machalett-Kreises

142

men findet sich eine ganze Reihe hochkarätiger Persönlichkeiten aus dem rechtsextremen Bereich. Der folgende Auszug aus dieser Namensliste verdeutlicht besonders kraß die Verflechtungen im rechtsextremen Netzwerk (Erläuterungen zu den einzelnen Namen durch die Autoren):

Cohrs, Ernst Otto: Auschwitzleugner, WSL und Collegium Humanum.
Damböck, Michael: rechtsextremer Verleger aus Österreich.
Drees, Walter: Collegium Humanum, Neonazi-Zentrum Hetendorf, Gesellschaft für freie Publizistik.
Grabert, Wigbert: rechtsextremer Verleger und Neuzeitliche Diät- und Lebensschule Bringhausen.
Haverbeck, Werner: Collegium Humanum.
Klingelheller, Hans D.: rechter Märchenesoteriker.
Ochsenberger, Walter: Auschwitzleugner aus Österreich, Herausgeber der rechtsextremen Zeitung *Sieg.*[34]
Roeder, Traudel: Verbindungen zum Bund der Goden, Ehefrau des Rechtsterroristen Manfred Roeder.
Schleipfer, Adolf: Großmeister des rechtsextremen Armanen-Ordens.
Schlichting, Sigrun Freifrau v.: Armanen-Orden, Arbeitsgemeinschaft Naturreligiöser Stammesverbände Europas.
Schweiger, Herbert: österreichischer Rechtsextremist, Freiwilliger der Waffen-SS.
Ventker, Dr. A. F.: Leiter des rassistischen Bunds der Goden.

Nach Angaben der Autorin Stefanie von Schnurbein, die als besonders intime Kennerin der germanisch-völkischen Szene gilt, war auch der 1983 verstorbene Walter Machalett kein unbeschriebenes Blatt, sondern selber Mitglied im rechtsextremen Armanen-Orden.[35]

Wer beerbt das Ahnenerbe?

Das »Ahnenerbe« war eines »der gefährlichsten Instrumente nationalsozialistischer Kulturpolitik«.[36] Die Themen und Betätigungsfelder dieser Organisation der SS sind mit denen der in diesem Kapitel vorgestellten Gruppen deckungsgleich. Das Problem, das sich damals wie heute stellt, ist, daß an einer Wetterbeobachtung beispielsweise grundsätzlich gar nichts auszusetzen ist. Nur geschieht die Wetterbeobachtung in diesen Fällen, um die Überlegenheit der arischen Rasse nachzuweisen, und so wird die Arbeit des »Deutschen Ahnenerbes« weitergeführt.

Die Bekenntnisse zu dieser Vergangenheit gehen offensichtlich so weit, daß man sich bei den Urgemeinschaftskundlern bereits seit Jahren um das Erbe von Herman Wirth zu streiten scheint.[37] Vor allem Werner Haverbeck macht persönliche Ansprüche daran geltend.[38]

So schwer die genauen Absichten und Ziele dieser »frühgeschichtlichen« Vereinigungen sich erkennen lassen, so schwierig ist es, die möglichen Folgen derartiger Aktivitäten abzuschätzen. Erst ein Abstecher in die Realpolitik von rechts kann hier mehr Klarheit schaffen.

7 Das Freie Geistesleben

Eine zentrale Bedeutung im gesamten rechtsextremen Lager genießt die Forderung nach Freiheit des Geisteslebens, die vor allem von der »Gesellschaft für freie Publizistik« (GFP) besonders vehement vertreten wird. Die GFP ist heute die größte kulturpolitische Vereinigung im rechtsextremen Bereich, deren Vorstellungen über Freiheit allerdings auf einer äußerst fragwürdigen Grundlage stehen. Man beruft sich darauf, daß »gerade aus dem germanisch-deutschen Bereich der moderne Freiheitsbegriff entstanden« sei.[1] Nicht ohne Grund erhebt die GFP auffällig oft die Forderung nach der »Freiheit des Geisteslebens«. Was einer liberalen demokratischen Gesellschaft im Meinungsstreit selbstverständlich erscheint, wird von ihr allerdings einseitig instrumentalisiert und mißbraucht: Der GFP dient Adolf Hitlers *Mein Kampf* der eigenen Meinungsbildung, ebenso die *Auschwitzlüge* von Thies Christophersen oder weitere revisionistische und rechtsextreme Literatur, für deren Verbreitung die Gesellschaft eintritt. Darin zeigt sich eine deutliche Übereinstimmung mit den stärker esoterisch ausgerichteten rechten Gruppen, bei denen ähnliche Bücher unter einem identischen Freiheitsaspekt kursieren.

Die GFP orientiert sich andererseits stark an der Realpolitik, und das macht es leichter, in ihren Veröffentlichungen und Tagungen die »Gefahr von Rechts« zu erkennen.

Zur politischen Bewertung der GFP reicht ein kurzer Blick in den nordrhein-westfälischen Verfassungsschutzbericht aus dem Jahre 1995: »Die GFP ist ein von ehemaligen SS-Offizieren und NSDAP-Funktionären 1960 anläßlich der Frankfurter Buchmesse gegründeter eingetragener Verein ... Die GFP verfolgt revisionistische Ziele, die als Eintreten für Meinungs- und Forschungsfreiheit verschleiert werden.«[2]

Somit bietet sich die GFP dafür an, einen Blick auf die Realpolitik der »Neuen Rechten« zu werfen, denn als Verbreiterin von deren Ideen ist sie zu einer Institution geworden. Wie man dem Mitteilungsblatt der Gesellschaft *Das Freie Forum* entnehmen kann, wird bei dieser Vereinigung Klartext geredet, etwa wenn über einen Vortrag auf einem der jährlichen Kongresse berichtet wird. Da heißt es:

> »Das abendländisch-christliche Geisteserbe stehe in einem gefährlichen Abwehrkampf gegen die fundamentalistischen Strömungen des Islam wie in fernerer Zukunft auch gegen die religiös-traditionellen Anschauungen des Fernen Ostens. Der Materialismus sei keine Alternative. Ohne eine völkische Gliederung auf der Grundlage der jeweiligen gewachsenen Kultur könne sich ein vereinigtes Europa auf die Dauer nicht gegen die vordrängenden außereuropäischen Geistesrichtungen behaupten.«[3]

Das »christliche Geisteserbe« steht hier nur in scheinbarem Widerspruch zu den »germanischen« Ideen. Als Gegenpol dient es lediglich der Verstärkung des Feindbilds Islam. Auch der starke Bezug auf Europa steht nicht im Gegensatz zu nationalistischen Gedanken. Die Berufung auf Europa gehört zum Konzept der sogenannten konservativen Revolution der »Neuen Rechten« und soll eine »intellektuelle Alternative zum dumpfen und undurchdachten Nationalsozialismus« bieten.[4]

Auch die Ausländerfeindlichkeit präsentiert sich bei der GFP in anderer »Qualität« als bei den schwammigen Rassetheorien deutlicher völkisch eingestellter Gruppen: Mit dem Stichwort »Ausländerkriminalität« wird ein klareres Feindbild aufzubauen versucht. Überhaupt wimmelt es bei der GFP von Feindbildern: Richter und Staatsanwälte, welche die Auschwitzleugnung nicht zulassen, Parteipolitiker, die sich besorgt über den Rechtsextremismus äußern, oder Journalisten und Wissenschaftler, die sich nach wie vor kritisch mit dem Nationalsozialismus und seinen Folgen auseinandersetzen. Die »Freiheit des Geistes« gilt innerhalb der GFP ausschließlich für die »Neue Rechte«, aber auch für Altnazis jeder Art. Diese »Freiheit« fordert man im *Freien Forum* für Auschwitzleugner, über Nazi-Autoren bis hin zum Rechtsterroristen Manfred Roeder: »Ganzseitige Zeitungsanzeigen mit den 95 Thesen des Rechtsanwalts Manfred Roeder zum Lutherjahr wurden … veröffentlicht. Ob ihres angeblich rechtsradikalen Inhalts entstand deswegen ein erheblicher Wirbel. Thüringens Innenminister Richard Dewes (SPD) nannte die Veröffentlichung einen Skandal. Daß die Verweigerung umfassender Informationen ein wirklicher Skandal ist, ist ihm wohl nicht bewußt.«[5]

Die GFP verweigert ihren Lesern lieber die Information, daß mit Roeders Beteiligung zwei Vietnamesen bei einem Bombenanschlag auf ein Asylantenheim ihr Leben lassen mußten. Roeder wurde für diesen Anschlag zu einer Haftstrafe von 13 Jahren verurteilt.

Geradezu konspirativ wird zu den Veranstaltungen der GFP eingeladen, wie ein Beispiel von 1995 zeigt, als ganz allgemein nach »Oberfranken« eingeladen wurde: »Die Teilnahme an diesem Kongreß ist nur bei namentlicher Anmeldung mit anhängender Karte möglich. Ohne Beachtung aller Hinweise … ist eine Anmeldung sinnlos. Die Veranstaltung ist nicht öffentlich.«[6] So vorbereitet, konnte das Programm denn auch »ohne Änderungen und Störungen abgewickelt werden«, wie ein Veranstaltungsbericht befriedigt konstatiert.[7]

Offensichtlich gelingt es der GFP, ihr rechtsextremes »freies Geistesleben« abseits jeder kritischen Öffentlichkeit zu praktizieren, wobei genügend Zeit für ein ganz spezielles Kulturprogramm bleibt: »Der Samstag abend stand für Gespräche und Aussprachen zur Verfügung, wurde von einigen auch in einem spontanen Singekreis unter Leitung von Frank Rennicke genutzt.«[8] Ein solcher Singekreis bietet nicht nur Lagerfeuerromantik, sondern vertritt auch klare völkerrechtswidrige Positionen, wie die Textpassage eines Rennicke-Liedes belegt:

> »Ob Breslau, Thorn und Danzig,
> ob Posen, Gleiwitz und Stettin,
> ob Chemnitz, Bromberg und Leipzig,
> ob Bozen, Königsberg und Wien –
> alle sind sie deutsche Städte
> und liegen in deutschem Land,
> geraubt durch Verbrecherräte,
> geschändet jeder Deutsche stand ...
> niemals werden wir uns beugen,
> nie Gewalt als gerecht ansehn.
> Deutschland, Deutschland über alles
> und das Reich wird neu erstehn.«[9]

Frank Rennicke ist der Starsänger der rechten Szene, die meisten seiner Lieder und Schallplatten sind auf dem Index der Bundesrepublik für jugendgefährdende Schriften. Ebenso wie Frank Rennicke trifft man bei den Veranstaltungen der GFP regelmäßig auf inzwischen bekannte Namen und Gruppen, die auch in germanisch-völkischen Zirkeln aktiv sind. Die Dresdner Neonazis reisen sogar bis ins westfälische Porta Westfalica zu Vorträgen an, und auch Werner Haverbeck ist unter den Beteiligten zu finden. In Porta Westfalica, unterhalb des Kaiser-Wilhelm-Denkmals, trifft sich die Vereinigung besonders gern.

Das Vierte Reich

Einer der Starredner bei der Gesellschaft für freie Publizistik ist Reinhold Oberlercher, der die offensive Bereitschaft der rechten Kräfte zur Zerstörung der Demokratie personifiziert. Wie ein Tonbanddokument belegt, werden seine Reden auf GFP-Veranstaltungen mit Begeisterung aufgenommen.[10] Der Verfassungsschutzbericht bezeichnet Oberlercher als einen »der radikalsten Vordenker der deutschen rechtsextremistischen Szene«.[11]

Oberlercher, ein ehemaliger Aktivist des Sozialistischen Deutschen Studentenbundes (SDS), dürfte heute eine der gefährlichsten Personen im gesamten rechtsextremen Spektrum sein, denn er bereitet ganz praktisch die Machtergreifung in diesem Staat vor. Dazu hat er eigens in einem Deutschen Kolleg einen Schulungszyklus in Sachen »Reichsbürgerkunde« entwickelt.[12] Dieser umfangreichen Mappe zufolge können nationale »Kameraden« praktisch ein Diplom ihrer Gesinnung erwerben. Oberlercher spricht von »Lernzielen« und »prüfungsrelevanten« Stoffen. Das Lernziel ist eindeutig und beinhaltet nichts anderes als eine Schulung zum »Nationalsozialisten«.

Dem Schulungszyklus vorangestellt sind »Strategisch-taktische Überlegungen«,[13] ein Stufenmodell, das nach erfolgreichem Abschluß verschiedener Stationen, wie »Lageanalyse« und »Ausbildung«, schließlich die »Machtergreifung« vorsieht. In einer Rede wußte Oberlercher sogar schon den genauen Zeitpunkt dafür zu benennen: »... im Jahre 2000, verspreche ich Ihnen, ich lege meine Hand dafür ins Feuer, wird es die BRD nicht mehr geben. Und dann wird das Deutsche Reich wiedererstanden sein.«[14]

Nach der Machtergreifung sieht Oberlercher die Einberufung einer Notstandsregierung mit einem 100-Tage-Programm vor, und schließlich die »Wiederherstellung von Recht, Würde und

Souveränität Deutschlands (Wiedererrichtung des Deutschen Reiches)«.[15]

Das »Deutsche Reich« ist in der Schulungsmappe mit einer Karte dargestellt, bezeichnet als: »Mitteleuropäisches Reich deutscher Nation« – und dazu gehören selbstverständlich Schlesien, Pommern, Ostpreußen, Holland, Österreich usw.

Für seine Ziele legt Reinhold Oberlercher einen »Reichsverfassungsentwurf« vor und liefert auch gleich eine offiziell und akademisch wirkende Abkürzung mit: RVerfE.[16] Im »Artikel 1. Bestimmung des Volkes« heißt es in dem Entwurf:

»(1) Das Deutsche Volk ist die freie Gemeinschaft germanischer Stämme zum Schutze von Ehre, Leben und Besitz des Ganzen und aller seiner Angehörigen.«[17]

In diesem »Verfassungsentwurf« wird ein totalitärer Staat entwickelt mit eindeutigen Parallelen zur nationalsozialistischen Zeit. Nicht nur die Diskriminierung von »Fremden« wird darin festgeschrieben, es findet sich auch ein Artikel 13 zum Asylgewährungsrecht:

»Jeder Reichsdeutsche hat das Recht, *einem* [im Original kursiv] Ausländer seiner Wahl politisches Asyl zu gewähren. Jeder Asylgeber muß für Unterkunft und Verpflegung seines Asylnehmers aufkommen und haftet für ihn. Das Reich kann jederzeitige Ausschaffung eines Asylnehmers verlangen. Sämtliche Kosten der Ausschaffung trägt der Asylgeber.«[18]

Das ist an Zynismus kaum zu übertreffen. In seinem »100-Tage-Notstandsprogramm« aber wird Reinhold Oberlercher noch deutlicher, wie auch der Verfassungsschutzbericht vermerkt, der das Programm »als Anleitung für Gewalt- und Willkürherrschaft« charakterisiert.[19] Weiter heißt es im Ver-

Mitteleuropäisches Reich deutscher Nation
(Deutsches Reich)

BB	–	Brandenburg
BD	–	Baden
BM	–	Böhmen
BR	–	Baiern
EL	–	Elsaß-Lothringen
FA	–	Falen
FR	–	Franken
HE	–	Hessen
HO	–	Holland
KR	–	Krain
KT	–	Kärnten
LB	–	Lützelburg
MB	–	Mecklenburg
MR	–	Mähren
NS	–	Niedersachsen
ÖS	–	Österreich
PF	–	Pfalz
PM	–	Pommern
PN	–	Posen
PR	–	Preußen
RH	–	Rheinland
SA	–	Salzburg
SB	–	Schwaben
SH	–	Schleswig-Holstein
SL	–	Schlesien
SN	–	Sachsen
ST	–	Steiermark
SZ	–	Schweiz
TH	–	Thüringen
TI	–	Tirol
VL	–	Flandern

------ Ländergrenzen
·········· Grenzen von 1871

Reinhold Oberlerchers »Mitteleuropäisches Reich deutscher Nation« aus dem Schulungszyklus Reichsbürgerkunde fassungsschutzbericht: »Das ›100-Tage-Programm‹ fordert äußerst menschenrechtswidrige, nationalistische, totalitäre und rechtsstaatfeindliche Maßnahmen.«[20] Am Beispiel einiger zentraler Punkte wird die populistisch-propagandistische Ausrichtung dieses Programms deutlich:

> »A) Die Arbeitslosigkeit beseitigen durch ...
> ¤ Beendigung der Ausländerbeschäftigung ...
> ¤ Einstellungsverbot für ausländische und volksfremde Arbeitskräfte am deutschen Arbeitsmarkt.«[21]
> »B) Wohnungsnot und Obdachlosigkeit beenden durch ...
> ¤ Kündigung aller von Ausländern belegten Sozialwohnungen.
> ¤ Ausweisung aller arbeitslos gewordenen Ausländer.
> ¤ Ausweisung aller zum Straf- oder Sozialfall gewordenen Ausländer.«[22]

Des weiteren will Oberlercher in seinem Notstandsprogramm das »Verkehrschaos« durch »Verbot des Straßentransits für ausländische Pkws und Lkws« lösen und den Rauschgiftkrieg durch die Erklärung des Kriegszustands gewinnen: »Jeder Rauschgiftbesitzer wird dann mit militärischen Mitteln bekämpft, falls er die Bedingungen für den Kombattantenstatus[23] erfüllt, andernfalls wird er standrechtlich erschossen.«[24] Möglicherweise der interessanteste Teil in unserem Zusammenhang ist der Punkt »Die Deutsche Kulturkatastrophe aufhalten«. Darin fordert Oberlercher die »Beschränkung des Fernsehens auf zwei nationale Programme (für deutsche Volkskultur und deutsche Hochkultur samt Wissenschaftspflege) und auf je ein Regionalprogramm für alle deutschen Stammeskulturen«.[25] Stammeskulturen, wie sie heute schon in den esoterisch ausgerichteten neugermanisch-heidnischen Gruppen gepflegt werden. Seine weiteren Ideen in Sachen Kultur:

◻ »Säuberung der deutschen Sprache und der öffentlichen Schrift von Amerikanismen und anderen Verfremdungen.

◻ Streichung aller Mittel für ausländische und sog. Multikultur.

◻ Ausschließliche Förderung deutscher Kultur und volksdeutscher Kulturschöpfer.

◻ Auflösung kulturschädlicher Massenanstalten wie Gesamtschulen und Gesamthochschulen …

◻ Entlastung der deutschen Volksschule von Hilfs- und Fremdschülern, um sie der deutschen Kultur zurückzugeben.

◻ Abwicklung reiner Ideologie-Institute wie jener für Politologie, Soziologie oder Psychoanalyse.

◻ Auswertung, Revision und Neubesetzung ideologisch stark mitgenommener Disziplinen wie Geschichte, Pädagogik oder Literaturwissenschaft.

◻ Revision des Geschichtsbildes zu Gunsten Deutschlands und weltweite Durchsetzung mittels auswärtiger Kulturpolitik.

◻ Durchsetzung der deutschen Sprache als anerkanntes Gemeingermanisch und führende Kultursprache der Welt.«[26]

Dem Verfassungsschutzbericht zufolge findet die abstruse Schulungskampagne von Oberlercher »Resonanz«. Innerhalb der Gesellschaft für freie Publizistik hat er ein besonders effektives Forum gefunden und vor allem eine Plattform der unterschiedlichsten rechten Strömungen. Beider Interessen sind weitgehend deckungsgleich und haben eine gefährliche Zielrichtung. Sie sind: »machtergreifungsorientiert, staatszielbestimmend, rechtsetzend und weltordnungsstiftend«.[27]

In seinem Schulungszyklus führt Oberlercher im Anhang eine Art Lexikon, »das ABC der politischen Begriffe«, auf. Schon wenn man nur den Buchstaben »D« betrachtet, erweist es sich als ein Lexikon der Unmenschlichkeiten.

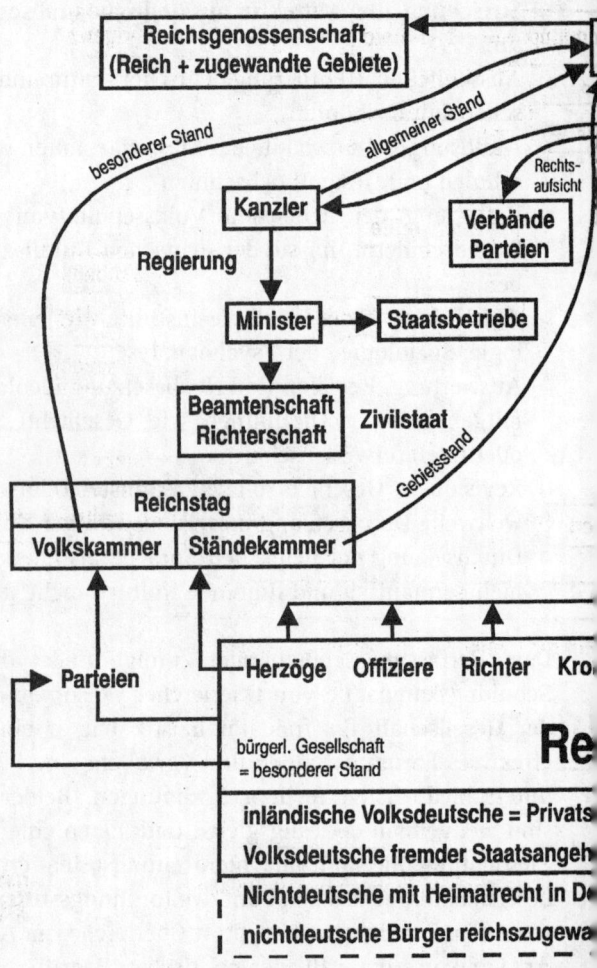

Reichsgenossenschaft
(Reich + zugewandte Gebiete)

besonderer Stand

allgemeiner Stand

Rechtsaufsicht

Kanzler

Regierung

Verbände
Parteien

Minister → Staatsbetriebe

Beamtenschaft
Richterschaft

Zivilstaat

Gebietsstand

Reichstag

Volkskammer | Ständekammer

Parteien

Herzöge   Offiziere   Richter   Kro

bürgerl. Gesellschaft
= besonderer Stand

Re

inländische Volksdeutsche = Privats

Volksdeutsche fremder Staatsangeh

Nichtdeutsche mit Heimatrecht in De

nichtdeutsche Bürger reichszugewa

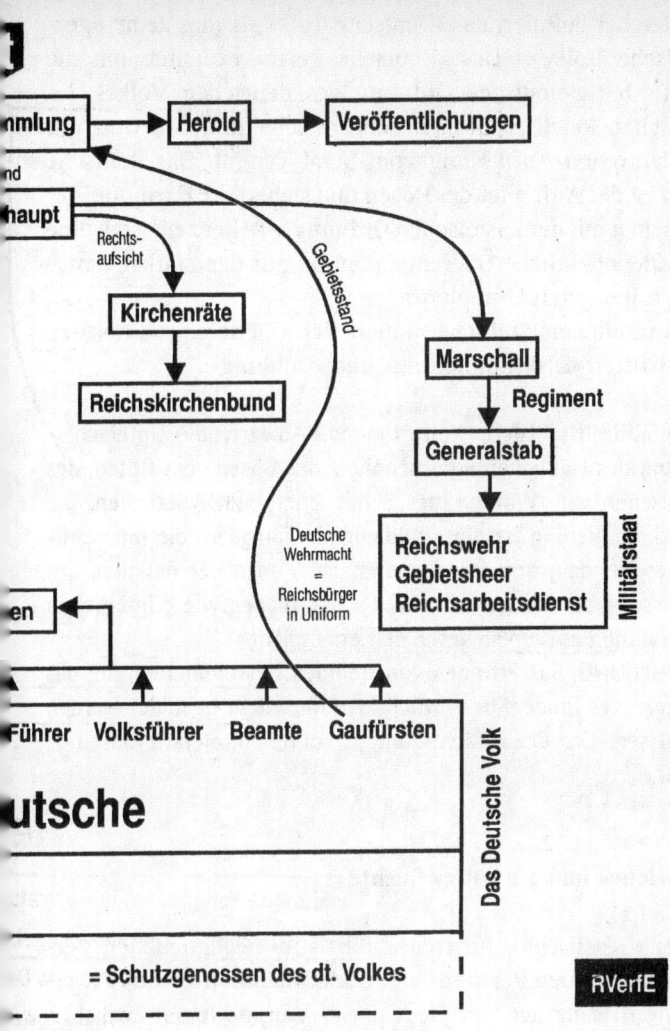

Der Reichsverfassungsentwurf aus
Reinhold Oberlerchers Schulungszyklus

155

Oberlercher definiert das »Deutsche Volk« als »das gemeinger-manische Volk«.[28] Das »Deutsche Reich« bedeutet ihm die »politisch theologische Ordnung des deutschen Volkes. Im Deutschen Reich ist die deutsche Anschauung von Gott mit der deutschen Auffassung vom Staat vereint. Das Deutsche Reich ist der Aufhalter des Bösen und sichert die Harmonie der deutschen mit der kosmischen Ordnung.«[29] Hier zeigt sich eine besonders deutliche Übereinstimmung mit den stärker esote-risch orientierten Gruppierungen.

Noch unmißverständlicher äußert sich Oberlercher unter den Stichworten »Diskriminierung« und »Duldung«:

> »DISKRIMINIERUNG, Kulturtugend. Abwertende Unterschei-dung des Häßlichen vom Schönen, des Bösen vom Guten, des Falschen vom Wahren, des Schädlichen vom Nützlichen. Die Diskriminierung ist die grundlegende Fähigkeit, die menschli-ches Handeln auf den Gebieten der Kunst, der Religion, des Wissens, der Wirtschaft und der staatlichen wie bürgerlichen Ordnung der Gemeinwesen erst ermöglicht.«[30]
> »DULDUNG, das Ertragen von fremden Gewohnheiten, die das Recht des Dulders beeinträchtigen und nicht geduldet werden müssen. Die Beeinträchtigung ist durch Intoleranz beseitig-bar.«[31]

Die »Neue« und die »Alte« Rechte

In der »Gesellschaft für freie Publizistik« begegnen sich Ver-treter der »Neuen Rechten« und traditionell konservative Krei-se. Die Brisanz der GFP liegt darin, Verbindungen zwischen den unterschiedlichsten Interessengruppen im gesamten rech-ten Lager herzustellen. »Die jährlichen Kongresse bilden heute einen wichtigen Umschlagplatz für rechtsextreme Strategiediskussionen. Das Spektrum der Teilnehmenden reicht von der Nationaldemokratischen Partei Deutschlands bis zum Witikobund, von *Nation und Europa* bis zur *Jungen Freiheit*.«[32] Besonderes Gewicht dürften die Verbindungen der GFP zu den mächtigen Vertriebenenverbänden haben, für die vor allem der Vorsitzende der Gesellschaft, Dr. Rolf Kosiek, steht. Kosiek hatte jahrelang den Ruf des Chefideologen der NPD und ist gleichzeitig im Beirat von Jürgen Riegers rechtsextremer Gesellschaft für biologische Anthropologie, Eugenik und Verhaltensforschung. Kosiek ist auch regelmäßiger Mitarbeiter im Grabert Verlag, in dessen Veröffentlichungen sich am deutlichsten die Verbindung zwischen Esoterik und Rechtsextremismus widerspiegelt.[33]

Weiter ist Kosiek an führender Stelle im Witikobund. Diese Organisation gilt als ausgeprägt rechtslastiger Ableger der Sudetendeutschen Landsmannschaft. Auch wenn mittlerweile moderatere Töne in den Vertriebenenverbänden angeschlagen werden, so finden sich unter deren Mitgliedern doch immer noch die Ewiggestrigen. Da wurde beispielsweise auf einem Treffen der Sudetendeutschen Landsmannschaft die Bundestagsvizepräsidentin Antje Vollmer minutenlang niedergebrüllt und mußte sich Drohungen wie die folgenden anhören: »Hängt sie auf! Stellt sie an die Wand!«[34] 1996 wurde Bundespräsident Roman Herzog auf einer Vertriebenenversammlung – dem »Tag der Heimat« in Berlin – als »Vaterlandsverräter« beschimpft. Und im Oktober 1996 wurde neben anderen revanchistischen Büchern auch die *Auschwitzlüge* von Thies Christophersen in der Bibliothek der Landsmannschaften in Bielefeld entdeckt.[35] Die Durchsetzung solcher Bibliotheksbestände mit rechtsextremer Literatur ist unter anderem auch für Herne, Stuttgart und München dokumentiert.[36]

Paul Latussek, zu diesem Zeitpunkt Vizepräsident des »Bundes der Vertriebenen« (BDV), referierte im Januar 1997 sogar auf einer geschlossenen Veranstaltung vor Rechtsextremen in der Nähe von Herford – nach dem Polizeibericht organisiert von der Mindener GFP-Funktionärin Sigrid Schenk.[37] Bei der Veranstaltung wurden neben bekannten Rechtsnationalen auch Werner Haverbeck vom Collegium Humanum und ein Saalschutz von militanten Neonazis nach Art der nationalsozialistischen SA gesichtet.[38]

Solche revanchistischen Positionen treten zu einem Teil immer offener zutage. In den meisten Publikationen der Vertriebenenverbände werden die neuen Bundesländer als »Mitteldeutschland« bezeichnet, und im Zusammenhang mit den ehemaligen deutschen Ostgebieten spricht man zunehmend unverbrämter von einer »Regermanisierung«.[39]

Die Gesellschaft für freie Publizistik spielt sich sogar als besonderer Interessenvertreter der Vertriebenen auf und spricht in ihrem Informationsdienst »über den Volkstumskampf der Ostdeutschen«.[40] Mit solchen Parolen setzt die GFP wohl auf die Vertriebenen als Klientel mit dem Ziel einer Radikalisierung dieses Teils der Bevölkerung. Auch andere versuchen mit der Problematik der Vetriebenen ihr politisches Geschäft zu machen. Der Rechtsterrorist Manfred Roeder und auch die Bruderschaft Salem engagieren sich schon seit Jahren in Ostpreußen,[41] und der Armanen-Orden will in Schlesien ein germanisch-esoterisches Seminarzentrum errichten.[42]

Die »Realpolitik« der Gesellschaft für freie Publizistik wie auch von Teilen der Vertriebenenverbände deckt sich mit den Vorstellungen der germanisch-esoterischen Gruppierungen. Ihre Ziele sind weitgehend identisch.

Wie heißt es doch im sogenannten »Reichsverfassungsentwurf« von Reinhold Oberlercher:

*rung wird! Nur gemeinsam läßt sich eine flächendeckende,
schlagkräftige und glaubwürdige politische Alternative zum
Bonner Altparteienkartell aufbauen, auf die unzählige Deutsche
warten. Dieses Bündnis für Deutschland gilt es vorzubereiten -
auf jeder Ebene und überall! Die Anwesenden verständigten
sich ferner, den Meinungsaustausch auf weiteren Zusammen-
künften fortzusetzen sowie den Kreis zu erweitern."*

2.1.7 Gesellschaft für Freie Publizistik e.V. (GFP)

Gründung	1960	
Sitz	München	
Leiter	Dr. Rolf Kosiek	
Mitglieder	1995	1994
Bund	400	400
NRW	30	30
Publikation	Das freie Forum; erscheint vierteljährlich; geschätzte Auflage: 700	

Die GFP ist ein von ehemaligen SS-Offizieren und NSDAP-Funktionären 1960 anläßlich der Frankfurter Buchmesse gegründeter eingetragener Verein. Der frühere NPD-"Chefideologe" Dr. Rolf Kosiek
leitet die GFP offiziell seit 1972. Dem Verein gehören überwiegend Verleger, Redakteure, Schriftsteller und Buchhändler an.

Seit 1975 führt die GFP jährliche Kongresse durch, deren Vorträge jeweils in einem Sammelband veröffentlicht wurden. Auf dem
jährlichen Kongreß nehmen laut GFP „Wissenschaftler, Schriftsteller und Politiker zu aktuellen geistig-politischen Fragen Stellung".
Die Veranstaltungen sind nicht öffentlich. Eine Teilnahme ist nur
auf Einladung oder für Besucher nur mittels Bürgschaft möglich.

Neben dieser Zentralveranstaltung wirkt die GFP im Bundesgebiet
durch Arbeitskreise, die Vortragsveranstaltungen zu „Problemen
der Gegenwart" organisieren. In Nordrhein-Westfalen besteht ein
Arbeitskreis, der zumindest im Januar und Oktober 1995 Tagungen in Barkhausen/Porta-Westfalica mit insgesamt ca. 100 bzw.
150 Teilnehmern abhielt.

*Aus dem Verfassungsschutzbericht Nordrhein-Westfalen
1995: Einordnung der Gesellschaft für freie Publizistik*

»Das Deutsche Volk ist die freie Gemeinschaft germanischer Stämme zum Schutze von Ehre, Leben und Besitz des Ganzen und aller seiner Angehörigen.«[43]

In seinem »100-Tage-Notstandsprogramm« fordert Oberlercher sogar ein »Verbot der Ideologie der Menschlichkeit«.[44] Verfassungsschützer sehen durch die »Neue Rechte« »eine neue Qualität der Gefährdung der freiheitlichen demokratischen Grundordnung«.[45] Droht dieses Gefährdungspotential durch bestimmte esoterische Zirkel noch weiter zu wachsen? Denn gerade hier sehen Theoretiker eine Zielgruppe, deren Disposition für eine völkisch-national ausgerichtete Ideologie besonders günstig erscheint.

III.
Im Angebot:
Bücher, Märchen, Hexen

Im Supermarkt der Esoterik

»Macht Esoterik glücklich?«[1] fragte sich das Nachrichtenmagazin *Focus* im Frühjahr 1996 in der Überschrift zu einer dreiteiligen Serie über aktuelle esoterische Trends. Beantworten konnten die *Focus*-Autoren diese Frage zwar nicht, sie förderten aber in einer eigens in Auftrag gegebenen Umfrage Erstaunliches zutage: Jeder zweite Bundesbürger glaubt demnach, sein Leben durch die Anwendung von esoterischen Techniken wie Meditation oder durch fernöstliche Weisheit bereichern zu können. Alternative und ganzheitliche Heilverfahren wie Ayurveda werden von der Hälfte der Befragten als eine ernstzunehmende Alternative zur Schulmedizin gesehen. Knapp 40 Prozent waren der Meinung, selbst über seherische Fähigkeiten zu verfügen. 77 Prozent gaben an, sie seien mit der Anwendung esoterischer Produkte oder Therapien zufrieden gewesen.

Derartige Überzeugungen schlagen sich auch in Umsatzzahlen nieder, das Geschäft mit der Esoterik floriert. In diesem Marktsegment werden nach Schätzungen jährlich 18 Milliarden Mark umgesetzt.[2] Die Summe verteilt sich auf Bücher, Zeitschriften, Seminare, esoterische Reisen, ganzheitliche Medizin und allerlei Esoterikzubehör wie Runen, Tarotkarten oder Heilkristalle. In kaum einer mittelgroßen Stadt fehlt eine esoterische Buchhandlung, die neben dem gedruckten Wort auch die ganze Palette des esoterischen Supermarkts bereithält. Buchhandelsketten präsentieren auf Sonderflächen ihre spirituellen Produkte, und auch die Naturkostläden und Reformhäuser bestreiten einen Teil ihres Umsatz mit der Esoterik. Auf Esoterikmessen, wo sich die Besucher drängen, verteilen

Esoterik Buchhandlung
Lebensfreude
Esoterik Infocenter

● Informationsangebot
- ● Esoterische Adressbuch
- ● Messeübersicht
- ● Esoterik-Magazin
- ● Esoterische Software u. Informationen
- ● Maya-Orakel
- ● Veranstaltungskalender
- ● Esoterisches Forum & Gästebuch
- ● Gewinnspiel
- ● Esoterische Links & Werbung

Virtuelle Esoterik-Buchhandlung
&
Infocenter

● Warenangebot
- ● Bücher
- ● Musik zum Entspannen und Meditieren
- ● Räucherwerk & Feng Shui-Artikel
- ● Oberton-Klangspiele
- ● Tarot Karten & Pendel
- ● Meditationszubehör
- ● Salzkristall-Lampen & Qi-Gong Kugeln
- ● Sonderangebote

Letzte Änderung: 9. Januar 97 © Copyright 1996 A. Gerd Kimmel Webmaster

Homepage des Internet-Versandhauses »Lebensfreude«

unzählige Bildungshäuser ihre Programme mit regionalen oder sogar weltweiten Kursangeboten zur esoterischen Erleuchtung. Nicht nur eine Vielzahl kleiner Verlage hat sich auf esoterische Literatur spezialisiert, auch die etablierten Verlagshäuser haben das Geschäft erkannt und offerieren in eigenen Esoterikprogrammheften die ganze Palette okkulter Überzeugungen. Erst im Oktober 1996 kreierte der Econ Verlag eine neue Esoterikreihe, im Januar 1997 kam Bastei Lübbe mit einem eigenen Programm dazu. Titel: »Atlantis – das verborgene Wissen der Welt«.[3] Andere Verlage wie Fischer, Goldmann, Rowohlt oder Knaur schwimmen längst auf dieser Welle mit. Mittlerweile fällt jede dritte Neuerscheinung auf dem Buchmarkt in den Bereich der Esoterik. Zwischen vier und acht Prozent des gesamten Umsatzes werden mit Esoteriktiteln gemacht. Bei spezialisierten Verlagen wie Hugendubel können auch schon mal rund 85 Prozent des 15-Millionen-Mark Umsatzes mit diesem Themenbereich gemacht werden.[4] Die Auflagen einzelner Titel erreichen Rekordhöhen von bis zu 100 000 Stück, Bestseller deutlich mehr.[5] Eines der erfolgreichsten Werke, *Die Prophezeiungen von Celestine* von James Redfield, stand weltweit auf den Bestsellerlisten und verkaufte sich über fünfmillionenmal.[6]

Unerwartet technikfreundlich präsentieren sich die Esoteriker im Internet mit eigenen Netzen und unzähligen Homepages. Die technische Qualität der angebotenen Seiten läßt in Grafik und Design sogar ausgebuffte Computerprofis erstaunen. Versandhäuser und Esoterikgroßhändler bieten hier ihre Produkte an. Die Suchmaschinen im Internet liefern allein bei der Eingabe des Suchbegriffs »Esoterik« eine kaum zu überblickende Anzahl an Links.[7] Die großen Internetanbieter wie America Online (AOL) bieten sogar eigene Esoterikschwerpunkte. Unter dem Kennwort »Pagan« kann man bei AOL alles über die unterschiedlichsten Themen erfahren oder in den sogenannten

Foren und Chats seine Meinung direkt mit anderen Esoterik-Surfern austauschen.

Auch der Zeitschriftenmarkt profitiert von der nicht abschwellenden Esoterikwelle. Rund 40 Esoteriktitel buhlen in Deutschland um die Gunst der Leser. 1995 erreichten sie mit einer Mischung aus obskurer Ufo-Forschung, Astrologie und Parapsychologie eine Gesamtauflage von 2,9 Millionen Exemplaren.[8] Dazu kommen diverse kleinere Gazetten, die nur im Abonnentenvertrieb unters Volk gebracht werden. Marktführer unter den großen Esoterikzeitschriften ist die *Esotera*, die um Seriosität bemüht ist, die gesamte Esoterikpalette abdeckt und sich auch kritischen Betrachtungen nicht verschließt. Wichtiger Bestandteil der *Esotera* ist das sogenannte »Kursbuch«. Hier werden in Kleinanzeigen Veranstaltungen, Seminare und Reisetips veröffentlicht.

Die Kundschaft in der Esoterikszene scheint aus immer breiteren Bevölkerungsschichten zu kommen. Anfangs, so berichtet der Düsseldorfer Esoterikbuchhändler Mario Domig im *Spiegel*, hätten vorwiegend junge Leute bei ihm gekauft, jetzt »kämen Büroangestellte, Hausfrauen, Akademiker. Die jüngeren Kunden, so Domig, kaufen eher UFO-Literatur, die älteren vor allem Bücher zur Astrologie, zu Tarot und zum Leben nach dem Mondrhythmus.«[9]

Besonders gefragt ist in den Esoterikläden zur Zeit auch alles, was sich mit germanischer und keltischer Tradition beschäftigt. Das Spektrum reicht von Büchern über das Wissen der Druiden bis hin zum Runenorakel, ein kleines Samtsäckchen mit Steinen, auf denen die verschiedenen Runenzeichen abgebildet werden. Jede gezogene Rune soll dem Benutzer Tips und Hinweise geben für die Lösung privater oder beruflicher Probleme. Das Runenorakel macht den Tarotkarten heftig Konkurrenz, und die Verkäuferin in einer Hannoveraner Esoterikbuchhandlung weiß die germanischen Zeichen der Zeit entsprechend zu deuten: »Gerade weil die Runen einen germanischen Ursprung haben, haben wir als Nordeuropäer einen besonders guten Zugang zu den Runensteinen, weil das eben auch unsere Wurzeln sind, das Germanische.«[10] Runensteine oder germanische Literatur markieren in den Esoterikläden zwar keine rechtsextremistischen Tendenzen, trotzdem ist der neue Runentrend, der zuletzt im Nationalsozialismus und danach in der begrenzten rechtsextremen Szene seinen Höhepunkt erlebte, ein Hinweis auf Verbindungslinien zwischen dieser politischen Weltanschauung und esoterischen Utensilien.

Eine kritische Auseinandersetzung mit all dem, was sich hinter dem Sammelbegriff der Esoterik verbirgt, wird bislang nur sehr einseitig geführt. Kritische Zeitschriften und Zeitungen ergötzen sich häufig verbal an den skurrilsten esoterischen Seminarangeboten und warnen vor selbsternannten Gurus, die ihren Gläubigen nur das Geld aus der Tasche ziehen wollen und sich deshalb mit einer sektenähnlichen Struktur umgeben. Dabei sind die Kritiker bemüht, zwischen seriöser und unseriöser Esoterik zu unterscheiden. Deutlich seltener wird die Nähe zu politischem Extremismus untersucht. Neofaschistische, ultrarechte und damit auch gefährliche Strömungen im esoterischen Supermarkt zu entdecken ist schwierig und leicht zugleich. Leicht deshalb, weil zum Beispiel esoterische Bücher mit rassistischen und völkischen Tendenzen offen verkauft werden. Esoterisch geprägter Rechtsextremismus ist im Internet, auf Messen und in Buchhandlungen ausfindig zu machen. Schwierig ist seine Enttarnung aber deshalb, weil rechtsextreme Positionen oft gut getarnt werden. Rassismus, völkisches Denken und autoritäre Führerstrukturen sind häufig erst nach genauem Studium auszumachen. Die Gruppierungen und Schriften, die wir in diesem Kapitel kurz umreißen werden, haben wir zufällig entdeckt in beliebigen Esoterikläden und im Internet. Nicht immer gehen Rechtsextremismus und Esoterik dabei so unverhohlen Hand in Hand wie bei der deutsch/australischen Gruppierung »Quelle der Weisheit« (QDW). Auf ihrer Internet-Homepage warnt die QDW ihre Leser: »Wenn Sie nicht damit einverstanden sind, daß wir uns hier für unsere reinrassige Kultur einsetzen, dieses Wissen unseren jüngeren Generationen mitteilen, dann sollten Sie hier mit dieser Seite Ihre Lesestunde beenden!«[11]

Die rechtsextreme »Quelle der Weisheit«

Gegründet wurde die Quelle der Weisheit 1976 in Australien. Die QDW versteht sich als ein internationales Netzwerk mit einzelnen Organisationen in Australien und Deutschland. Zu dem Netzwerk gehören unter anderem der Buchversandhandel »Pegasus Unlimited« in Hamburg und die »Trojan Horse Press«, ein Verlag, der das monatlich erscheinende englischsprachige Magazin *An Eye for an Eye* herausgibt. Mit einer weiteren Vertriebsorganisation in Australien werden alle QDW-Bücher in englischer und deutscher Sprache angeboten. Zur Quelle der Weisheit gehören außerdem das »UFO International Network«, das Internet-Projekt »Apocalypse Now« (PAN) und als ideologische Zentren die »Baphomet-Bruderschaft« und der »Omega Tempel«. Nach den Publikationen der QDW gibt es deutsche »Filialen« in Markt Schwaben, Halsenbach und Hamburg, die australische Zentrale sitzt in Darwin.

Die kompliziert wirkende Organisationsstruktur macht es zunächst schwierig, das QDW-Netzwerk zu durchschauen. Obwohl die QDW in vielen Publikationen für neue Mitglieder, Fernkurse mit eigenen Berufsausbildungen und eigenen Produkten wirbt, bleibt unklar, wie viele Akteure sich hinter dieser

Wie setzt sich die QDW 1996 zusammen?

 QDW

Darwin Australia mit Zweigstellen in Australia, NZ, Germany

 Ω-Tempel

Darwin Australia

Baphomet-Bruderschaft Darwin Australia

 BMB

Berger Martin Bourbon Publishinghaus, Darwin Australia

Trojan Horse Press Earlville Australia

Pegasus Unlimited   Earlville Australia,
Hamburg Germany

Earlville Australia,
Hamburg Germany

4

Organisationsstruktur der Quelle der Weisheit (QDW)

Organisation verbergen. Dieses Verwirrspiel scheint durchaus gewollt zu sein. In der Zeitschrift *Elite-QDW* begründen die Macher ihre Tarnung mit der Angst vor der Verfolgung durch die sogenannten »NWO-Anhänger«. NWO steht für »neue Weltordnung«.[12] Den Kampf gegen diese Weltordnung, die von QDW nicht exakt beschrieben wird, aber scheinbar nichts anderes bedeutet als die weltweit bestehenden gesellschaftlichen und politischen Systeme vor allem des Westens, hat sich die »Quelle der Weisheit« zur zentralen Aufgabe gemacht. Gleichzeitig sieht sie sich überall von der »NWO« bedroht: »Achtung: Wir sind nicht im internationalen Telefonnetz registriert, dies dient dem Schutz des Omega-Teams in unserem geistigen Kampf gegen die NWO. Auch sollten Sie nicht versuchen, unsere Privatadressen herauszufinden. Wir wechseln beständig unsere Identität, um uns vor den drastischen Angriffen der fanatischen Christen und NWO-Anhänger, wie auch Logen zu erwehren.«[13] Alle QDW-Organisationen scheinen zentral und von wenigen Personen geleitet zu werden. Dafür spricht die Tatsache, daß die Internet-Adressen für viele Organisationen des Netzwerks identisch sind, ebenso die Kontonummern und die Postfachanschriften.

Als Gründungsmitglieder präsentiert sich bei der QDW eine schillernde Gruppe von esoterischen Praktikern unterschiedlichster Bereiche: »Die QDW Australia wurde gegründet von einer Gruppe europäisch trainierter Graphologen, Psychologen, Parapsychologen, Aromatherapeuten und Ernährungsberater, Rückführungstherapeuten und Frequenzheiler, ganzheitlicher Lebensberater und Persönlichkeitsberater ...«[14] Auch die Ziele und die formulierten Arbeitsgrundlagen aller QDW-Gruppierungen ähneln sich in ihren Grundzügen und postulieren eine ganzheitliche und in weiten Teilen esoterisch-ökologische Lebensweise: »Das Wohlergehen, Glück und Erfolg unserer Mitglieder ist unser höchstes Bestreben ... Unser eng zusammengeschweißter loyaler Zirkel hat ein gemeinsames Ziel. Wir legen höchsten Wert auf eine reine Rasse, gesunden Körper und Geist, reine Umgebung und Ideologie. Wir akzeptieren ausschließlich die universale Gesetzgebung von Ursache und Wirkung: Auge um Auge. Unser Geburtsvorrecht ist es, erfolgreich, gesund und glücklich zu sein.«[15] Derartige rassistische Überzeugungen publiziert die QDW in einem Anschreiben an neue Interessenten. Rassismus ist ein zentrales Merkmal des Netzwerks und zieht sich wie ein roter Faden durch viele QDW-Schriften.

Ein anderer zentraler Aspekt ist die Bedrohungsthese der QDW. Die Quelle der Weisheit sieht sich und damit die weiße Rasse von einer weltweiten Verschwörung, eben der NWO, umgeben. Die neue Weltordnung, gesteuert von Politikern, Wissenschaftlern, Ärzten, dem Papst und anderen gesellschaftlich relevanten Personengruppen, bedrohe das Leben auf der ganzen Erde. Nach Ansicht der QDW wird die Organisation deshalb verfolgt, weil sie über das reine Wissen verfügt und »weil wir Menschen vor magischen Anschlägen schützen und weil wir wissen, wo der Gral verborgen liegt. Wir wissen um das Geheimnis der Walk-Ins [angebliche kosmische Meister], um UFOs und atlantische Flugschiffe. Wir wissen, welche Logenmeister welche Politiker weltweit benützen, um Kriegs- und Friedenspapiere zu unterzeichnen, welcher politische Kopf auf der Opferliste steht und vieles mehr.«[16] Gegen diese Bedrohung setzt die Quelle der Weisheit das angeblich uralte Wissen um den Mythos von Atlantis, in dem die Gruppierung auch den Ursprung der arischen Rasse sieht: »Wir, die Priesterschaft des Baphomet, stellen uns auf die Seite der reinen, weißen Rasse, der reinkarnierten Atlanter. Wir bezeichnen uns als die letzten ›echten‹ Menschen auf dem Planeten Erde.«[17] Damit steht die QDW in deutlicher Nähe zu den nationalsozialistischen Ideen des SS-Ahnenerbes zwischen 1935 und 1942. Die »Welteislehre«, die Forschung nach der untergegangenen Kultur von Atlantis, war in dieser Zeit das ehrgeizigste Projekt der Nationalsozialisten.[18] Die Beschäftigung mit dem Mythos um Atlantis verbreitete sich in esoterisch denkenden Kreisen seit Mitte des 19. Jahrhunderts. Schon die Theosophie und ihre Gründerin Helena Petrowna Blavatsky sah in ihrer Wurzelrassenlehre[19] Atlantis als den Entstehungsort der arischen Rasse.[20] Dort sollen die Arier auch mit Geistwesen aus dem Universum engen Kontakt gehalten haben.

Die esoterische Atlantisrezeption hat bis heute nicht nachgelassen. Über ihre Medien formulieren die Geistwesen aus dem alten Atlantis immer wieder Teile der rassistischen Wurzelrassenlehre. 1988 trafen sich Atlantisanhänger zu einem ersten großen internationalen Kongreß im deutschsprachigen Raum. Weitere Veranstaltungen folgten.[21] Viele Anhänger sehen den Untergang von Atlantis als verhängnisvolle Folge des Mißbrauchs hochentwickelter Technologien. Die Menschen, die sich in unserer Zeit als die reinkarnierten Atlanter bezeichnen, haben es sich zur Aufgabe gemacht, »die Wiederholung derartiger Katastrophen zu verhindern«.[22] Auch die Quelle der Weisheit sieht in diesem Glauben einen der Schwerpunkte ihrer Aufgaben, und die »Neue Weltordnung« mit ihrer hochtechnisierten Forschung gilt ihr als Hauptbedrohung.

Aber die QDW will auch das Erbe der Germanen verteidigen und kritisiert beispielsweise heftig die Veröffentlichungen des *Spiegel,* der Ende 1996 über die jüngere Germanenforschung berichtet hatte. Mit diesem Bericht über »Die Germanen – unsere barbarischen Vorfahren«[23] zog sich das Nachrichtenmagazin den Unmut rechter und völkisch ausgerichteter Gruppierungen zu, sehen sich diese dadurch doch in ihrer nationalen Identität tief getroffen. Die Quelle der Weisheit gerät mit der Kritik am *Spiegel* sogar in die Nähe der Holocaustleugnung: »Der Zeitungsbericht, auf den ich hier eingehe, untermauert mit feindosierten negativen Emotionen die publizierte Hysterie, welche den Germanen als saufenden Haudegen ohne Hirn und Verstand darstellt. Wer solche Reporte im Blickwinkel der weltweiten NWO-Manipulation betrachtet, erinnert sich sehr schnell an die jüdische Holocaust-Hysterie, welche ebenfalls lediglich Medien zu verdanken ist, nicht historischen Tatsachen.«[24] Natürlich steckt hinter all dem wieder die NWO, die *Spiegel*-Autoren werden als keine reinrassigen Arier bezeichnet, und als Wurzel allen Übels gilt der QDW der »Verräter an unserer deutschen Kultur, Helmut Kohl«.[25]

Die höchste und geheimste Institution des QDW-Netzwerks scheinen der »Omega-Tempel« und die Baphomet-Bruderschaft zu sein. Wer Mitglied in dem Tempel und in der Bruderschaft werden will, muß eine zweijährige Novizenzeit durchlaufen und wird schrittweise in das geheime Wissen der QDW eingeweiht. In dieser Zeit müssen sich die Anwärter der Organisation ideologisch unterwerfen. Bei der QDW heißt das dann Loyalität: »Anwärter für die Baphomet-Bruderschaft beginnen ihre Mitgliedschaft mit einer zweijährigen Novizenzeit, in der sie die absolute Treue und Loyalität zu beweisen haben ... Wer als QDW-Mitglied mit fremden esoterischen Büchern, Seminaren, Messen, Hellsehern, UFO-Gruppen, Religionen, Sekten oder sogar anderen Logen sympathisiert, hat bereits heute die Loyalität gebrochen.«[26] Diese Fixierung auf die Überzeugungen der eigenen Gruppierung, verbunden mit der völligen Aufgabe abweichender, eventuell sogar kritischer Ansichten des einzelnen Mitglieds, markiert die sektenähnliche Organisationsstruktur der Baphomet-Bruderschaft und des Omega-Tempels. Merkwürdig ist die Widersprüchlichkeit in den publizierten Werbeschriften. In dem bereits zitierten Anschreiben an neue QDW-Interessenten heißt es: »Wir beeinflussen nicht die Lebensweise des einzelnen Mitglieds, doch ist ein jeder dazu angehalten, selbst die volle Verantwortung für seine Gedanken und Taten zu übernehmen.«[27]

Die Gedanken, die jeder neue Interessent mitbringen soll, müssen offensichtlich einer streng arischen Überzeugung entspringen. Eine kritische Beschäftigung mit dem Nationalsozialismus scheint bei der QDW schon deshalb nicht gefragt zu sein, weil die Quelle der Weisheit in der von den Nazis propagierten Verschwörungstheorie einen Vorläufer zu ihrem heutigen Kampf gegen die »neue Weltordnung« sieht: »Im Prinzip müßte der Deutsche, welcher heute mit dem Finger auf Hitler zeigt, sich ins Eck stellen und in Grund und Boden schämen! Hitler war weltweit der einzige Mensch und Politiker, welcher dieses NWO-Netzwerk erkannte und Vorsorge für eine reine Rasse getroffen hatte. Dadurch, daß man Hitler verriet, verriet man gleichzeitig auch die reine Rasse.«[28] In der Verschwörungstheorie der Nazis waren es die Juden, Freimaurer und die Kommunisten, die die arische Welt bedrohten. Um sich ihrer zu entledigen, kannte Hitler vor allem ein Mittel: die Gaskammern der Konzentrationslager.

Im Kampf der Quelle der Weisheit gegen die »Neue Weltordnung« muß man heute zwangsläufig nach anderen Mitteln suchen. »Baphomets Spirituelle Kämpfer« (BPH) sind eine der Speerspitzen in diesem neuen Kampf, und dafür sucht die BPH in einer Werbeschrift nach neuen Mitstreitern: »Machen auch Sie sich Gedanken über die chaotischen Zustände in unserem Heimatland und rund um die Welt? Oder wie die weiße Rasse unterdrückt wird, wie man uns als Kriminelle abstempelt, nur weil wir stolze Arier, Germanen, Heiden sind?«[29]

Die Führungsstruktur der BPH-Kämpfer oder des »Templerordens« – ein Begriff, der in den BPH-Schriften weitgehend synonym benutzt wird – präsentiert sich wirr, verschroben und von allerlei Mythen umgeben. Die angeblich 13 Mitglieder des alten Templerordens sollen schon vor Hunderten von Jahren mit ihrem atlantischen Wissen gegen die NWO und hier vor allem gegen den Vatikan und die katholische Kirche gekämpft haben. Immer mit »Gedankenkräften« und »Magie«, um die reinrassige, weiße Ideologie, die atlantische Kultur wachzuhalten, und auch das Wissen um unsere Verbindung zu unserem Universum und originalen Heimatplaneten«.[30]

Heute sehen sich die meisten der 13 Templer-Mitglieder wieder berufen, per Reinkarnation erneut gegen den arischen Werteverfall zu kämpfen: »Die meisten Mitglieder unseres inneren Zirkels haben es in unserer heutigen Zeit bevorzugt, sich erneut in Europa zu reinkarnieren, innerhalb von reinrassigen weißen Familien. Einige von uns wurden in anderen Ländern geboren. Doch für uns alle steht die Idee der reinen Rasse, der Loyalität zum Baphomet an vorderster Stelle. Die Ideologie der BPH-Bruderschaft als geistige Kämpfer basiert auf unserem Glauben, daß wir das Recht haben, uns gegen Angreifer zu verteidigen, und daß wir das Recht haben, in einer reinen weißen Rasse zu leben, ohne daß uns Politiker oder Kirchen vorschreiben können, was wir zu glauben haben. Wir akzeptieren keinerlei Mischung von Ideologien oder auch Rassen.«[31]

Daß sich die BPH-Bruderschaft nicht nur auf den geistigen Kampf beschränken will, wird aus der Werbeschrift ebenfalls deutlich: »Wir haben nichts gegen Waffen, und wir sprechen uns für das Recht des Einzelnen aus, Waffen zum Schutz des eigenen Lebens besitzen und benützen zu dürfen. Doch sollte Waffengewalt immer die letzte Möglichkeit sein, die man in Betracht zieht. Wer mit Waffengewalt versucht die NWO-Strategie zu stoppen, muß damit rechnen, daß man ihn als Kriminellen hinter Schloß und Riegel steckt ... Wir nehmen für uns das Recht in Anspruch, unsere gezielt gelenkte Willenskraft, unsere magischen Kräfte einzusetzen gegen jegliche korrupten Politiker, Polizisten, Priester, Richter, Rechtsanwälte, Gurus,

Propheten, Wissenschaftler, Ärzte, falsche Moralisten, farbige Rassen ... Unser Motto ist ›Auge um Auge‹.«[32]

Wer an diesem Kampf teilhaben will, dem eröffnet ein »Spezialangebot« die Möglichkeit, ein Baphomet-Kämpfer zu werden. Für 1200 Mark jährlich ist darin auch die Mitgliedschaft in der Bruderschaft eingeschlossen. Für das Geld verspricht die Organisation »jede Menge« an unzensierten Informationen, Bücher und eine monatliche Studienlektion. Ebenfalls wird für neue Mitglieder ein zweijähriger Schutzzauber im Wert von 600 Mark angeboten, und als Dreingabe erhalten sie auf den Baphomet-Goldring einen zehnprozentigen Nachlaß.

Wer auf diese Weise Mitglied bei der BPH geworden ist, darf dafür an den Überzeugungen und den Grundrechten der Baphomet-Kämpfer teilhaben. Dazu gehört zum Beispiel auch die Tötung kranker Menschen: »Wir nehmen für uns das Recht in Anspruch, Abtreibung und Euthanasie auszuüben, wie es unserem freien Willen entspricht ... Heilen und Töten ist die ein und selbe Kraft, oder anders ausgedrückt die zwei Seiten einer Medaille. Wir heilen diejenigen, die wir lieben. Doch wir arbeiten gegen diejenigen, die uns zu NWO-Sklaven erniedrigen wollen.«[33] Der Anspruch, jederzeit Euthanasie ausüben zu können, hat bei der Quelle der Weisheit System. Der Glaube an die arische Gesundheit, an das »Geburtsrecht«, gesund zu sein, geht so weit, daß Krankheiten dem rassistischen Glaubenskonstrukt der QDW zufolge überhaupt nicht zu existieren haben:

> »Nirgends wird mehr darüber gesprochen, daß Leben als solches auch für einen irdischen Körper
> a) gar keine Krankheit vorsieht
> b) im Krankheitsfalle den Körper sterben lassen würde, damit sich
> c) der Mensch nach einer neuen Inkarnation und einem neuen und gesunden Körper umsehen kann.«

Mitgliedsantrag für Baphomets Spirituelle Kämpfer (BPH)
(aus: Pegasus Unlimited, Mail Order Catalogue)

Von dieser Auffassung beseelt, lehnt die QDW schulmedizinische Behandlungsmethoden ab. Zudem stünden die Ärzte mit der NWO in direkter Verbindung und würden ihr als Handlanger dienen. Ärzte würden erst kranke Menschen erschaffen, und diese »kranken Idioten kann man manipulieren«,[34] und später gehören sie zu den von der Quelle der Weisheit am meisten verabscheuten sogenannten Mutanten. Und »mutiert« scheint für die QDW alles das zu sein, was nicht arisch oder weiß ist. Naturvölkern spricht die QDW jegliches rationales Denken ab und stellt sie auf eine Stufe mit der Tierwelt: »Naturvölker sind meist noch hellhöriger und hellsichtiger als der bestens trainierte weiße Hellsichtige. Das hängt an der Logik, diese Mutanten haben keine Logik, die reagieren rein instinktiv.«[35]

Die Angst vor der angeblich überall lauernden Mutation sitzt tief. Ein QDW-Autor beschreibt in der hauseigenen Zeitschrift *Elite-QDW*, wie Menschen in den USA angeblich in Abständen von drei Stunden tierische Gene gespritzt werden, um sie nach und nach in Tiere zu verwandeln. Außerdem würden Kinder und Jugendliche schon im Mutterleib zu neuen Tierzüchtungen ummutiert. Eines dieser halbmutierten Geschöpfe will der Autor vor einem Supermarkt getroffen haben: »Was ich sah, als ich die Hundepfote ergriff, war ein Mensch im Vormutationsstadium. Kopf und Nacken des Menschen waren schon in Hundeform, der restliche Körper war noch in Menschengestalt.«[36] Um sich vor solchen Mutationen zu schützen, empfiehlt die QDW, sämtliche konservierten Lebensmittel zu meiden, ebenso Alkohol, Tabak, Fleisch, Fisch, Süßigkeiten, Kuhmilch, alle heißen Getränke und vieles andere mehr.
Wer krank ist, begibt sich bei jedem Arzt oder Homöopathen in tödliche Mutationsgefahr. Medikamente und Impfungen sind verpönt. Statt dessen kennt die Quelle der Weisheit das

passende Rezept: »Vertrauen Sie ausschließlich Ihrem Körper, Ihrem Instinkt, der Sonne und der Natur.«[37] Angepriesen im Werbeprospekt des »Beauty Club Aroma 55«, soll sich der Weg zu einem gesunden Körper für die Organisation in klingender Münze auszahlen. Alternative und schulmedizinische Verfahren werden strikt abgelehnt: »Benütze Deine eigene Gedankenkraft und heile Dich selbst durch die Kraft Deiner harmonischen Gedanken.«[38] Für 345 Mark kann man sich im Fernkurs zum sogenannten Frequenzheiler schulen lassen: »Lernen Sie Heilungstechniken, die auf Gedankenkräften basieren, Reinigung der Aura, Energiebalance, Ernährungsberatung und vieles mehr.«[39] Zusätzlich bietet der Beauty Club Bücher und verschiedene Öle an, die dazu führen sollen, daß die Anwender auch noch im gesetzten Alter über einen »jugendlich-elastischen und zähen Körper«[40] verfügen.

Andere Prospekte werben für Fernkurse zum diplomierten QDW-Parapsychologen, Graphologen, Rückführungstherapeuten und UFO-Experten. In den UFO-Kursen wird das Wissen um kosmische Botschaften, um die »Große Weiße Bruderschaft«[41] und um außerirdische Mutanten vermittelt. Der Graphologe soll die Befähigung für Charakteranalysen erhalten, um zum Beispiel »korrupte und kriminelle Neigungen«[42] zu erkennen. Lernziele für angehende Parapsychologen sind unter anderem Menschenführung, persönlichkeitsbezogene Transformation und Telepathie. Ein weiterer Prospekt wirbt für »Starter-Kits« zum erfolgreichen Unternehmer. Und der Pegasus-Unlimited-Buchversand hält Literatur zu verschiedenen esoterischen Themen bereit: So sollen in der »Autobiographie einer Reinkarnation«, betitelt mit *Die Rache der schwarzen Göttin*, weltweite Verschwörungsaktionen aufgedeckt werden; und in *Diskussion mit Verstorbenen* geben unter anderem Edgar Allan Poe und Jesus Auskunft über das Leben nach dem Tod. Deutlich teurer als die Bücher werden verschiedene magische Schutzutensilien gehandelt. Atlantische Ritualroben aus Samt sind für 645 Mark zu haben, ein atlantisches Schutzamulett aus Gold, das die »männlich gepolte Willens- und Durchsetzungskraft«[43] steigern soll, wird für 1895 Mark angeboten. Gegen astrale Attacken kann man für 225 Mark einen magischen Spiegel erwerben.

Alle Angebote aus den unterschiedlichen Organisationen des QDW-Netzwerkes haben vorrangig aber nur ein Ziel: die Abwehr der überall vermuteten Verschwörung der »neuen Weltordnung«. Ausgesprochen raffiniert bedient sich die Quelle der Weisheit beispielsweise der breit und weltweit geführten kontroversen Diskussion um genetische Experimente, um gerade bei leichtgläubigen und verunsicherten Menschen Ängste zu schüren und sie so in die Arme der Organisation zu treiben, denn die QDW bietet zugleich sich und ihre Überzeugungen als das einzige Allheilmittel an. Der rassistisch überhöhte arische Glaube wird dabei immer mittransportiert und muß von den »Novizen« bedingungslos anerkannt werden, wollen sie an der Gemeinschaft der Weisheit teilhaben. Für das Geschäft mit der Angst wird neben dem Mutationswahn auch die These von der permanenten Kontrolle herangezogen. So behauptet die QDW, daß die »Neue Weltordnung« ständig und überall in der Lage sei, per Satellit jeden einzelnen Menschen pausenlos zu überwachen: »Es gibt überhaupt nichts, was nicht registriert wäre. Die Spionagesatelliten neuester Generation können jede Bewegung im Bett überwachen, einschließlich Ihrer Träume. Man lenkt schon längst über Stromkabel die Träume, Traumintensität, Trauminhalt, Gefühle bis hin zur Schweißausscheidung und vieles mehr.«[44] Die permanente Kontrolle wird dabei als Folge der deutschen Niederlage im zweiten Weltkrieg beschrieben. Besonders die »US-Soldaten in allen Farben« hätten die Aufgabe bekommen, die Deutschen zu kontrollieren. »Was der Soldat wohl ausdrückte, war, daß die USA kontrollieren will, daß in der BRD niemand mehr auf die Idee kommt, eine reine weiße Rasse herauszuzüchten und alle Ausländer aus Deutschland zu verbannen, wie es Hitler versucht hatte.«[45]

Welchen Zuspruch und Zulauf das QDW-Netzwerk mit seinen Mutations-, Verschwörungs- und Kontrolltheorien und der dann in Aussicht gestellten Rettung durch anerkannte QDW-Esoterikmethoden findet, ist nicht nachprüfbar. Das liegt vor allem an der Anonymität der einzelnen Organisationen, die nur per E-Mail oder Postfach zu kontaktieren sind. Klarnamen werden auch in den Werbeprospekten nicht genannt. Trotzdem läßt die Fülle der angebotenen Kurse, Bücher und Produkte einen durchaus nennenswerten Umsatz vermuten.

Einen neuen potentiellen Interessentenkreis hat die QDW im Internet bei der zunehmenden Zahl der UFO-Gläubigen entdeckt. Im sogenannten UFO-Net-Deutschland diskutieren regelmäßig viele Ufologen aus der ganzen Republik. Einer von ihnen ist ein QDW-Funktionär, der unter dem Pseudonym »Blitz Stark« auftritt. »Blitz Stark« verbreitet seine Theorien über atlantische Flugschiffe und wirbt für Bücher aus dem QDW-Programm: »ACHTUNG: Unsere Bücher sind nur für Mitglieder, um in der BRD die gesetzliche Pressezensur zu umgehen. Unser Wissen ist nur für harte Nerven ... wer noch tiefer in diese universelle Wahrheit eindringen will, dem stehen unsere monatlichen Studienunterlagen zur Verfügung. Hier nehmen wir kein Blatt vor den Mund.«[46]

Als esoterisches Netzwerk sucht die Quelle der Weisheit einerseits das Bündnis mit verschiedenen anderen Gruppierungen aus dem Bereich der Esoterik. Gleichzeitig verteufelt sie aber auch andere Strömungen und grenzt sich als die alleinwissende »Quelle« deutlich ab. Diese Tendenz läßt sich auch aus den Diskussionen im UFO-Net ablesen.

Im jüngsten Projekt der QDW, den ebenfalls im Internet zu findenden Seiten »Projekt Apocalypse Now« (PAN), wird das esoterisch formulierte Endziel der QDW noch klarer. In einem Werbeprospekt zum PAN heißt es: »Noch suhlen sich New Age Gruppen, Ufo-Gruppen, politische Gruppen und auch andere Formationen in ihrer unlogisch-sadistischen Lust, sich gegenseitig zu zerfleischen, wer das richtige Wissen hat ...«[47] Endziel muß nach dem Willen der Quelle der Weisheit das geeinte Vorgehen aller esoterischen Gruppierungen gegen die »Neue Weltordnung« sein. Dabei kann die QDW schon jetzt auf gemeinsame Ideologien in vielen Esoterikvereinigungen bauen, zum Beispiel auf die Ablehnung der christlichen Kirchen oder die Kritik an einem technisierten und rationalen Weltbild. Gerade das macht die QDW auch so gefährlich. »Wir rufen heute alle Ideologisten zu einer gemeinsamen Aktion auf: Stellt Eure Gesinnung ein bißchen hinten an, laßt Eure unkontrollierten Emotionen beiseite. Vereint vielmehr Euer aller Wunsch, der NWO Einhalt zu gebieten, um den Menschen – Bewohner eines Universums – für immer von dieser Pest zu befreien.«[48]

Der Führer kommt im UFO:
Die Glaubenswelt der Hitler-Esoteriker

Mit seinem Glauben an atlantische Flugschiffe und seiner Beschäftigung mit UFOs schwimmt das QDW-Netzwerk auf einer Esoterikwelle mit, die zur Zeit ihren größten Boom erlebt. UFOs sind in. Rund die Hälfte der Bundesbürger glaubt an intelligentes Leben im All, 15 Millionen Amerikaner sind der Meinung, sie hätten in ihrem Leben bereits ein UFO gesehen.[49] In der esoterischen Ufologie wird davon ausgegangen, daß auf anderen Planeten Wesen existieren, die in der kosmischen

Hierarchie bereits einen höheren Bewußtseinsstand erreicht haben. Diese Außerirdischen sollen den Esoterikern gewissermaßen als Lehrmeister für ein erfüllteres spirituelles Leben dienen. Einige der esoterischen Ufologen glauben, daß sie kurz vor dem bevorstehenden Kollaps der Erde von ihren Weltraumlehrmeistern abgeholt und damit errettet werden. Später würden sie dann auf der gereinigten Erde ein neues spirituelles Leben begründen. Derartige Auffassungen werden in zahlreichen Büchern und verschiedenen deutschsprachigen UFO-Zeitschriften beworben und diskutiert.

Im Umfeld dieser esoterischen Ufologen blühen rechtsextreme Ideen und Theorien. In vielen Gruppierungen gehört der Glaube an die Errettung der weißen Rasse durch Außerirdische zum Grundgerüst ihrer Überzeugungen. So soll etwa der österreichische Druide Raborne seinen Schülern immer wieder offenbart haben, »daß die weiße Rasse aus dem Sternbild des Schwans im Zeitraum zwischen 28000–13000 vor Christus auf diese Welt ... eingewandert ist, um den Willen und den Spruch der kosmischen Föderation zu überbringen«.[50]

Die Botschaften aus dem All werden über sogenannte medial veranlagte Menschen transportiert. Dabei warnen die Außerirdischen – ganz im ökologischen Trend – vor den Gefahren, die von Atomkraftwerken ausgehen, oder geben sich bei theosophisch motivierten »Kontaktlern« bisweilen rassistisch und nationalsozialistisch.[51]

Die UFO-Überzeugungen des rechtsextremen, chilenischen Akademikers Miguel Serrano sind nur ein Beispiel für solche Tendenzen. Serrano war für sein Land als diplomatischer Botschafter in verschiedenen Staaten tätig und nutzte seine freie Zeit, um seine Schriften weltweit zu verbreiten. Anton Maegerle sieht in Serrano einen der prominentesten Vertreter des esoterischen Hitlerismus,[52] einer Glaubenslehre, die Hitler als göttliches und damit unsterbliches Wesen verehrt.

Serrano glaubt, daß Hitler noch heute in der Antarktis sitzt und dort tiefgefroren im Kälteschlaf auf seine Wiederkehr wartet.[53] Am 30. April 1945 habe der »Führer« aus seinem Hauptquartier in Berlin fliehen können und sei mit einem atomar betriebenen U-Boot an den Südpol geflüchtet. Dort wartet er seitdem auf seine Auferstehung. Am Südpol, so Serrano, befände sich auch der Einstieg zu einer unterirdischen Hohlwelt, wo die Nordvölker einen sicheren Zufluchtsort gefunden hätten. Da Hitler in die Antarktis sein letztes Bataillon mitgenommen habe, werde von hier aus seit 1945 auch der zweite Weltkrieg fortgeführt. Dort verfüge der Führer auch über eine gigantische UFO-Armee, eine Technologie, die schon während des Nationalsozialismus entwickelt worden sei. Da liegt es nahe, daß alle weltweit beobachteten UFOs keine außerirdischen Flugobjekte sind, sondern nur patrouillierende Aufklärer der Nazis im Eis. Serrano spricht von einem geistigen Heer Odins, von den gefallenen und unsterblich gewordenen Helden des Dritten Reiches, die mit einer gigantischen Armee von UFOs unterwegs sind.[54]

Serranos zweifelhafte Theorien stützen sich auf die Antarktis-Expedition der Nationalsozialisten, die 1938/39 an den Südpol gefahren sind, ein riesiges Gebiet vermessen und unter dem Namen Neuschwabenland unter deutsche Oberhoheit gestellt haben. Nach dem Ende des zweiten Weltkriegs suchte Serrano selbst in der Antarktis nach der Zufluchtsstätte seines Führers, allerdings ohne Erfolg. Er fand auch nicht den Zugang zur unterirdischen Welt, wo angeblich die sogenannten Hyperboreer – die Ahnen der Arier, die als Götter oder Halbgötter vom Himmel gekommen sind[55] – in ewiger Jugend leben sollen.

Selbst für die Skepsis der seriösen Wissenschaft, die die Existenz von UFOs für nicht beweisfähig hält, hat Serrano eine Erklärung: »Alles gemäß dem Plan des internationalen Judentums und seiner größtenteils gesteuerten Weltmedien, die

reichsdeutsche Macht nach 1945, als die einzige für sie gefährliche Gegenmacht nicht zuzugeben.«[56]

Serranos Schriften sind unter anderem auch auf deutsch
erschienen und werden in der rechtsextremen Szene gelesen
und studiert. Sein Name und sein Hauptwerk, das *Goldene
Band,* finden sich in den UFO-Veröffentlichungen dieser Szene
immer wieder zitiert.[57]

Viele rechtsextreme Gruppierungen glauben heute, daß Hitler
sie im entscheidenden Augenblick mit einer Flotte von UFOs
bei der Machtergreifung in Deutschland unterstützen wird.
Eine derartige Auffassung wird zum Beispiel von dem weltweit
wohl bekanntesten Revisionisten Ernst Zündel in seinem Buch
Ufos: Nazi-Geheimwaffen? vertreten.[58] Auch die in Deutschland ansässigen neuheidnischen Armanen und die ANSE (Arbeitsgemeinschaft naturreligiöser Stammesverbände)[59] verbreiten in Broschüren und Seminaren ihre UFO-Ideologien.
Titel einer vom Armanen-Verlag vertriebenen Broschüre:
»Deutsche Flugscheiben und U-Boote überwachen die Welt-
meere.«[60]

Die Theorie von nationalsozialistischen UFO-Flotten wird sogar in Videos optisch dargeboten. In dem Anfang der neunziger Jahre gedrehten Film *UFO – das Dritte Reich schlägt
zurück* wird über Flugscheiben berichtet, die von den Nazis als
Wunderwaffen entwickelt worden sein sollen.[61] Eines dieser
UFOs soll in der verzweifelten deutschen Kriegslage zum Mars
geschickt worden sein, um außerirdische Hilfe zu holen. Dort
mußte die Besatzung dann mit ausgebrannten und leeren
Triebwerken feststellen, daß der Mars unbewohnt ist. In dem
Video werden außerdem UFOs gezeigt, auf denen eindeutig
deutsche Hoheitszeichen zu erkennen sein sollen. Anton Maegerle, der sich den Film angesehen hat, ist da aber ganz anderer
Meinung, »entpuppen sich die deutschen UFOs im Film doch
als schemenhafte Schattierungen, an denen auch mit blühen-

der Phantasie kein deutsches Hoheitszeichen zu erkennen ist«.[62]

Die Idee der Nazi-Flugscheiben wird aber nicht nur in der rechts-esoterischen Szene, sondern auch in deutschen UFO-Zeitschriften vertreten. In dem Magazin *Jenseits des Irdischen* soll die Existenz solcher UFOs mit diversen Zeugeninterviews untermauert werden. Die Autoren distanzieren sich in ihrem Artikel aber von rechtsextremen UFO-Darstellungen: »Man sieht: UFOs im Dritten Reich ist kein neues Thema, schon gar nicht aus der verabscheuungswürdigen Neonazi-Szene.«[63] Die Autoren plädieren für eine deutliche Trennung zwischen reiner Technikgeschichte und der politisch-historischen Betrachtung des Nationalsozialismus: »Zu den bekannten Informationen über Flugscheiben im Dritten Reich gibt es mehr Daten, Fakten und Bilder, als bisher wahrzunehmen versucht wurde. In der Tat ist das Thema heikel. Eine Beschäftigung mit dem Nazi-Regime ist nicht opportun, angesichts der jahrzehntelangen nationalen Distanzierung.«[64]

Nach dem zweiten Weltkrieg sollen die nationalsozialistischen Flugscheiben in den USA und auf einem Fliegerhorstgelände der Bundeswehr in Friesland zur technischen Reife weiterentwickelt worden sein. Als Beweis präsentieren die Autoren Fotos eines Kampfflugzeugs, das von zwei Lichtpunkten begleitet wird. Außerdem sollen in der Umgebung des friesischen Fliegerhorsts erstaunlich viele UFO-Beobachtungen gemacht worden sein. Auch wenn die Zeitschrift den endgültigen Nachweis ihrer Theorie schuldig bleibt, zeigt der Artikel, wie intensiv in unterschiedlichsten UFO-Kreisen über die Existenz von Nazi-UFOs nachgedacht wird. Dabei überschneiden sich die rein esoterischen, die pseudowissenschaftlichen und die nationalen Strömungen, was es rechtsextremen Gruppierungen erleichtert, ihre Ideologien auf eine breitere Basis zu stellen.

Ein weiteres Merkmal in der heutigen modernen Esoterik zeigt sich in der Tendenz, gefährliche und rassistische Ideen aus der Geschichte einzelner Lehren schlicht und einfach zu verschweigen. Ein Beispiel dafür ist die aktuelle Auseinandersetzung mit der Theosophie.

Augen zu und durch: Theosophie heute

Die rassistische Wurzelrassenlehre der Helena Petrowna Blavatsky aus dem 19. Jahrhundert ist einer der zentralen Bestandteile der Theosophie. Wie bereits beschrieben vertritt die Wurzelrassenlehre den Vorrang der Arier gegenüber allen anderen Rassen. Im esoterischen Supermarkt sind die Blavatsky-Schriften und die Theosophie heute so aktuell wie nie zuvor. Die moderne Theosophie geht davon aus, daß ein göttlicher Plan die Entwicklung der Menschheit und der einzelnen Rassen vorzeichnet. Das Ego des Menschen ist unsterblich und kann nach der theosophischen Lehre sowohl in der sinnlichen wie auch in der übersinnlichen Welt existieren. Die Theosophie nimmt für sich in Anspruch, daß nur sie die universelle Wahrheit vertrete und deshalb als Wurzel aller Religionen anzusehen sei. So verwundert es nicht, daß die Theosophie nach wie vor als Basis zahlreicher anderer esoterischer Lehren gilt, gelegentlich sogar als Vorläufer der heutigen New-Age-Bewegung angesehen wird. Dabei bemühen sich die modernen Blavatsky-Anhänger um eine Läuterung ihrer Vordenkerin, indem sie die Wurzelrassenlehre entweder relativieren oder ganz einfach verschweigen. Aber auch die Originalbücher der Blavatsky werden weiter zum Kauf angeboten und vor allem von verschiedenen Kleinverlagen wieder aufgelegt. Im Verlag Esoterische Philosophie aus Hannover werden neben den Werken des amerikanischen Theosophen William Quan Judge (»Die Völker können ihrem nationalen Karma nicht entfliehen«)[65] gleich vier Blavatsky-Originalschriften mit passenden Werbetexten angeboten. Zu dem Werk *Unheimliche Geschichten* bemerkt der Prospekt: »fesselnd, spannend, aufschlußreich und leider wahr«. Die *Stimme der Stille* wird mit »das einzigartige Juwel östlicher Weisheit, der Weg, der nach innen führt« beworben. Zur Blavatsky-Biographie von Katherine Tingley schreibt der Verlag: »Authentisch! H. P. Blavatsky rehabilitiert.«

Im größten deutschen Online-Buchversand ABC aus Regensburg kann man mittlerweile über eine Million Bücher per Internet bestellen. Die Online-Buchhandlung bietet ihren Kunden die Möglichkeit, sich über ein computergesteuertes Suchprogramm die unterschiedlichsten Werke zu einem Thema anzeigen zu lassen. Gibt man hier in die Suchmaske den Begriff »Theosophie« ein, werden sofort 18 verschiedene Titel ausgewiesen, die sich mit dieser esoterischen Lehre beschäftigen. Darunter diverse Bücher von Rudolf Steiner, aber auch zwei Blavatsky-Originaltitel. Angeboten wird hier auch die neueste Blavatsky-Biographie von Sylvia Cranston *H.P.B. – Leben und Werk der Helena Blavatsky*. Diesem Werk hat die renommierteste und größte deutsche Esoterikzeitschrift *Esotera* gleich fünf Seiten gewidmet und einleitend geschrieben: »Eine neue umfassende Biographie liefert nun das Material für eine gerechtere Würdigung des Phänomens HPB.«[66] Auch die *Esotera* kommt zu dem Schluß, daß Blavatsky in der Auffassung »vieler als Stammutter des New Age«[67] gilt: »In der Tat hat Helena Petrowna Blavatsky schon vor über 100 Jahren mit der *Geheimlehre* ein Buch für das 20. Jahrhundert geschrieben.«[68] Blavatsky wird als eine Frau beschrieben, die, schon lange vor ihrer wissenschaftlichen Entdeckung, technische Entwicklungen wie zum Beispiel die Atomenergie und deren Gefahren vorhergesagt hat. Ihre Weisheitslehre wird als zutiefst huma-

nistisch dargestellt, Schlagworte der Blavatsky wie Barmherzigkeit, Gerechtigkeit und Großzügigkeit werden in den Kon-
text einer allseits altruistischen Lehre gesetzt. Kein Wort
verliert der *Esotera*-Artikel über die Wurzelrassenlehre, vielmehr versucht er sogar die rassistischen Grundzüge der Theosophie mit einem Handstreich wegzuwischen, wenn Blavatsky
aus einem Gespräch vom Frühjahr 1887 mit dem irischen
Theosophen Charles Johnston zitiert wird: »In Wirklichkeit
gibt es keine minderen Rassen, denn alle sind eins in einer
gemeinsamen Menschheit.«[69] Angesichts seitenlanger rassistischer Äußerungen in den Blavatsky-Originalschriften wirkt
dieser auf vier Zeilen beschränkte Entlastungsversuch wie der
blanke Hohn.

Andere Autoren verschweigen die Wurzelrassenlehre vollstän-
dig. Im *Wegweiser Esoterik* von Gerhard T. Schindler wird sie
überhaupt nicht erwähnt,[70] ebensowenig in einem Artikel der
Esoterikzeitschrift *Connection,* der den theosophischen Le-
bensweg des ehemaligen Schlagersängers und bekennenden
Theosophen Christian Anders nachzeichnet.[71] Nach seiner
Schlagerkarriere nannte sich Christian Anders »Lanoo«, las
viele theosophische Bücher und gab unter dem Titel *Book of
Light* eine Neufassung von Blavatskys *Geheimlehre* heraus.
Dann produzierte er eine neue CD, über die die Pressemappe
zu berichten weiß: »Hitverdächtig mit spirituellem Inhalt.
Lieder darüber, woher wir kamen und wohin wir gehen, über
Kundalini und den Guru in mir, den Guru in dir.«[72] Es folgten
diverse Auftritte, in denen sich Christian Anders als singender
theosophischer Prophet präsentierte. »Ich lehre Theosophie via
Musik, so könnte man das sagen. Ein bißchen vereinfacht und
kommerzialisiert durch die Musik, aber es geht genauso tief
rein. Die Lehre der Theosophie ist enthalten in diesen Liedern,
und selbst wenn die Leute nicht ein einziges Wort verstehen,
werden gewisse fundamentale Wahrheiten in sie eindringen.

Das kann man gar nicht verhindern … Und die Leute werden kommen und werden zum Schluß nur noch nicken und sagen: ›Nun will ich alles wissen, nun will ich auch Theosophie studieren.‹«[73]

Das Beispiel des Schlagersängers Christian Anders zeigt, wie weit das Spektrum der spirituellen Missionare gesteckt ist. Theosophische Lehren werden auf vielen unterschiedlichen Ebenen vermittelt. Die Wurzelrassenlehre wird dabei zwar als ein Pfeiler der Theosophie nicht mehr explizit erwähnt, aber stillschweigend vorausgesetzt.

Im Internet erhält man bequem Zugang zu verschiedenen Theosophie-Seiten. Das »Spiritweb« aus der Schweiz bietet die wohl umfassendste Darstellung theosophischer Ideen im Internet, angereichert mit Grafiken und Zeichnungen der Madame Blavatsky. In Deutschland wird die Lehre von der Theosophischen Gesellschaft in Hannover und von der Theosophischen Informationsstelle in Frankfurt/Main vertreten. Im Laufe der über 100 Jahre alten Geschichte der Theosophie haben sich weltweit unzählige verwandte Lehren und kleinere Organisationen herausgebildet. Eine der größten ist die »Neue Akropolis« des 1991 verstorbenen argentinischen Philosophen Jorge Angel Livraga Rizzi. Die Neue Akropolis soll in über 50 Staaten der Erde mit rund 200 Zentren verbreitet sein. Sie hat zahlreiche Anleihen bei den Theosophen genommen und verehrt Blavatsky als »höchste Autorität des Esoterismus der letzten Jahrhunderte«.[74] Kritiker haben ihr immer wieder eine sektenähnliche Struktur vorgeworfen, die von Rassismus und Faschismus durchsetzt sei. In Frankreich verlor die Neue Akropolis einen Verleumdungsprozeß gegen die Zeitschrift *Le Monde*, die über Kontakte der Akropolis zum Front National berichtet hatte.

SPIRITWEB ORG, PROMOTING SPIRITUAL CONSCIOUSNESS ON THE INTERNET.

Subjects: Introduction ✪ What's New ✪ Channelings ✪ Lightwork ✪ UFO ✪ Light Technology ✪ Healing ✪
Reincarnation ✪ Meditation ✪ Out of Body ✪ Yoga Paths ✪ Veda & Dharma ✪ Theosophy ✪ Mysteries ✪ Astrology ✪
Networks ✪ Resources ✪ Bibliography ✪ EventCalendar ✪ Glossary ✪ NewsGateway ✪ NewsWatch ✪ ImageGallery ✪
WebChat ✪ MailingLists ✪ Archive ✪ SearchEngine

Theosophy, Western Approach to Eastern Mysticism
Theosophy Comments / Resources / Bibliography / Networks / Event Calendar

Theosophy gives an outline of universal principles, the operations of which can be recognized by everybody with an open mind.

Recognition of these principles is possible through gradual development of the faculty of understanding (by unselfish service to mankind combined with esoteric study).

All these principles can be found in the literature of many religions, especially the mystical sections, e.g. Sufism, Gnosis, ancient Kabbalah, certain parts of Buddhism, Hinduism, etc, as well in old myths.

- *[from Theosophy I by Martin Euser].*

☐ **INTRODUCTION ARTICLES:**
  - ☐ **Theosophy (Religion & Science) (Part 1)** *(Martin Euser)*
    Introduction with a list of the main-points (jewels) of *Theosophy*
  - ☐ **Theosophy (Psychological Key To Man) (Part 2)** *(Martin Euser)*
    Continued from Theosophy (Religion & Science)
  - ☐ Theosophy Comments - Replies *(Martin Euser)*
    A collection of replies to comments from readers of his both theosophy articles
  - ☐ **What Happens To Us After Death?** *(Martin Euser)*
    Discussion of death and the processes of dying
  - ☐ Introduction into the Teachings of Vitvan *(Martin Euser)*

☐ **THESOPHICAL CLASSICS ONLINE:**
  - ☐ **THE KEY TO THEOSOPHY** *(H.P. Blavatsky)*
    Comprehensive FAQ (Frequently Asked Question) on Theosophy
  - ☐ **THE OCEAN OF THEOSOPHY** *(William Quan Judge)*
    Another attempt for giving an overview on Theosophy
  - ☐ **THE VOICE OF THE SILENCE** *(H.P. Blavatsky)*

☐ **Esoterism, Son of Man, Spiritual Hierachy** *(Eduardo Gomez)*
  Collection of text about Esoterism and Theosophical Teaching according Alice Bailey

☐ Etheric planets, Evolution and our Solar System *(Walter D. Pullen)*
☐ The Early History Of Ascended Masters Activities *(under construction)*

Internetseite des »Spiritweb« zur Theosophie

Fundstücke: Braune Bücher

Viele rechtsextreme Gruppierungen betreiben eigene Kleinverlage oder Buchversandhäuser, über die sie ihre Ideen verbreiten. In einer Aufstellung der sozialdemokratischen Zeitschrift *Blick nach rechts* wurden 1993 rund 30 rechtsextreme Verlage erfaßt,[75] nicht mitgezählt die noch zahlreicheren Versandhäuser. Viele dieser Verlage bieten neben revisionistischer Literatur auch Bücher aus dem Bereich der Esoterik. Besonders prominent vertreten ist hier der Arun-Verlag. Geschäftsführer und Gründer des Verlages ist Stefan Ulbrich. »Ulbrich gehörte eigenen Angaben zufolge bis zum August 1984 der Wiking Jugend ... an. Von begrenzter Dauer war seine spätere Redaktionszugehörigkeit (Ressort: Politik) bei der *Jungen Freiheit*«,[76] einer der führenden Zeitschriften der Neuen Rechten.

Eines der bekanntesten Arun-Bücher ist das Werk *Gedanken zu Großdeutschland,* in dem der rechtsextreme Funktionär Karl Richter schreibt: »Der 30. Januar 1933 war nun einmal die bis dahin ›friedlichste‹ Revolution der deutschen Geschichte, sie konnte sogar die demokratische Legitimation für sich in Anspruch nehmen, und dennoch blieb nichts beim Alten – Revolution auf Deutsch.«[77] Julius Evola, italienischer Philosoph und einer der Vordenker der Neuen Rechten, gehört mit einem Nachdruck seines Hauptwerks *Revolte gegen die moderne Welt* ebenso zum Repertoire des Arun-Verlags wie Alain de Benoist, der mit seinem Buch *Multikultopia* vertreten ist. Verleger Ulbrich will sich aber nicht nur auf der politischen Ebene der Neuen Rechten tummeln, sondern hat sein Programm um Themengebiete wie Ökologie, Philosophie, Frauenfragen und Heidentum erweitert.[78] Gerade letztgenannter Bereich findet sich in Ulbrichs eigenem Werk *Im Tanz der Elemente – Kult und Ritus der naturreligiösen Gemeinschaften* wieder. Natürlich ist auch dieses Buch, das er unter dem Künstlernamen

Björn geschrieben hat, bei Arun aufgelegt worden. Im Internetwerbetext, der als Link[79] auch über die Seiten der *Jungen Freiheit* zu erreichen ist, wird das Buch gleich in den Status eines »grundlegenden Standard- und Nachschlagewerks«[80] erhoben. In der Tat werden darin viele esoterische Themen aus dem Bereich des Neuheidentums angesprochen: »Dieses Buch kommt zur rechten Zeit: randvoll mit Beschreibungen und Anregungen zu naturreligiösen Riten und zeitgemäßen Zeremonien. Neben dem direkten Praxisbezug bietet Björn Ulbrich in lebendiger Sprache fundierte Hintergrundinformationen zu kultischen Feiern und Brauchtum im Jahres- und Lebenslauf.«[81]

Ein weiteres Arun-Buch beschäftigt sich mit Leben und Werk des »Nazi-Esoterikers«[82] Otto Rahn; in den esoterischen Bereich fällt *Die Druiden – Mythos, Magie und Wirklichkeit der Kelten*. Wer von Arun wissen möchte, was die Zeit bringen wird, kann sich für 99 Mark die Thule-Armbanduhr bestellen. Als Zifferblatt dient die »Schwarze Sonne«, ein auch im Nationalsozialismus gebrauchtes Symbol.

Mit dem Thule-Mythos beschäftigt sich auch der Arun-Roman *Die schwarze Sonne von Tashi Lhunpo*. Das Buch schildert eine Verschwörung zwischen Politik, machthungrigen Logen und Esoterik, die die Welt bedroht. Das Werk erinnert stark an die Thesen und Verschwörungsmythen der Quelle der Weisheit und erhebt den Anspruch, mehr zu sein als eine fiktive Geschichte: »Das Buch ist mehr als nur ein Roman. Für den, der zu deuten versteht, wird nichts mehr so sein, wie es einmal war. Dafür sorgen die intensiven Recherchen des Autors über die in der Politik wirkenden esoterischen Vereinigungen.«[83] Eine ähnliche Unterscheidung zwischen guter und schlechter Esoterik haben wir schon bei der QDW kennengelernt.

Für sein esoterisches Engagement hat Ulbrich mittlerweile den

»Gaia Versand für Naturreligion, Schamanismus und spirituelle Ökologie« gegründet. Dieser Versand gibt einen 60seitigen Katalog heraus und ist auch schon auf einer Esoterikmesse in Hannover oder auf Weihnachtsmärkten auf Kundenfang gegangen. Daß hinter all dem ein im rechten Lager bekannter Verleger, nämlich Stefan Ulbrich, steckt, der damit auch seine sonstigen Aktivitäten finanziert, bleibt den meisten esoterisch Interessierten verborgen. Verkauft wird im Gaia-Versand fast alles aus dem esoterischen Spektrum, von keltischen Haarspangen über Kräuter, Öle, Geomantie, Feng Shui, spirituelle Ökologie bis hin zu Hexen, Sternenheilkunde und Sexualriten. »Uiuijuiiii – Vögeln will gelernt sein«[84] heißt es im Werbetext zum Buch *Orgasmus-Schule*. Das ebenfalls im Gaia-Versand zu findende Angebot einer »Troubadour Märchentherapeutin«, die hier selbstgebastelte Märchenpuppen feilbietet, ist Indiz dafür, daß die Beschäftigung mit Märchen zum Repertoire des rechten Lagers gehört (vgl. S. 208 ff.).

Ein weiterer Schwerpunkt sind bei Gaia die Themen Germanen und Runen. Unter den zahlreichen Büchern findet sich hier auch das Werk von Gerhard Heß, *Oding-Wizzod – Gottesgesetz und Botschaft der Runen*, das sich rühmt, die mystische Symbolreihe der Runen entschlüsselt zu haben: »Was nunmehr nach der geglückten Dekodierung vorliegt, ist das großartige kosmotheistische Weltbild unserer keltisch-germanischen Ahnen, wie es zum Beginn unserer Zeitrechnung von einem Eingeweihten in Form gegossen wurde.«[85] Dem Autor Gerhard Heß, der im rechten Lager als Runenkapazität gilt,[86] ist es immerhin gelungen, sein Buch in der renommierten Esoterikreihe des Knaur-Verlags herauszubringen. Allerdings hat der Verlag, wie bereits erwähnt, das 1993 erschienene Buch wegen der politischen Ausrichtung des Autors mittlerweile wieder aus dem Programm genommen. Zwischenzeitlich aber war *Oding-Wizzod* von zahlreichen rechtsextremen Versandhäusern ins Programm aufgenommen und frenetisch gefeiert worden. So freute sich der Buchversand »Die Goden«: »Erstaunlich und erfreulich, daß ein großer und namhafter Verlag dieses umfangreiche und arteigene Werk herausgebracht hat. Daher der günstige Preis.«[87] Heß zeigt mit seinem Runenbuch nicht nur, wie eng und verwaschen die Schnittstelle zwischen esoterischer und rechter Literatur ist, sondern wie leicht es rechten Autoren gelingen kann, auf der Esoterikwelle mitzuschwimmen und ihre Idee selbst in seriösen Verlagen in großer Auflagenzahl am Markt zu plazieren.

Ein beliebtes Thema in esoterischer Ratgeberliteratur sind Typologien von Menschen zur Selbsterkennung und zur Einschätzung von Charakteren anderer. Der »Bund zur Förderung der Menschenerkenntnis« in Wuppertal widmete 1990 seine vierteljährlich erscheinende Schriftenreihe dem Thema »Die menschlichen Formengesetze«.[88] Dieses Themenheft bezieht sich auf Bücher aus den zwanziger und dreißiger Jahren und setzt die Betrachtung eines eiszeitlichen Schädelfundes aus Nördlingen in Beziehung zu charakterlichen Eigenschaften: »Das unwillkürliche Verhalten dieses Menschen ist edel gewesen. Zu dieser edel-menschlichen Veranlagung kommt durch das kräftige Kinn und die sehr kräftige Kinnlade eine ungemein körperliche, stoffliche Willenskraft. Das, was dieser Mensch dachte und fühlte, wurde in die Tat umgesetzt und Lebenswirklichkeit.«[89]
Die Zeitschrift schildert im folgenden einzelne Gesichtsmerkmale und die dazugehörigen psychischen Eigenschaften, um dann resümierend zu dem Ergebnis zu kommen, daß zum Beispiel Kiefermißbildungen bei Kindern die Folge einer »Vermischung artferner Menschen«[90] sein könnten. Dafür zitiert das Blatt den amerikanischen Wissenschaftler James Harris, der im »Schmelztiegel Amerika« völkisches Fehlverhalten als

2. Das Stirnprofil und der ideologische Antrieb: Liegt die Stirn über die Profilgerade hinaus, dann ist hieran ein ideologischer Antrieb zu erkennen, der eine weltfremde Denkart anzeigt.

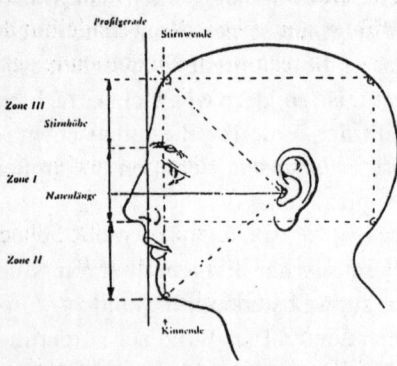

Die Profilgerade = Senkrechte auf die Augen-Ohr-Linie vom Nasenansatz aus.

3. Das Kinnprofil und der tatkräftige Antrieb: Liegt die Seitenansicht des Untergesichtes außerhalb der Profilgeraden, dann ist hieran ein tat= kräftiger körperlicher Antrieb zu erkennen.

4. Das Nasenprofil und der selbstische Antrieb: Ragt die Nase weit aus dem Gesicht heraus und treten Kinn und Stirn beträchtlich hinter die Profilgerade zurück, dann ist hieran ein selbstischer seelischer Antrieb zu er= kennen.

5. Das Mundprofil und der sinnliche Antrieb: Ragt der Mund weit über die Profilgerade hinaus und zeigt er außerdem wulstige Lippen, dann ist hieran ein sinnlicher Antrieb zu erkennen.

Selbstverständlich wurde gesagt, daß nur die Zusammenschau der Maß= verhältnisse des Antlitzes und des Seitenrisses eine zutreffende Aussage erbringen könne. Als besondere Schwierigkeit käme hinzu, die auf den ersten Blick oft nicht eindeutigen Größen zu erfassen.

Dann ging es um die Größe der "Sinneswerkzeuge des Gesichts" zu= einander und zum Gesichtsumriß. Zahlreiche Bilder veranschaulichten das Gesagte. (Stichwortartig wurde festgehalten, was aus diesen Maß= verhältnissen zu entnehmen ist. Vielleicht können diese Stichworte im nächsten Heft unseres Bundesblattes veröffentlicht werden?)

Die mit Begeisterung vorgetragenen (und aufgenommenen!) Darlegungen gipfelten schließlich in der Erörterung der heiklen Frage, ob etwas über den Menschen als Einzelwesen und als Angehöriger einer Artgemein= schaft gesagt werden könne. Robert Burger hatte diesem Gegenstand stets eine gewisse Aufmerksamkeit gewidmet +).

+) Siehe besonders: "Die menschlichen Formengesetze als Schlüssel zur Rassenkunde", Hermann-Eichblatt-Verlag, Leipzig 1935.

Schädelkunde im Bund für Menschenerkenntnis
(aus: Die menschlichen Formgesetze, 12/1990)

Ursache von körperlichen Mißbildungen ausmacht: »Wo sich alle möglichen Schädelformen mischen, muß das Resultat ja unbefriedigend sein, und von Genen, die für ein harmonisches Resultat nicht programmiert sind, könne man halt kein solches verlangen.«[91] Diese Ausführungen über die Schädelkunde enden mit dem Gedicht eines unbekannten Dichters aus dem Aquarius-Verlag 1933:

> »Furchtbar bleiben die Germanen immer, denn sie zeugen Söhne,
> zeugen Töchter, künft'ge Mütter, frische, starke, weiße Söhne.
> Treibe sie in ferne Lande, misch ihr Blut mit andrem Blute,
> dann zerrinnen ihre Quellen, und ihr Geist kommt uns zu Gute.
> Langsam schwinden ihre Kräfte, langsam faulen ihre Sitten;
> kannst Du nicht das Blut verderben, hast du, Herr, umsonst gestritten.«[92]

Die Wissenschaft der Schädelkunde wurde Mitte des 19. Jahrhunderts populär. Den Höhepunkt ihrer Pervertierung erreichte sie im Dritten Reich. Alfred Ploetz, nationalsozialistischer Rasseforscher, prägte den Begriff der Rassenhygiene. Eines seiner Forschungsziele bestand darin, die Verbindung zwischen geistiger Begabung und Schädelform nachzuweisen:[93] Ploetz hat viele Schädelvermessungen bei der Gesellschaft für Rassenhygiene, bei Freunden und Bekannten durchgeführt. Er wollte damit den Mythos der Überlegenheit der arischen Rasse »wissenschaftlich« untermauern. Dabei verfolgte er die Theorie, daß zu einem germanischen Langschädel auch die entsprechend hohe geistige Begabung gehöre. Trotz unzähliger Schädelvermessungen sind seine Forschungen, wahrscheinlich mangels der erwünschten Ergebnisse, nie veröffentlicht worden.[94]

Der Rasseforscher Hans Günther, durch das sechzehnmal neu aufgelegte Nazi-Standardwerk *Rassenkunde des Deutschen Volkes* bekannt geworden als »Rasse-Günther«,[95] bemühte sich erst gar nicht um den Anstrich wissenschaftlicher Seriosität. Er untersuchte einzelne Schädel- und Gesichtsmerkmale von Juden, denen er den »jüdischen Blick« attestierte[96] – einen Blick, den Günther wegen angeblich großer Augenlider als schwermütig, schläfrig und listig bezeichnet: »Diese Kennzeichnungen des jüdischen Blicks gehören zum Teil aber schon nicht mehr zu einer Schilderung leiblicher Merkmale, sondern zu einer des seelischen Ausdrucks; sie mögen immerhin in diesem Zusammenhang eingefügt werden.«[97]

Die Schriftenreihe des Bunds für Menschenerkenntnis wird nicht im Buchhandel vertrieben, sondern nur in internen rechten Kreisen weitergereicht. Das hat seinen Grund: Immerhin wird hier ein rassistischer Kurs vertreten, der bei einer breiten Streuung der Schriftenreihe schnell die Verfassungsschützer auf den Plan rufen könnte.

Die deutschen Strafverfolgungsbehörden nämlich werden für rassistische Inhalte in esoterischen Büchern langsam immer sensibler. Ein Beispiel dafür sind die beiden Bände des Esoterik-Bestsellers *Geheimgesellschaften* von Jan von Helsing, die mehr als 100 000mal über die Ladentheke gegangen sind. Im April 1996 beschlagnahmte die Staatsanwaltschaft Mannheim bundesweit die Helsing-Bücher und leitete gegen den Verfasser ein Strafverfahren wegen Volksverhetzung ein. Die Zeitschrift *Esotera,* die das Buch monatelang auf ihrer Bestsellerliste geführt hatte, distanzierte sich wenig später von dem Autor, der die beiden Bände auch noch unter falschem Namen veröffentlicht hatte: »Ein unter Pseudonym getarnter Autor mischt esoterisches und neonazistisches Gedankengut zu einem Pseudo-Sachbuch und erreicht Zehntausende von Lesern.

Erschreckendes Symptom für die Denkweise weiter Kreise?«[98] Der *Spiegel* titelte in seiner Berichterstattung zu diesem Fall: »Ein als Esoterikschrift getarntes antisemitisches Machwerk wurde ein heimlicher Bestseller.«[99] Dabei hat Helsing, der mit bürgerlichem Namen Jan Udo Holey heißt, eigentlich nicht mehr getan, als die rechtsextremen Schriften von Miguel Serrano, Wilhelm Landig und dem britischen Anthroposophen Trevor Ravenscroft zusammen mit einigen Originalquellen zu einem neuen Cocktail zu verrühren. Sein Ziel ist einfach zu beschreiben: die Revision der Geschichte. Holey alias Helsing versucht in seinen Büchern eine der Quelle der Weisheit ähnliche Verschwörungstheorie zu entwickeln, wonach Deutschland von verschiedenen Geheimgesellschaften bedroht wird und vernichtet werden soll. An der Spitze dieser Verschwörung sieht Holey nach wie vor die Juden.[100] Sie seien schuld an allem Übel auf der Welt, sie wären die Drahtzieher im Hollywoodkino wie beim freien Sex – kurzum, bei allem, was die Menschheit an Oberflächlichkeit zu bieten habe. Auch politisch träfe sie die Schuld am Kapitalismus und am Bolschewismus. Deshalb, so Holey, hätten die Juden »allerhöchstens Anrecht auf ein Stück Land irgendwo in Rußland«.[101] Hitler dagegen nimmt der Esoterikbestsellerautor in Schutz. Der Führer sei durch die Morde an 56 000 Polendeutschen geradezu zum Überfall auf Polen gezwungen worden.[102] Wer Holey weiter folgen will, wird die Geschichte des Dritten Reiches neu schreiben müssen. Hitler war demnach kein eiskalter, machtpolitischer Diktator, sondern ein zutiefst spirituell geprägter Mensch, der »in Wahrheit nur die Marionette eines tibetanischen Schwarzmagierordens«[103] gewesen sei. Eine derartige esoterische Verklärung des Nationalsozialismus, die ihre Wurzeln bei den rassistischen Ideen der Theosophie und der Ariosophen findet, ist ein beliebtes Betätigungsfeld vieler rechtsextremer Gruppierungen.[104] Auch die Nazi-Ufo-Theorie findet sich bei Holey wieder. Er glaubt, Hitlers Getreue hielten sich mit einer gigantischen Armee von 22000 Ufos unterirdisch am Südpol bei göttlichen Übermenschen auf und warteten darauf, mit der Flotte zurückzukehren und die Welt von der Verschwörung zu befreien. An dieser Verschwörung sind auch der von Holey als aidsinfiziert bezeichnete Papst und Bundeskanzler Helmut Kohl beteiligt. Kohl sei eigentlich Jude und trage den Namen Henoch Kohn.

Erschreckend an den Holey-Büchern ist nicht die Tatsache, daß hier Rechtsextremismus mit Esoterik vermischt wird. Solche Verbindungen lassen sich mehrfach nachweisen. Erschreckend ist vielmehr, daß die beiden Bände der *Geheimgesellschaften* von einem breiten Esoterikpublikum gekauft und gelesen wurden – 100000mal!! Dabei ist zu berücksichtigen, daß gerade im Supermarkt der Esoterik die Werbung für bestimmte Bücher und Lehren vor allem über Mund-zu-Mund-Propaganda läuft. Sollte Holey mit seinen skurrilen Ideen auf breite Zustimmung innerhalb der Esoterikszene gestoßen sein? Was macht seine antisemitischen Lehren so attraktiv? Fragen, auf die es keine Antworten zu geben scheint, nur Spekulationen. Die *Esotera* versuchte erst einmal die Holey-Leserschaft zu entschuldigen: »Der Titel *Geheimgesellschaften* und die Gestaltung des Buchumschlages lassen keine direkte Schlußfolgerung auf den unsäglichen Inhalt zu.«[105] In der gleichen Ausgabe der *Esotera* versuchen bekannte Esoterik-Autoren wie Rüdiger Dahlke die Attraktivität okkulter und fundamentalistischer Denkströmungen vor dem Hintergrund sozialer Verunsicherung zu erklären: »Die Menschen suchen wieder nach einem Heilsbringer, auf den man seine eigenen Probleme projizieren kann. Solche Tendenzen bekommen in einer Zeit mehr Brisanz, wo viele Menschen das Gefühl teilen, daß es falsch läuft. Helsing (Holey) benutzt das, um das Weltjudentum anzuschwärzen, um zu projizieren, um einen moralischen

Fundamentalismus aufzubauen. Dieses psychologische Problem ist noch nicht wirklich bewältigt.«[106] Dieses psychologische Problem scheint aber eher auch ein gesellschaftliches zu sein und sich gerade erst zu entwickeln. Die Holey-Schriften beziehen sich auf zahlreiche Lehren, die der Esoterikszene seit langem geläufig sind und die in der Regel ohne große Aufregung rezipiert werden. Neu an Holey ist lediglich die immense Anhäufung rechtsextremer Ideen und die auf seiner Verschwörungsidee basierenden Interpretationen. Vielleicht sind es gerade diese Zuspitzungen längst bekannter Gedanken, die die Holey-Bücher so attraktiv gemacht haben. Vielleicht ist sein Erfolgsrezept, daß er in dem irrationalen Mischmasch der Esoterik scheinbar logische und griffige Aussagen parat hat.

Ähnlich verfährt auch der Roman des Reinkarnationstherapeuten Trutz Hardo *Jedem das Seine,* ein antisemitisches Machwerk, das die Ermordung von sechs Millionen Juden als notwendiges Karma beschreibt. Den Titel *Jedem das Seine* hat der Autor aus der Inschrift des Lagertors im Konzentrationslager Buchenwald übernommen. Und tatsächlich: Hardo beschreibt den Gastod der Juden als ein vorbestimmtes Schicksal, mit dem die Juden ihre Vergehen aus früheren Leben abgelten müssen. So schreibt er zum Beispiel über die Geschichte einer Jüdin, die in ein Konzentrationslager geschickt wird: »Sie hatte vor einigen hundert Jahren Juden, die aus Unrecht am Pranger standen, bespuckt, bespöttelt und auch gesteinigt. Somit erreicht sie nun den verschärften Beginn der für sie maßgerechten und ausgleichenden Gerechtigkeit … Alles was den Menschen geschieht, geht auf eine höhere Ordnung zurück. Aber selbst das bitterste Leid dient immer nur zu der allen Menschen notwendigen seelischen Aufbesserung und Reifung.«[107]
Zu diesem Buch, gegen das mittlerweile ebenfalls die Staats-

anwaltschaft ermittelt, schreibt die Esoterikzeitschrift *Die andere Realität:* »Das Karma macht keine Ausnahme. Der ›mutigste‹ Roman unseres Jahrhunderts, soeben erschienen … Sollte wirklich der ganze Holocaust gerecht gewesen sein, da es den Einzelnen wie auch Gruppen die Chance bot, endlich den Ausgleich für begangenes Unrecht aus früheren Leben herstellen zu dürfen?«[108]

Trutz Hardo, der mit richtigem Namen Tom Hockemeyer heißt, wird von einer anderen Zeitschrift, *Der Heiler,* als »Deutschlands bekanntester Reinkarnationstherapeut«[109] bezeichnet. Sein Buch ist aus verschiedenen Erzählperspektiven geschrieben, die in unterschiedlichen Druckfarben dargestellt werden, und Hardos Kommentare zum Romantext und seine Auffassung des karmischen Schicksals erscheinen ebenfalls farblich abgesetzt. Diese Verbindung von erläuternden Textteilen mit dem fiktiven Roman läuft auf eine Revision der Geschichte hinaus. Schuld und Kriegsverbrechen, die nur historisch zu verstehen sind, werden hier auf esoterischer Ebene völlig anders gedeutet: Die Opfer des zweiten Weltkriegs erscheinen als die wahrhaft karmisch-historisch Schuldigen, während Hardo für die Handlungen der führenden Nazis aus seiner Sicht plausible Erklärungen hat. In einem fiktiven Gespräch zwischen Himmler und Hitler wird der Führer als Orakel Deutschlands bezeichnet, der nur eine Vorsehung zu erfüllen hatte und damit sozusagen auf höhere Ordnung und Weisung gehandelt habe:

> »Himmler: Ich glaube jedoch, daß die Vorsehung Sie uns nicht alsobald wieder wegnehmen wird. Sie selbst werden es ein, der die Vollendung Ihres Auftrages vollbringen wird.
> Hitler: Schön wäre es. Aber die Vorsehung läßt sich nicht in die Karten schauen. Sie erteilt mir Anweisungen und läßt mich große Perspektiven erblicken. Ich bin in Wirklichkeit nur ihr

Handlanger. Sie führt mich und hat mich zu allem gemacht, was ich jetzt bin ... Reichsführer, wir müssen den jetzigen Krieg ausnützen, um alle Juden Europas auszulöschen, solange sich die übrigen Gemüter mit den Ereignissen an den Fronten beschäftigen. Ich will noch, daß bis Ende dieses Jahres alle drei Millionen Juden Polens beseitigt werden.

Himmler: Sie meinen, Sie wollen sie alle liquidieren?

Hitler: Jawohl, die Vorsehung hat es beschlossen.«[110]

Hitler als esoterisch überzeugter Handlanger einer höheren Macht – rechtsextreme Gruppierungen sehen ihn bis heute so. Dabei ist in wissenschaftlichen Publikationen aus jüngster Zeit diese These mehrfach widerlegt worden. Hitler war ein eiskalter Machtpolitiker. Die Vernichtung der Juden entsprang seinen völkisch-rassistischen Überzeugungen und keiner höheren Macht.

Hardos Roman versucht den esoterischen Irrationalismus vieler Lehren anhand von Beispielen plausibel zu machen. Reinkarnation und Karma erfahren hier eine äußerst gefährliche Deutung mit enormen historischen Konsequenzen. Blumig und anschaulich beschreibt Trutz Hardo den Tod in den Gaskammern aus Sicht der Juden und der KZ-Aufseher:

»Wo bleibt das Wasser? Ich habe Durst! Jetzt warten wir schon zehn Minuten. Wann kommt endlich das Wasser? Jetzt scheint jemand oben etwas aufzumachen. Das stinkt ja so furchtbar. Das ist ja Gas. Man vergast uns. Gas! Um Himmels willen! Laßt uns raus!! Rauslassen!! Macht auf!! Ich hab' es geahnt. Dieses Hitlerschwein!! ... Jetzt ist mein Kind schon tot. Ach, ist das alles furchtbar.«[111]

Aus Sicht eines KZ-Scharführers liest sich der Tod in der Gaskammer anders:

»So, jetzt werde ich unserem Sanitäter ein Zeichen geben, daß er seine Gasmaske aufsetzen kann, um in die vier Schächte seine Büchsen mit dem violettkörnigen Gift zu leeren. Das löst sich ja im Nu in Dämpfe auf. Ja, wie ich öfter gesehen habe, sacken die ersten Kinder schon nach wenigen Augenblicken zusammen. In spätestens zehn Minuten sind alle wieder bei Adam und Eva.«[112]

Diese Schilderungen des Grauens unterbricht Trutz Hardo durch den fiktiven Einwurf des »Lesers«, der, durch gelben Farbdruck hervorgehoben, den Autor fragen darf: »Wohin hast Du mich bloß geführt? Wie konntest Du mir so etwas antun?«[113] Daraufhin verharmlost Trutz Hardo den Gastod und behauptet, daß dem bislang Geschilderten noch die »bessere Hälfte«[114] fehle. Er fordert seinen fiktiven Leser auf:

(Autor:) »Sieh, richte Deine Augen über die Szene des Grauens nach oben. Was erblickst Du da?
Leser: Da bewegen sich ja Hunderte von Lichtgestalten, die jene Vergasten zu sich heraufholen.«[115]

Und so schildert Trutz Hardo im folgenden, wie »schön« das »Leben« nach dem Tod für die vergasten Juden beginnt: »Wer bist du, Onkel?« fragt zum Beispiel ein ermordetes Kind, das einer »Lichtgestalt« begegnet. »›Ich bin gekommen, um Dich und Deinen kleinen Bruder in ein wunderschönes Kinderheim zu bringen.‹ ›Kriegen wir dort endlich unseren versprochenen Himbeersaft?‹ ›Ja, mein Liebling. Eurem Wollen und Fühlen soll kein Wunsch versagt bleiben. Es gibt dort herrliche Spielsachen.‹«[116]

Auf den folgenden Seiten erklärt der Autor seinem fiktiven Leser dann das ganze Ausmaß seines karmischen Denkens:

Leser: »Und warum mußten so viele Menschen überhaupt vergast werden?«[117]

Autor: »Die meisten, die vergast wurden, mußten durch diesen Gewalttod noch nicht ausgeglichenes Karma abtragen. Die hatten früher andere Menschen getötet oder zugestimmt, daß andere Erdenbewohner, meist Juden und Minderheiten, mit ihren Kindern dem modernen Mob einer blutrünstigen Menge zum Opfer fielen.«[118]

Leser: »Aber warum mußten Kinder ebenfalls mit vergast werden?«[119]

Autor: »Jene Kleinsten haben oft gar nicht mitbekommen, was um sie geschehen ist. Für sie kam in vielen Fällen jenes Karmagesetz nicht in Frage. Doch hatten sie sich freiwillig zur Verfügung gestellt, um ihren Eltern und Angehörigen bei dem Ausgleich ihres Karmas behilflich zu sein.«[120]

Leser: »Dann ist jenes europäische Schicksal unter dem Namen ›Auschwitz‹ im Grunde genommen ein welthistorisches Ausgleichen vorvergangener Vergehen?«[121]

Autor: »So könnte man das nennen.«[122]

Trutz Hardo deutet bereits hier an, daß er nicht nur den Holocaust, sondern die gesamte Weltgeschichte als karmisch vorbestimmt sieht. Heutigen Menschen scheint es jedoch noch nicht vergönnt zu sein, diesen esoterisch notwendigen Lauf der Dinge auch als solchen zu erkennen. So erklärt der Autor am Ende seines Farbromans:

»Den karmischen Aspekt in solche Geschichtsbetrachtungen mit einzubeziehen wird erst späteren Generationen zur Selbstverständlichkeit. Jene werden dann wissen, daß die Geschichte eine seelische Notwendigkeit ist, die sich aus dem Einzel- und Gesamtkarma ergibt. Die irdischen Gesamtseelen bereiten in ihrer Gegenwart die Geschichte von morgen vor. Und die Geschichte der Gegenwart ist da Produkt der seelischen Vergangenheit ... Im Jenseits schreiben die Historiker Bücher über die Geschichte der Erdbewohner, in denen sie die Weltkriege, Napoleon, die Schwarze Pest, die Hunneneinfälle und dergleichen als notwendige Konsequenz nachweisen, die sich aus dem Fehlverhalten früherer Menschen als Gruppe und als Individuen karmisch ergeben mußten.«[123]

Hardos Karma-Ideen sind nicht neu. In der gesamten Esoterik wird über das karmische Schicksal nachgedacht. Ist es auf Individuen beschränkt oder läßt es sich auf Gruppen erweitern? Welches Karma haben behinderte Menschen abzulösen? Hardo ist mit seinem Buch lediglich einen Schritt weitergegangen und hat offen ausgesprochen, was der karmischen Überzeugung nach zwingend und logisch sein müßte, wenn man dem Karmaglauben folgen will. Kein Wunder, daß die Esoterikzeitschrift *Die andere Realität* zu dem Schluß kommt, daß, bis auf wenige Ausnahmen, »kein wissender Esoteriker solche Gedanken ›laut‹ verkündet, obwohl sich alle schon mit dieser Frage beschäftigt haben und ›im stillen‹ von der Tatsache überzeugt sind, daß der Satz Jesu: ›Wer sein Schwert zieht, soll durch das Schwert umkommen‹ ebenfalls auf den Holocaust wie eigentlich auf alle Schicksalsschläge zutrifft.«[124] Die Gefährlichkeit dieses Unsinns liegt aber nicht erst in der Perversion des Hardoschen »Farbromans«, sondern ist bereits in der esoterisch motivierten und irrationalen Überzeugung von der Existenz eines Karmas angelegt. Wer, wie viele Esoteriker, an die karmische Vorbestimmung des Lebens glaubt, wird zwangsläufig auch für die antisemitischen Äußerungen von Trutz Hardo empfänglich sein. Das Beispiel Hardo zeigt, wie eine Grundüberzeugung der Esoterik zu menschenverachtenden Schlußfolgerungen verleiten kann. In einem Interview, das die *Andere Realität* mit Trutz Hardo führte, versuchte

Hardo sogar, seinen Roman auf eine wissenschaftliche Basis zu stellen: Als Rückführungstherapeut habe er »erstaunliche Beweise für die Existenz früherer Leben erhalten ... Mir scheint es an der Zeit zu sein, daß auch im breiterem Umfang die ewigen Wahrheiten publik gemacht werden.«[125]

Hardo wird sich zunächst allerdings mit einer sehr weltlichen Wahrheit beschäftigen müssen. Der Landesverband der jüdischen Gemeinden in Hessen erstattete Strafanzeige gegen Trutz Hardo wegen Volksverhetzung. Anzeigen ergingen auch gegen die Zeitschrift *Die andere Realität*, Buchhändler und Drucker. Das Buch störe den öffentlichen Frieden, heißt es in der Anzeige, »indem es die Menschenwürde der jüdischen Opfer des Nationalsozialismus böswillig verächtlich macht«.[126]

Wenn gegen Bücher aus dem esoterischen Bereich staatsanwaltlich ermittelt wird, gelangen sie zumeist erst dadurch in die Schlagzeilen. Dabei schlummern in den Regalen des esoterischen Büchersupermarkts noch andere, viel subtilere rassistische Werke. In zahlreichen esoterischen Buchhandlungen werden in der Rubrik »Christliche Mystik« Bücher aus dem Stuttgarter »Verlag der Stiftung Gralsbotschaft« angeboten. Eines dieser Werke beschäftigt sich schon im Titel mit der Frage: »Was ist Wahrheit?« Im Klappentext heißt es: »Je bedrückender die Verhältnisse in der Welt sich uns zeigen, um so größer wird bei vielen Menschen der Wunsch, Werte zu finden, an denen sie sich aufrichten können.«[127] Herbert Vollmann, der Autor dieses Buches, beschäftigt sich darin mit Themen wie Gerechtigkeit, Schicksal und Wiedergeburt und will zeigen, »daß Wahrheit in Gestalt einheitlicher Gesetze die ganze Schöpfung durchzieht«.[128] Eines dieser Gesetze, die Vollmann dabei bemüht, ist das Karma. Karmisches Denken wird von ihm christlich interpretiert und soll durch Bibelzitate wie: »Was der Mensch sät, das muß er ernten«[129] untermauert und belegt werden. »Dieses Gesetz bringt dem Menschen als sein Karma oder Schicksal auch das Leid, das er selbst durch sein falsches Empfinden, Denken und Tun erzeugte, sei es auch oft in weit zurückliegenden Erdenleben!«[130]

Deutlicher wird Vollmann in dem Kapitel »Rassenkonflikte«. Die unterschiedlichen Rassen werden von ihm als gottgewollt beschrieben. Sie müßten sich deshalb auch den Schöpfungsgesetzen unterwerfen. Und die Ausgestaltung dieser Gesetze liest sich bei Herbert Vollmann so: »Nur auf dem Boden ihres Heimatlandes können sich die Rassen zur vollen Blüte entwickeln. Sie müssen bodenständig bleiben und sich rein halten. Deshalb ist eine Vermischung von Rassen durch Heirat und Fortpflanzung falsch! Hier sind von der Natur genaue Grenzen gesetzt, deren Durchbrechen empfindlichen Schaden verursachen kann.«[131]

Märchenstunden

Um den Buchmarkt herum hat sich ein umfangreiches Seminarangebot entwickelt. Von Vortragsveranstaltungen bis zu mehrwöchigen Seminaren im Urlaub reicht der Markt. Hier lassen sich rechtsextreme Inhalte nicht unmittelbar aus den Kursangeboten herauslesen. Zu eindeutigen Erkenntnissen kommt man nur durch die persönliche Teilnahme an solchen Veranstaltungen oder durch personelle Verflechtungen der Anbieter. So bietet das bereits erwähnte Gaia-Versandhaus des rechten Verlegers Stefan Ulbrich im Sommer 1997 das Gaia-Sommercamp an, einen neuntägigen Esoterik-Urlaub am Hauptsitz des Arun-Verlags im thüringischen Engerda.

Ein weiteres Beispiel: Im bayerischen Salem offeriert der Morgenlandverlag neben Büchern und Schriften auch Verträge zur Hohlwelttheorie, eine Lehre, die ein wesentliches Kernelement im esoterischen Hitlerismus ist.[132]

Sommersonnenwendfeiern stehen in esoterischen Zirkeln hoch im Kurs. Das Märchenzentrum »Troubadour« im westfälischen Vlotho, eine Märchenschule, bildet Interessenten für eigens geschaffene Berufsbilder wie Lichtmasseur, Lebenstrainer oder Märchentherapeut und Märchenerzähler aus. »Troubadoure« sollen einer Zeugenaussage zufolge an den Externsteinen bei Detmold gemeinsam mit rechtskräftig verurteilten Aktivisten aus der rechtsextremen Szene die Sommersonnenwende gefeiert haben. In der hauseigenen Märchenzeitschrift haben rechtsradikale AutorInnen wie Henning Eichberg oder Ursula Haverbeck-Wetzel publiziert. Die Troubadoure waren außerdem jahrelang Hausherren in der rechtsextremen Bildungsstätte des Collegium Humanum. Der Leiter der Troubadoure, Jean Ringenwald, sieht sich selbst und alle anderen Menschen als Lichtgestalten: »Jeder Mensch ist eine Lichtgestalt, wenn man sie mit den inneren Augen anschaut. Und auch was die Wissenschaft jetzt täglich entdeckt, daß jede Zelle ein Organismus, eigentlich ein Lichtkern ist, und daß im Grunde all diese Materien verdichtete Lichtschwingungen sind.«[133] Derartige esoterisch motivierte Lichtvisionen werden bei den Troubadouren auch in ganz praktischen Übungen umgesetzt. Ein bei den Troubadouren früher als Drucker beschäftigter ehemaliger Mitarbeiter beschreibt seine Erfahrungen: »Es waren verschiedene Sachen, also erst mal so relativ kleine, skurrile Sachen, wo ich gedacht habe, das kann irgendwie nicht richtig sein. Also eine Geschichte, wo Leute versucht haben, eine Waschmaschine heile zu meditieren, was nicht funktioniert hat. So 'ne Idee, daß man irgendwann, wenn der Atomkrieg kommt, daß die Gemeinschaft der Troubadoure fähig ist, radioaktive Strahlung zum Beispiel durch eigene Energie zu neutralisieren.«[134]

Die Troubadoure sind eines der größten Märchenzentren in Deutschland. Sie werben mit großem Aufwand und mit einem eigenen Video für ihre Seminare. Im Film mit wunderschönen Landschaftsbildern unterlegt, propagiert »Troubadour«-Leiter Jean Ringenwald in dem Werbestreifen: »Befreie dich von deinen Illusionen, von all deinen Identitäten, die du glaubst, daß du bist, von deinen Überzeugungen, an die du dich klammerst.«[135] Daß auf der Basis solcher Forderungen leicht eine sektenähnliche Struktur entstehen kann, belegt die Aussage einer ehemaligen Mitarbeiterin von Jean Ringenwald, die es geschafft hat, sich von den Troubadouren zu lösen:

> »Jean Ringenwald sieht sich als Führungspersönlichkeit, auch wenn er das in den Seminaren nicht offen propagiert, aber es ist unausgesprochenes Gesetz, daß getan wird, was er sagt, und wo entlang gedacht wird. Da gibt es keinen Widerspruch. Alles funktioniert nach dem Prinzip, daß der Verstand ausgeschaltet werden soll, man soll auf seine Gefühle hören und nicht mehr denken. Es heißt dort immer: Laß doch endlich deinen Verstand los. Das Gefährliche ist, daß das alles sehr subtil wirkt. Irgendwann kann man dann selber nichts mehr entgegensetzen. Und dann bejaht man eben alles und verliert die Fähigkeit zur eigenen Wahrnehmung und zum logischen Denken und zur Kritik.«[136]

Die auf starke Führung aufgebaute Organisationsstruktur der Troubadoure prägt auch die Märchenrezeption. Der Pädagoge Hans-Gerd Schmidt, der verschiedene Troubadour-Aussteigerinnen betreut, hat die Märchenzeitschriften der Organisation auf rechtslastige Inhalte hin untersucht. Eindeutige Indizien sind für ihn Ablehnung des Intellektuellen, die Betonung des Irrationalen und das hierarchische Weltbild, das sich in der Märchendeutung zwischen Wissenden und Nichtwissenden manifestiert und auch in der Troubadourführung wiederzufinden ist: »Wenn man sich die Märchenzeitung ansieht, dann wird eins sehr deutlich, daß es antidemokratische und sehr rechtslastige Argumentationsfiguren gibt. Eine besonders: das Führertum. Jean Ringenwald sieht sich sicherlich, und das kann man auch in der Märchenzeitung sehen, als eine geistig erleuchtete und eingeweihte Persönlichkeit.«[137]

Märchen lesen und deuten gehört nicht nur bei den Troubadouren, sondern in der gesamten rechten Szene zum festen Repertoire. In Seminaren, Büchern und Vorträgen werden Märchen völkisch umgedeutet und ihres Ursprungs enthoben. Auf diese Art und Weise werden Kinder an solche Ideologien herangeführt.

von Tanja Hartwig

»Rückbesinnung zur eigenen Spiritualität«, die »Suche nach der Göttin in uns« und »Sommersonnwendfeier an Kultstätten« – dies alles sind Angebote von Bildungseinrichtungen für Frauen, und längst sind solche Programme keine Seltenheit mehr. Ebenso Seminare für Frauen, um anhand von Runengymnastik zu lernen, das eigene Schicksal zu meistern, oder durch astrologische Matriarchatsforschung[1] die eigenen Wurzeln wiederzuentdecken. Der Tanz für das eigene Sternzeichen gehört natürlich dazu. Tarotkarten hat sich fast jede Frau schon einmal legen lassen, und der Glaube an Übersinnliches gehört zu unserer Normalität.

Der esoterische Markt hat die Frauen schon längst als Zielgruppe entdeckt und die Angebotspalette darauf ausgerichtet, mal mehr, mal weniger seriös. Das Wissen der alten weisen Frauen gehört ebenso dazu wie die Göttin im Schlafzimmer.

Gerade Frauen aus feministischen Kreisen finden sich bei diesen Kursangeboten und Ritualen wieder – aber warum ist das so? Die Antwort erstaunt: Weil sich die Aussagen neuheidnischer Gruppen, Hexenkulte, neofaschistischer Gruppen mit denen eher fortschrittlich orientierter Feministinnen überschneiden.

Gemeinsame Ziele von New Age und Feminismus

New Age kritisiert die bestehenden Gesellschaftsstrukturen ebenso wie der Feminismus.[2] Unter New Age wird das »Neue Zeitalter – das Wassermannzeitalter« verstanden, das jetzt eingeläutet wird und einen Umbruch in unserem Leben bedeutet. Wir finden in der New-Age-Bewegung ein Sammelbecken unterschiedlicher Gruppierungen mit einem Ziel: ein neues Zeitalter mit ganzheitlicher Harmonie und Frieden, also ein Paradies auf Erden als Erlösung der Welt.

Die New-Age-Bewegung definiert eine spirituelle Perspektive, die nicht nur aus veränderten Gesellschaftskonzepten, sondern auch aus einem neuen Werte- und Normensystem besteht.

Der Feminismus kritisiert ebenfalls unsere Gesellschaftsstrukturen, hier insbesondere die immer noch existierende Unterdrückung von Frauen auf allen Ebenen (Arbeitsmarkt, sexuelle Gewalt usw.). Der Feminismus gilt in diesem Sinne als radikaler Entwurf für eine neue Gesellschaft und will ebenfalls ein neues Werte- und Normensystem erschaffen.

Weibliche Macht soll neu zur Geltung gebracht werden. Der Feminismus kämpft um eine andersartige Herrschaft, die von innen kommen soll.[3] Dies verbindet ihn mit dem New-Age-Denken. Auch im New-Age-Denken ist das Innerliche wichtig, und es soll möglich sein, alles Böse zu überwinden und etwas Neues zu erleben.

Beide Zukunftsvisionen stimmen insofern überein, als sie den Wiederaufbau einer Lebensweise ins Auge fassen, von der es heißt, daß sie dem Wesen der Frau näherstehe. Feminismus und New Age sind in diesem Sinne unabdingbar miteinander verbunden.

Fritjof Capra, führender Esoteriker, sieht den Feminismus als Vorform des angestrebten ganzheitlichen Denkens im New Age. Er plädiert für eine grundlegende Veränderung: »Eine Lösung kann nur gefunden werden, wenn die Struktur des Gewebes selbst geändert wird, was tiefgreifende Umwandlungen unserer gesellschaftlichen Institutionen, Werte und Ideen erfordert.«[4] Die Frauenbewegung soll hierbei eine Schlüsselrolle erhalten, denn die feministische Spiritualität und die

Rückbesinnung auf das Natürliche sollen die entscheidenden Impulse beim Übergang in ein neues Zeitalter sein. Das Runenbuch für Frauen beschreibt das so: »Jetzt sind wir wieder im Wasserfrau/mann/zeitalter, in dem es unsere Aufgabe ist, alles, was sich zum Teil noch feindlich gegenübersteht, zur All-Einheit zu führen, wo es nicht mehr wichtig ist, nach weiblich und männlich zu trennen. Jedoch kann der zweite Schritt nicht vor dem ersten getan werden. Bevor wir aber zu diesem Zustand der Verschmelzung der Energien landen können, muß die weibliche Energie zu ihrer eigenen Kraft zurückfinden.«[5]

Starhawk, eine Frau, die sich selbst als Hexe versteht, sieht die Frauenbewegung sowohl als eine magisch-spirituelle wie auch als eine politische Bewegung mit dem Ziel, wieder zur Harmonie mit der Natur zurückzukehren, zum Kreis einer allumfassenden Gemeinschaft.[6]

Eine weitere Gemeinsamkeit zwischen Feminismus und dem New-Age-Denken finden wir in der Vernetzung und in der persönlichen Ansprache der Menschen. Der Aufbau eines Netzwerks ist für beide Denkrichtungen wesentlich, nur so kann der Gedanke des New Age und nur so kann auch die feministische Ideologie weitergetragen werden. Diese Strukturen sind nicht an Regeln gebunden, sondern sie existieren überall. Der persönliche Kontakt dabei ist wichtig, nur so können die Menschen überzeugt werden. Der Feminismus wie die New-Age-Bewegung wollen in letzter Konsequenz eine Übernahme der Macht und somit eine Veränderung der Gesellschaft. Die Netzwerkstruktur unterstützt den Weg dorthin und transportiert elitäres Denken und sogenanntes Geheimwissen, was vor allem auf neuheidnische und esoterische Gruppierungen zutrifft. Feministinnen wollen ihr Wissen und ihre Ideen verbreiten und nutzen aufklärerische Strukturen, also auch Netze, und müssen aufpassen, nicht ebenso wie die

New-Age-Bewegung in den Geruch einer Elitegemeinschaft zu kommen.

Die Polarität der Geschlechter

Eine Aufwertung von sogenannten weiblichen Eigenschaften wie Toleranz, Kommunikations- und Kompromißfähigkeit, Fürsorge und Mütterlichkeit wird von einigen Feministinnen gefordert, nicht zuletzt wegen der jahrzehntelangen Unterdrückung von Frauen und Vorherrschaft von Männern. *»Weibliche«* Eigenschaften sollen bewußt gepflegt und *»männlichen«* entgegengehalten werden. Die Wiederkehr der *»Göttin«* verspricht den Frauen einen Ausweg aus den bestehenden Strukturen. Solche Forderungen nach einer Rückbesinnung auf das Naturgegebene finden sich bei spirituellen Feministinnen ebenso wieder wie in neuheidnischen Gruppen und bei neofaschistischen VertreterInnen. Selbst Frauenforscherinnen wie Heide Göttner-Abendrot beziehen sich in ihren Werken über das Matriarchat auf die Forschungen von Johann Jakob Bachofen, der herausfand, daß eine matriarchalische Gesellschaftsform vor der patriarchalischen[7] existierte. Allerdings stellte er in seinem Werk das »geistige Vaterrecht« vor das »stoffliche Mutterrecht«. Heide Göttner-Abendrot kehrt in ihren Forschungen diese ideologischen Wertungen Bachofens einfach um, ohne sie zu hinterfragen. Kritisch ist zu sehen, daß diese festgelegten matriarchalischen Rekonstruktionen der Fixierung und *Überhöhung weiblicher* Eigenschaften Vorschub leisten und dem Prinzip der Unterschiedlichkeit von Männern und Frauen folgen – nur unter umgekehrten Vorzeichen: *Weibliche* Eigenschaften werden aufgewertet, und nur durch sie kann ein Ausweg aus der ökologischen Krise gefunden werden; wir müssen uns lediglich auf unser ureigenstes Naturwesen in uns besinnen. Hinter dieser Haltung steht eine starre biologische Festlegung, Frauen werden auf ihre *»Natürlichkeit«* reduziert und auf ihren vorgegebenen Platz im Leben. Es gibt immer nur die Gleichwertigkeit zwischen Männern und Frauen, niemals die Gleichartigkeit und in letzter Konsequenz auch keine Gleichberechtigung. Feministinnen laufen Gefahr, sich durch diese Haltung wieder genauso reduzieren zu lassen wie zuvor, indem sie der eigentlich kritisierten biologischen Festlegung Vorschub leisten und die bestehende Teilung in unserer Gesellschaft festigen. Ähnliche Thesen müssen nicht immer gleichen Zielen dienen, und erschreckend ist, wenn in äußerst rechtsgerichteten religiösen Gruppierungen feministische Literatur empfohlen wird oder Feministinnen unreflektiert bestimmten Kulten und Mythen folgen.

Fazit: Wachsamkeit innerhalb der feministischen und esoterischen Szene ist notwendig, um nicht »alten« Theorien im neuen Gewand und somit festgelegten Strukturen auf den Leim zu gehen. Leider sind diese Zusammenhänge nicht immer offensichtlich, um so mehr sind wir gefordert.

Die folgenden Zitate stammen aus scheinbar völlig unterschiedlichen Richtungen und ähneln sich doch in ihrer Aussage. Das erste ist von Dina Rees, einer Ärztin, die sich mit schamanistischer und indianischer Medizin beschäftigt und nun Workshops und Seminare in der BRD hält. Sie gilt als eine *»neue«* Priesterin. Das zweite Zitat stammt aus der Publikation *Der Mädelbrief* der Frauenschaft der Freiheitlichen Arbeiter Partei (FAP). Die FAP ist inzwischen in der BRD verboten.

»Und nun werden wir zum göttlichen Mutteraspekt geführt, so daß wir alle *Mütter* werden können auf dieser Erde, ganz gleich ob Mann oder Frau – denn nur das kann unsere Erde noch retten! Der mütterliche Aspekt in uns ist das Liebende, das Annehmende,

das Verzeihende, das Wiedergutmachende – und das ist jetzt so wichtig.
Es ist notwendig, daß dieser mütterliche Aspekt Mutter, Vater *und* Sohn umfaßt. Zuerst war der Vateraspekt wirksam und dann der Sohnaspekt, und jetzt ist es der Mutteraspekt. Um diese Muttergottheit geht es wieder, sie symbolisiert für mich das Erwachen in dieser Zeit.«[8]

»Frau und Volkstum, – ein geheimnisvolles Hinundherfluten erdnaher Kräfte und Ströme! Aus den Brunnen der Ewigkeit hebt die Frau das Leben in die Welt. Um uralt flutenden Born der Geschlechter ist die Empfangende, die Austragende und Schenkende, im Materiellen und im Seelischen. Lebenshüterin im Volkstum, Bewacherin und Spenderin ist die Frau. In ihr ruht der mystische Urquell; sie ist, elementar gebunden, näher der Natur und näher dem Wurzelgrunde der Volkheit als der bewußt gestaltende, allen Rätseln der Schöpfung nachforschende Mann, dessen Geist den Weltenraum durchfährt.«[9]

Beide Aussagen könnten leicht anderen Frauen innerhalb der gesamtesoterischen Szene ebenso zugeschrieben werden wie Veröffentlichungen neofaschistischer Gruppierungen. Es existieren Parallelen und Gemeinsamkeiten. Nun mögen die angeführten Zitate besonders kraß erscheinen, aber in der Beschäftigung mit dem gesamten Spektrum zwischen *New Age*, Feminismus, neuheidnischen und neofaschistischen Gruppen werden Überschneidungen in unterschiedlichem Grad erschreckend deutlich.

Der Hexenkult

Hexen sind: geheimnisvoll, gefährlich, mystisch, frech, feministisch, weiße Magierinnen, weise, böse, unberechenbar und, und, und. Vorurteile und Klischees über Hexen gibt es hinreichend, allein die Definition, was eine Hexe überhaupt ist, ist schon schwer genug.

Im Mittelalter wurden Frauen, die den *»bösen Blick«* oder *»heilende Hände«* hatten oder einfach nur sagten, was sie dachten, verfolgt und hingerichtet. Das Wort »Hexe« war eine Beschimpfung und wird auch jetzt noch so benutzt. Die Frauenbewegung in den siebziger Jahren hat die Hexen wieder fliegen lassen: das Symbol der Befreiung, der *Frechheit* und der Selbstbestimmung. Feministinnen lassen sich gerne als Hexen bezeichnen, auch als Zeichen des *Ungehorsams* gegenüber der herrschenden Gesellschaft. Aber auch in der esoterischen Szene gibt es Hexen und Hexenkulte, die nicht nur als harmlos einzustufen sind.[10]

Gerade Frauen finden Hexen und die dazugehörigen Kulte besonders anziehend, vielleicht auch, weil Mystisches und Okkultes in unserer Gesellschaft wieder Platz findet. Der Begriff *»Hexe«* wird unterschiedlich gedeutet: die Frauenbewegung in den siebziger Jahren hat die Rolle der Hexen aus der negativen Bewertung herausgelöst und für sich im positiven Sinne verwandt. »Die Befreiung fängt an, wenn Frauen sich weigern, nach den herrschenden Maßstäben *gut* und/oder *gesund* zu sein ... Dies ist gleichbedeutend damit, daß wir die Rolle der Häxe und Wahnsinnigen annehmen.«[11] Hexen sind eigenständig, widerspenstig, zügellos, männlicher Werbung nicht zugänglich und bestehen auf ihrem Recht zur Kontrolle des eigenen Körpers. Sie verstehen sich als Revolutionärinnen gegen eine Männergesellschaft. Im feministischen Sinne heißen Hexen deshalb auch *»Häxen«* mit Bezug auf das amerikanische Wort »hag«, während Hexen im Altenglischen »wic-ca« heißen.

Die Wicca – neuheidnische Hexen

Viele Frauen kommen durch ihr Engagement in der Frauen-bewegung zum Hexenkult und insbesondere zu den Wicca. Unter Wicca verstehen praktizierende Hexen *weise Frauen* und *weise Männer*. Datiert wird die Entstehung des neuen Hexen-kults auf das Ende der vierziger Jahre.[12] Es gibt keine einheit-liche Beschreibung, was oder wer Wicca sind; auch innerhalb des Hexenkults existieren verschiedene Glaubensrichtungen. Wicca können Frauen wie Männer sein und lassen sich ungern als Hexen bezeichnen, um nicht mit den feministischen Hexen verwechselt zu werden. Ihre Rituale finden unter Eingeweihten statt, und sie treten selten in der Öffentlichkeit auf. In der BRD hat sich die Wicca-Bewegung erst Anfang/Mitte der achtziger Jahre herausgebildet. Von Anfang an hatten in der deutschen Wicca-Bewegung völkisch-germanisch orientierte Gruppen einen hohen Einfluß, wie zum Beispiel der Armanen-Orden.[13] Im Aufbau von hierarchisch strukturierten Netzwerken sind völkisch-germanische Hexenkulte führend, und sie treten auch eher in der Öffentlichkeit auf. Daneben existieren weitere Wicca-Bewegungen in der BRD, beispielsweise die feministi-sche Wicca. Die Wicca-Bewegung zählt sich zum Neu-Heiden-tum. Wicca sind in Coven (Hexenzirkeln) zu jeweils 13 Perso-nen organisiert und arbeiten meist gemischtgeschlechtlich (mit Ausnahme der feministischen Coven). Die Aufnahme in einen Coven geschieht in der Tradition der Wicca und des jeweiligen Zirkels, wobei die Bedingungen abhängig sind von den unter-schiedlichen Strömungen. Mindestens drei Einweihungsstufen existieren in diesen Coven, von der Priesterin / vom Priester bis hin zur Hohepriesterin / zum Hohepriester und der Hexen-königin.

Die Treffen der Coven finden an geheimen Orten in der Vollmondnacht statt, die »Große Göttin« soll dann gegenwärtig sein. Spirituelle Kräfte werden freigesetzt, und die Rituale finden im magischen Kreis statt, denn die spirituelle Energie, ohne die nicht »gearbeitet« werden kann – zum Beispiel bei »Einweihungen« oder bei »magischen Arbeiten« –, wird inner-halb des Kreises stärker. Die Rituale sind sehr unterschiedlich, beispielsweise wird beim Anblick des Mondes mit einem Dolch ein Hexagramm in die Luft gezeichnet, und der Coven nennt dabei Namen von Hexengöttern. Der magischen Arbeit dient eine Schale Wasser, in der sich der Mond spiegelt und die auf diese Weise mit Energie angereichert wird. In der BRD rechnet man zur Zeit mit ca. 2000 Wiccas, organisiert in höchstens 100 Coven.

Gerade der Kult der Wicca bezieht sich auch auf das Schama-nentum, auf das Natürliche, und sie bezeichnen sich selbst als Erben des Schamanismus.[14] Berührungspunkte mit neuheid-nischen rechten Gruppierungen gibt es genügend: im Arma-nen-Orden sollen Frauenpriestergrade wieder eingeführt und das Ansehen der Frauen sowie die Pflege der gemeinsamen Beziehungen und Aufgaben der Geschlechter verbessert wer-den. Ziel soll sein, »nicht nur die schöpferische und ... göttli-che Spannung der Geschlechter [zu] fördern, sondern vor allem die Tatsache bewußt [zu] machen, daß die Frau als ganzheitlich fühlendes Wesen dem einseitig verstandesmäßig zergliedern-den Denken des Mannes ... anlagemäßig ... überlegen ist und deshalb eine seelisch-geistige Führungsaufgabe für *beide* Ge-schlechter wieder erreichen und ausüben muß«.[15]

Der »Hecksenkreis«/Yggdrasil erforscht schamanistische und okkulte Traditionen des Germanentums ebenso wie der Kreis um die Zeitschrift *Der Hain* in Berlin.[16] In all diesen Gruppen wird die Frau als *»Große Göttin«* angebetet und stilisiert. Bei den Wicca werden ebenfalls die *»Große Göttin«* und der *»Gehörnte Gott«* verehrt. »Zahlreiche heutige Hexen sind davon überzeugt, daß die Verehrung des Weiblichen und der (fast) ausschließliche Umgang mit ihren Energien der *ursprüngliche* Weg des Hexenkults sei. Der Mann spielt dabei eine untergeordnete Rolle ...«[17]

Die Hexe Lilith sagt dazu: »Das Hexenwesen ist eine urweibliche Sache. ... Wir sind die Spender des Lebens. Wir haben die Urkraft. Als Frau kann man Verführung, Tricks und überhaupt die ganze Person einsetzen.«[18] Das moderne Hexentum und die Emanzipation, durch die Frauen zu Hexen werden, achtet Lilith, aber sie selbst hat eine sehr traditionelle Vorstellung vom weiblichen Geschlecht und bezeichnet sich als alte Hexe.

Hexen beten die *Große Göttin* an und versehen sie mit Attributen wie passiv, weich, sanft, nachgiebig, gebärend, empfangend, zyklisch, fließend, negativ, linke Seite, das Irrationale, das Emotionale, Vagina, Mondgöttin. Das weibliche Prinzip sei das Lebenerhaltende. Der *Große* oder *Gehörnte Gott* wird mit Attributen wie aktiv, rauh, hart, unnachgiebig, zeugend, gebend, linear, starr, positiv, rechte Seite, das Rationale, das Intellektuelle, Phallus, Sonnengott beschrieben. Das männliche Prinzip sei das Lebenzeugende. Der Hexenkult will beide Seiten, das Männliche und das Weibliche, zu ihrem Recht kommen lassen.[19] Die Polarität der Geschlechter hat auch hier eine besondere Bedeutung; so wird beispielsweise im Armanen-Orden die Unterschiedlichkeit der Geschlechter betont, da die Gleichberechtigung eine weitere Entwürdigung der Frau sei.[20] Die Frau soll »Ratgeberin, Seherin, Richterin, Lehrerin usw. [sein], oder einfach schlichtweg alles, was hauptsächlich mit Gefühlen zu tun hat«,[21] und sie soll »zur Veredelung und höheren Erziehung des Mannes«[22] dienen.

Das Göttinnenbild der Wicca wird noch durch ein Element ergänzt, das allen neuheidnisch-völkischen Gruppen gemein ist: »Die Natur wird als Ausdruck göttlicher Kräfte, zuweilen gar als das Göttliche selbst interpretiert.«[23] Ein Wicca-Anhänger beschreibt Wicca als »der Glaube an das Prinzip, daß *Alles Eins ist und Eins Alles ist.* Dieses Prinzip setzt sich im Grunde über die Dualität des Menschen und fast aller Wesen hinweg und hebt die geschlechtlichen Unterschiede auf.«[24]

Fazit: Durch die Überhöhung und Aufwertung weiblicher Eigenschaften, das Anbeten der *Großen Göttin* und die scheinbar angesehene Stellung von Frauen im Hexenkult werden Frauen angezogen. Hexen sind mächtig und verfügen über Fähigkeiten, diese Macht auszuüben; Frauen haben damit wieder Macht in einer Gesellschaft, die sie unterdrückt. Verständlicherweise spricht gerade dies viele Frauen an, die unzufrieden sind und sich entfalten und/oder etwas verändern wollen. Und genau hier besteht die Gefahr, Konzepte von neuheidnisch-völkischen wie eindeutig rechten Gruppierungen unkritisch zu übernehmen und sie somit zu legitimieren. Rückbesinnung zur Natürlichkeit ist an sich nicht verwerflich, sie wird nur dann kritisch, wenn sie ideologisch instrumentalisiert wird, wie das Beispiel des verstorbenen Neonazi-Führers Michael Kühnen zeigt:

»Ganz offensichtlich ist die Frau in erster Linie Naturwesen: Ihre eigentliche biologische Aufgabe für die Gemeinschaft ist und bleibt Geburt und Aufzucht von Kindern ... Die Männer hingegen, die ja durch ihre rein biologischen Aufgaben nicht entfernt vergleichbar beansprucht und gefordert werden, sind mehr Kultur- als Naturwesen – ihre natürliche Aufgabe liegt im Aufbau und in der Ausgestaltung der kulturellen Gemeinschaften!«[25]

So undurchschaubar die unterschiedlichen Richtungen also sind, so einfach ist es, sich bestimmten Glaubenssätzen anzuschließen. Gemeinsamkeiten zwischen esoterischen Strömungen, neuheidnischen Gruppierungen, dem Hexenkult, Feministinnen und rechten Gruppen sind vorhanden; sie sind mal mehr, mal weniger deutlich, und genau das macht ihre Gefährlichkeit aus. Gerade neuheidnisch-völkische und rechte Gruppen nutzen diese Überlappungen aus, um ihre Ziele zu erreichen. Feministinnen und andere, im Grunde fortschrittliche Strömungen müssen genau an diesen Punkten wachsam sein, denn nicht überall, wo Gleichberechtigung und positive Veränderung versprochen wird, sind das auch die wahren Ziele. Wer naiv und unkritisch Idealen und Glaubenssätzen vertraut, ohne sich der weiteren Dimensionen bewußt zu sein, wird leicht zum Opfer von Sekten und Organisationen, die sich totalitären Zielen verschrieben haben.

IV.
Von Vegetariern,
Pädagogen und Germanen

Bringhausen am Edersee. Sechs Kilometer führt uns eine der längsten Sackgassen Deutschlands in das kleine Dörfchen Bringhausen. Hier gibt es eine Kirche, ein paar Wohnhäuser, einen mittlerweile geschlossenen Gasthof und ein paar Bauernhöfe. Eigentlich ist Bringhausen ein unscheinbares kleines Dorf, etwas abseits vom Tourismusgeschäft des Waldecker Lands. Und doch zieht es jedes Jahr Scharen von Esoterikern nach Bringhausen. Denn hier residiert in einem riesigen und modernen Gebäudekomplex die Neuzeitliche Diät- und Lebensschule, ein eingetragener Verein, gemeinnützig und von den Finanzbehörden als besonders förderungswürdig anerkannt. Die Neuzeitliche Diät- und Lebensschule (NDL) ist ein Esoterikzentrum mit streng vegetarischer Ernährung und einer eigenen biologisch-organischen Gärtnerei.

Im Fremdenverkehrsprospekt der Ferienregion Edersee wirbt die Schule nicht nur mit einem Urlaub in »einer Oase der Ruhe«,[1] sondern auch mit einem umfangreichen Kursangebot: »Wir bieten ein vielseitiges Seminarprogramm mit dem Ziel, suchenden Menschen Hilfe zur Selbsthilfe zu geben. Themen unserer Seminare sind u. a.: Atempflege, Bewegungsharmonie, Ernährungslehre und Kochen, Philosophie, Esoterik, Malen und Modellieren, Märchen und Musik.«[2] Im Programmheft findet man tatsächlich die ganze Palette der Esoterik: von Aura Soma über Yoga, New-Age-Seminare bis hin zur Esoterischen Lebensschule. Selbst die Theosophische Gesellschaft wird mit einem Seminar im Programm der NDL aufgeführt.[3]

Willkommen sind in der Neuzeitlichen Diät- und Lebensschule vor allem »Familien mit Kindern, Manager, die Regeneration

*Werbung der Neuzeitlichen Diät- und Lebensschule e.V.
im Fremdenverkehrsprospekt »Ferienregion Edersee«*

suchen, Menschen, die eine besondere und seit Jahrzehnten erprobte Form der alternativen Lebensweise kennenlernen und leben möchten.«[4] Uns interessiert diese jahrzehntelang erprobte Lebensform besonders. In der Neuzeitlichen Diät- und Lebensschule hat das alternative Leben auch einen Namen: Mazdaznan. »Das Haus ist ein Gemeinschaftswerk aller Mazdaznan-Freunde, eine europäische Mazdaznanzentrale und ein Haus der geistigen Begegnung.«[5] Diese geistige Begegnung scheint in der NDL allerdings nur Auserwählten vorbehalten zu sein: den Mitgliedern der weißen Rasse.

Mazdaznan, das ist die Lehre einer uralten Religion, die auf die Weisheitslehren Zarathustras vor rund 9000 Jahren zurückgreift und für sich beansprucht, über allen anderen Religionen und philosophischen Weisheiten zu stehen.[6] Der Begriff Mazdaznan kommt aus dem Persischen und bedeutet übersetzt soviel wie »Meister des Gottesgedankens«, die Mazdaznan-Anhänger reden kurz und knapp vom »Meistergedanken«. In ihrer Auffassung ist Mazdaznan die Fortsetzung einer arischen Urlehre,[7], die der weißen Rasse den Weg in das New Age, in das neue Zeitalter weist.[8] Es ist eine Anweisung, die den einzelnen Menschen und die ganze Welt zum Heil führen soll. Dieses Heilsprogramm beruht auf dem esoterischen Grundglauben an eine kosmische Ordnung mit einer unabänderlichen und rational nicht nachzuvollziehenden Gesetzmäßigkeit. Auch andere Merkmale, die in vielen esoterischen Lehren wiederzufinden sind, entstammen dem festen Repertoire der Mazdaznanlehre. Dazu gehören der Glaube an die Wiedergeburt, an eine Zeitenwende, an den göttlichen Kern im Menschen, an einen Führer und an die Kraft der positiven Gedanken. In der Auffassung, die einzig wahre Religion zu sein, besteht zudem eine deutliche Nähe zur rassistischen Theosophie.[9] Und doch unterscheidet sich Mazdaznan in einigen wesentlichen Punkten von anderen Glaubensrichtungen.

Nirgendwo sonst wird in Lehrbüchern so deutlich darauf hingewiesen, mit welchen Mitteln die Vormachtstellung der weißen Rasse zu erreichen ist. Darüber hinaus werden die Anleitungen zu einem neuen erleuchteten Leben kaum irgendwo anders so nachvollziehbar praktiziert wie in der Neuzeitlichen Diät- und Lebensschule in Bringhausen. Für uns war das Grund genug, um dort ein paar Tage der Erholung zu verbringen und die Mazdaznanlehre genauer zu betrachten.

Linsen für die weiße Rasse

Das Mazdaznanzentrum in Bringhausen ist offen für alle Interessierten. Eine streng abgeschottete Gemeinschaft findet man hier nicht. Immerhin versteht sich Mazdaznan als eine missionarische Glaubensrichtung, die darauf aus ist, neue Anhänger für sich zu gewinnen. Deshalb hat unser Informant Peter Jansen, der im Zusammenhang mit den Dreharbeiten für die WDR-Fernsehdokumentation *Kulte, Führer, Lichtgestalten* tätig wurde, auch keine Probleme, sich für ein Wochenende in der Neuzeitlichen Diät- und Lebensschule anzumelden.[10] Trotzdem muß er sich in einem nahe gelegenen Gasthaus einquartieren und kann nicht im Gästehaus des Esoterikzentrums übernachten. Die Neuzeitliche Diät- und Lebensschule ist völlig ausgebucht. Immerhin wird an diesem Wochenende im Spätherbst des Jahres 1995 dort die Mazdaznan-Linsengerichtsfeier durchgeführt. Dazu werden Anhänger aus der ganzen Bundesrepublik erwartet. Peter Jansen darf sich ihnen anschließen, wird an Vorträgen und Andachten teilnehmen und kann in der Bibliothek der Mazdaznangläubigen stöbern. Im Mittelpunkt der Feier steht aber die feierliche und rituelle Zubereitung von Linsen. Das Linsenmahl ist der jährliche Höhepunkt dieser vegetarisch-esoterischen Gemeinschaft.

Die achtzig Anhänger, die sich an diesem Wochenende in Bringhausen eingefunden haben, sind im Durchschnitt weit über siebzig Jahre alt. Sie halten sich zum größten Teil schon seit Jahrzehnten an die Mazdaznanernährungslehren, hält Peter Jansen in den direkt nach seinen Besuchen aufgezeichneten Gedächtnisprotokollen fest: »Kerngesund wirken die Mazdaznanen, und fast immer schätze ich sie jünger ein, als sie tatsächlich sind. Gertenschlanke Figuren, wie man sie nur selten sieht, gerade in ihrem Alter. Alle ernähren sich rein vegetarisch, vereinzelt sogar schon seit 50 Jahren. Rohkost auf dem Teller fehlt nie, danach folgt der zweite vegetarische Gang im NDL. Tee hilft den Durst zu löschen. Rauchen und Alkohol treiben einem Mazdaznanen allerhöchstens mitleidige Tränen in die Augen, ebenso Koffein.«[11] Die vegetarische Lebensweise ist das Grundgerüst der Mazdaznanlehre und zugleich auch der beste Werbeträger. »Mit 100 fängt das Leben an«,[12] propagiert die internationale Mazdaznanschriftenreihe »Vohumano« und verweist auf das Alter kaukasischer Bauern und Hirten. »Der uralte Traum der Menschheit, sein Leben zu verlängern, ist im Kaukasus schon Wirklichkeit«,[13] weiß die Zeitschrift und erklärt auch, wie man das biblische Alter von 120 Jahren erreichen kann: »Sie (die kaukasischen Bauern) stehen mit dem ersten Hahnenschrei auf und gehen bei Untergang der Sonne zu Bett. Sie leben von Früchten und Schafskäse und von dem Grün aus ihren Gemüsegärten. Sie nutzen mit ihren Kräutern und Gewürzen die Kräfte der Natur.«[14] Darüber hinaus würden die Menschen im Kaukasus bei der Wahl ihrer Ehepartner auch ein strenges Ausleseverfahren in bezug auf ein gesundes Erbgut anwenden: »Die Brautwerber bilden zudem eine Art Gesundheitspolizei. Ihr wichtigster Auftrag: Erkundigungen über eventuelle Krankheiten in der Familie der Braut einzuholen.«

Die Reinheit des Erbguts wird in der Mazdaznanlehre ebenso

immer wieder beschworen wie die Abkehr von einer technisierten Umwelt und ein Leben im Einklang mit der Natur. Auch hierfür würden die kaukasischen Bauern in ihrer bergigen Abgeschiedenheit ein leuchtendes Beispiel liefern: »Wie verloren steht daneben unsere anspruchsvolle und bequeme Lebensart. Die Einheit Mensch-Natur ist gestört. Diese Disharmonie kann nur der überwinden, der sich bewußt in die Hand nimmt und die Sprache der Natur zu verstehen sucht. Mazdaznan weiß Mittel und Wege, die wieder zum Ursprung führen.«[15] Gerade mit solchen Versprechungen bindet die Mazdaznanlehre viele ältere Leute an sich, die in der Hoffnung auf ein verlängertes Leben bereit sind, auch auf materielle Güter zu verzichten. Eine Mazdaznananhängerin berichtete Peter Jansen von älteren Gläubigen, die nur wenige Angehörige haben und deshalb erwägen, einen Teil ihres Erbes der Neuzeitlichen Diät- und Lebensschule zu vermachen. So wurde auf dem Seminar, das unser Informant besuchte, mehrfach auf zu erwartende Spenden hingewiesen.[16]

Die Abkehr von allem überflüssigen Luxus und die Hinwendung zu einer kargen vegetarischen Lebensform wird durch Zitate aus der Bibel untermauert, und so wird aus einer fleischlosen Ernährung ein Religionskonstrukt. Das gilt gerade auch für das heilige Linsenmahl, das ebenfalls einem biblischen Ursprung zugeschrieben wird. In der Praxis der Mazdaznanen gerät die Zubereitung der Linsensuppe zu einer Kulthandlung. Die rituelle Beschreibung des Kochrezepts stammt aus dem Jahre 1932, wurde aber erst 1993 erneut von der NDL in einem Prospekt veröffentlicht: »Schon am Vorabend wurden die Linsen in neun Wassern gewaschen, über Nacht eingeweicht und am Morgen in einem großen Topf über ein schwaches Feuer gestellt. Dann wurde die gleiche Menge Reis ebenfalls in neun Wassern gewaschen … Während der Hausvater das Linsengericht zubereitete, wiederholte er die

Namen aller Vorfahren durch den ganzen Stammbaum des Geschlechtes. Abends aß dann die ganze Familie gemeinsam das Linsengericht zum Gedächtnis aller Vorfahren, Heiligen und Seelen des ganzen Stammes.«[17] Unter »Stamm« verstehen die Mazdaznananhänger ihre direkten arischen Vorfahren.

Die Verköstigung der Linsen folgt den Regeln dieser alten Tradition, wie Peter Jansen zu berichten weiß: »An der Linsenfeier am Sonntag soll man nur in gedeckter Kleidung teilnehmen, erklären mir drei ältere Frauen … Kurz darauf treffen sich alle im Speiseraum der NDL zur Linsenfeier. Kaum jemand spricht, die Tische sind dekoriert, die Mazdaznanfunktionäre tragen weiße Anzüge und Schuhe. Ihre Krawatten schmückt das kreisrunde Mazdaznansignet mit den vier Farben. In dieser andächtigen Stille sucht sich jeder seinen Platz. Weiß gekleidete Helferinnen bringen die rituelle Speise an die Tische … Bei jeder Linse, die wir essen, sollen wir an einen Ahnen denken, haben uns die Referenten vorbereitet. Und so schweigen denn auch alle und erinnern sich offenbar.«[18]

Die weiße Kleidung der Mazdaznanjünger ist mehr als nur eine Uniform. Sie ist Programm. In weiße Kleider sollten sich all die Mazdaznanen hüllen, die von der Vereinigung die Aufgabe bekommen hatten, die Lehre missionarisch in der ganzen Welt zu verbreiten. Weiß bedeutet in der Mazdaznan-Lehre nicht nur absolute Reinheit. Die Farbe ist ein Synonym, stellvertretend für die weiße Rasse, für alle weißen Menschen, die nach der Mazdaznanlehre zu einer Einheit verschmolzen werden müssen.[19] Das war im 19. Jahrhundert auch die Aufgabe der weiß gekleideten Jünger: »Manchmal erschienen die Männer in weißen Kleidern als Erzieher junger Menschenkinder, die berufen waren, eine große Aufgabe zu erfüllen.«[20] Auch heute noch veranstalten die Mazdaznananhänger regelmäßig im Sommer Jugendcamps, um ihren Nachwuchs zu rekrutieren. Und auch der Glaube an die weiße Rasse ist so aktuell wie je zuvor. Gegenüber Peter Jansen äußerte sich ein aktiver 90jähriger Mazdaznanjünger: »Der heutige Mensch – vorab der Angehörige der weißen Rasse – steht auf der zur Zeit höchsten Stufe einer sehr langen Entwicklungsreihe ... Lernen und Üben sind daher nicht Selbstzweck, sondern in einem Leben nach Mazdaznan die Mittel – neben einem gesunden Körper –, die Weiterentwicklung zur Erhaltung der weißen Rasse (vor allem) zu ermöglichen.«[21]

Solche Thesen finden sich durchgängig auch im Standardwerk der Mazdaznanen, der *Biblischen Gegenwart*. Die weiße Rasse wird hier als die bislang höchste Entwicklungsstufe des Menschen beschrieben. Ihr ist es vorbehalten, sich für ein neues Zeitalter weiterzuentwickeln. Und dabei spielen die Linsen eine wichtige Rolle, denn als ein Mosaiksteinchen unter anderen Praktiken soll die Ernährung mit Linsen den menschlichen Körper in eine neue, feinstoffliche Form bringen. Dann würde auch eine neue, alabasterartige und nahezu durchsichtige Rasse entstehen:

> »Die Hautfarbe der kommenden Rasse wird weißer als das weißeste Alabaster sein, und die Menschen werden fähig sein, alle Dinge im Himmel und auf Erden zu erkennen und zu begreifen. Sie werden imstande sein, sowohl alle die zu sehen, die auf dieser Erde gewesen sind, also nicht mehr körperlich hier sind, als auch die, die gegenwärtig auf dieser Erde weilen. Die kommende Rasse wird der Höhepunkt und der Abschluß der Menschheitsentwicklung sein. Dann beginnt eine neue Ära, ein neues Zeitalter.«[22]

Der Rassismus in der Mazdaznanlehre unterscheidet sich trotz des arisch überhöhten Glaubens an ein neues Zeitalter kaum von den rassistischen Ideologien anderer esoterischer Gruppen. Die Mazdaznananhänger sind zwar bemüht, ihren pazifistischen Anspruch immer wieder nach außen zu tragen, und betonen in ihrem Wahlspruch »Gute Gedanken, gute Worte, gute Werke«[23] eine friedliche und weltverbessernde Absicht. Auch der Sektenkenner Kurt Hutten beschreibt den Mazdaznan-Rassismus als nicht imperialistisch oder gar antisemitisch.[24] Doch dieses »positivere« Rassismusdenken bleibt bei Mazdaznan auf der Stufe der »guten Gedanken« hängen. Die publizierten Worte und Schriften sprechen eine andere Sprache. Denn wo die weiße Rasse überhöht dargestellt wird, findet gleichzeitig auch eine Abwertung aller anderen Rassen statt. In der *Biblischen Gegenwart* liest sich das so: »Die weiße Rasse hat allen farbigen Rassen gegenüber einen Nervenfaden voraus, der sich von der Zwirbel zur Stirnmitte bis in das Gebiet des Denkwesens zieht.«[25] Wegen der den »farbigen Rassen« unterstellten eingeschränkten intellektuellen Möglichkeiten will die Mazdaznanlehre ihnen den Einzug und die Teilhabe an dem neuen paradiesischen Zeitalter verwehren:

»Der gelbe Mongole, der graue Paria, der olivgrüne Fidschiinsulaner, der Braune und der Schwarze können Gott nicht schauen und daher auch die zarathustrische Heilsbotschaft nicht begreifen. Deshalb wandte sich auch Jesus nur an die ›Seinen‹, d. h. an die, die arischen Blutes waren, weil er sich bewußt war, daß erst das reinere arische Blut das menschliche Gehirn befähigt hat, abstrakt zu denken oder die Unendlichkeit oder Ewigkeit zu begreifen.«[26]

Jesus wird – genauso wie in der Nazi-Wissenschaft von Herman Wirth[27] – auch in der Mazdaznan-Lehre nicht als Jude, sondern als Arier angesehen. Den Juden dagegen wirft sie vor, den »Urchristlichen Glauben« nicht befolgt und sich somit vom Weg des reinen Gottverständnisses entfernt zu haben. Der arische Jesus habe versucht, den Menschen den Weg zur

Selbsterkenntnis aufzuzeigen. Diese Botschaft sei aber nur von den Ariern begriffen worden: »Die durch vielfache Rassenmischungen verunreinigten Juden dagegen zeigten sich ablehnend und feindlich gegen die reine arische Lehre des Heilands.«[28]

Ihren Anspruch als Universalreligion untermauert Mazdaznan durch die strikte Ablehnung der etablierten Kirchen. Die Bibel sei verfälscht, und wichtige Elemente, wie der Glaube an die Wiedergeburt, seien daraus gestrichen worden. Nicht nur mit dieser Auffassung steht Mazdaznan in derselben Tradition wie die ebenfalls rassistisch argumentierenden Theosophen.[29] Die Mazdaznanlehre ist, wie die Theosophie, ebenfalls dazu geeignet, die Voraussetzungen für ein rechtsextremes Gedankengut gesellschaftlich zu etablieren. Ein Beispiel: Behinderte scheinen in der Mazdaznanlehre allein schon deshalb keine Existenzberechtigung zu haben, weil es sie nicht geben darf, wenn man sich an die Gesundheitsregeln und die Prinzipien der Erbgutauslese hält. »In einem gesunden Körper wohnt auch ein gesunder Geist«, weiß die *Biblische Gegenwart,* und die heutigen Mazdaznanjünger scheinen sich daran zu halten, getreu dem Motto: Was es nicht geben darf, existiert auch nicht. »Vor Jahren«, so berichtet Peter Jansen nach einem Gespräch mit einer Anhängerin der Mazdaznanlehre, »hielt sich eine Familie aus den Niederlanden mit ihrem behinderten Kind in der Neuzeitlichen Diät- und Lebensschule auf. Der Junge saß im Rollstuhl. Genau einen Tag lang waren sie Gast im NDL, dann reisten sie ab.«[30] Nach der Mazdaznanlehre mit ihrer ultimativen Erbguttheorie sind Behinderte durch ihre »mangelhafte« gesundheitliche Kondition nicht dafür auserkoren, der weißen Rasse zur Erhöhung zu verhelfen. Deshalb scheinen sie in der NDL auch nichts zu suchen zu haben. All das muß in der Schule aber nicht mehr offen ausgesprochen werden. Die Grundlehre ist untergründig stets präsent, im

Vordergrund steht die Einübung in die unterschiedlichen Methoden. Auch das Endziel eines neuen Zeitalters wird als Grundthese vorausgesetzt.

Auf dem Weg zu der künftigen Alabasterrasse praktizieren die Mazdaznanen nicht nur die vegetarische Ernährung, sondern auch ihre geistige Erbauung in täglichen Andachten und Gebeten. Peter Jansen konnte in der NDL an diesen Predigten teilnehmen und entdeckte dabei ein weiteres esoterisches Grundmuster: »Etwa 70 bis 80 Menschen singen, beten und grüßen mit Freude im Herzen, atmen gute Gedanken aus, damit andere diese einatmen können, und lauschen den Worten des Predigers vorne am Altar, feierlich passend dekoriert mit Blumen und Kerzen. Über dem Altar hängt an der Wand eine etwas vergilbte Fahne mit dem Zeichen der Mazdaznanbewegung. Hinter mir ist überlebensgroß ›Meister‹ Hanish verewigt. Von einem Foto abgemalt, prangt er im priesterlich weißen Mazdaznan-Ornat an der Rückwand des Andachtsraumes.«[31] Meister Hanish, oder genauer Otoman Zar Adusht Hanish, ist die Kultfigur der modernen Mazdaznanbewegung. Er ist der Guru, der Führer und Begründer der heutigen Lehre. Obwohl bereits 1936 gestorben, folgen ihm seine Anhänger kritiklos. Die Hanish-Schriften werden immer wieder neu gedruckt und in bezug auf die jeweiligen gesellschaftlichen Entwicklungen ausgelegt. Auch diese Anpassung an gerade aktuelle Normen und Werte ist durch alle Zeiten hinweg ein Grundelement esoterischer Lehren.

Ein seltsamer Guru: Otoman Hanish

Otoman Zar Adusht Hanish steht dem Bestreben vieler Gurus, ihre Vita mit allerlei Mythen zu füllen, in nichts nach. Die Lebensgeschichte von Hanish ist in vielen Teilen widersprüch-

In dankbarem Gedenken an

Dr. O. Z. A. HA'NISH

1844-1936

dem Wiederverkünder der Lehre

vom bewußten Atem

Aus Der bewußte Atem. Die sieben rhythmischen
Atemübungen, *einer Auswahl »aus Werken und Vorträgen«*
von O.Z.A. Hanish (Mazdaznan-Verlag, Genf; Auslieferung:
Neuzeitliche Diät- und Lebensschule)

lich und läßt sich heute nicht mehr lückenlos nachzeichnen. Es ist der Schleier des Geheimnisvollen, den Hanish auch auf seine Lehren anzuwenden weiß, die ebenfalls aus geheimen Schriften abgeleitet sein wollen.[32] Die offizielle Version des Lebenslaufs des Gurus, wie sie von Mazdaznananhängern verbreitet wird, liest sich so: Hanish wurde demnach 1844 in Teheran geboren, »von Eltern der weißen Rasse«, wie die offizielle Biographie betont. Sein Vater war russischer Botschafter, seine Mutter eine Deutsche. Der Künstlername »Hanish« soll übersetzt soviel wie »der Reine« bedeuten. Sein Familienname wird mit »Sarmatian de Caspianya« angegeben, was wiederum auf die Abstammung von einem alten arischen Stamm hinweise. Zu den Lehren Zarathustras soll Hanish schon in jungen Jahren gestoßen sein. Von den damaligen Ärzten wegen einer Herzkrankheit schon aufgegeben, wurde er in einem zarathustrischen Orden in Tibet von seinem Leiden geheilt und beschäftigte sich fortan mit den Lehren dieses Ordens. Erleuchtet und dazu auserkoren, die Lehren Zarathustras unter die gesamte Menschheit zu tragen, reiste Hanish um die halbe Welt. Er soll den Papst, den russischen Zar Nikolaus und den deutschen Kaiser Wilhelm besucht haben, bevor er sich schließlich 1900 in den USA niederließ und in Chicago als Dozent für Ernährungslehre tätig wurde. Hier gründete er auch das Mazdaznan-Wissenschaftszentrum und schrieb seine Lehren in über 21 Büchern nieder.

Soweit die abenteuerliche Geschichte eines herzkranken persischen Jungen, der auf wundersame Weise gerettet und erleuchtet wurde. Im Gegensatz zu Hanishs eigenen Angaben lesen sich andere Biographien deutlich nüchterner. Mal hat er nach einem Schiffbruch als einziger überlebt, dann wird sein Geburtsdatum 22 Jahre später angegeben oder sein Geburtsort nach Posen verlegt, von wo aus er als Schriftsetzer in die USA auswanderte. Auch über seine akademische Karriere gibt es kaum Belege.[33] *Meyers Personenlexikon* bezeichnet ihn schlicht als amerikanischen Sektengründer deutscher Herkunft, geboren 1854. Für die Mazdaznananhänger sind diese unterschiedlichen Viten lediglich böse Verleumdungen, die die Autorität des Meisters in Frage stellen könnten. Sie glauben weiterhin an die Version von dem persischen Arier, der in Tibet erleuchtet wurde.[34]

Eines ist jedenfalls unstrittig: Hanish begann seinen missionarischen Eifer in den USA. Frieden auf der ganzen Welt und ein Paradies auf Erden waren seine Versprechungen. Sich selbst und seinen Nachfolgern, den Elektoren, sprach Hanish die volle Autorität von Führern zu, die die Geschicke der Mazdaznanbewegung leiten sollten. Seine Organisation, die »Reorganized Mazdaznan Temple Association of Associates of God«, war streng hierarchisch strukturiert und gliederte sich in drei Grade der Erleuchtung. Der höchste Grad wurde mit der Priesterweihe abgeschlossen. Von Kalifornien breitete sich die Mazdaznanbewegung über die ganze Welt aus. Im deutschen Sprachgebiet übernahm 1907 der Schweizer David Ammann den Aufbau mehrerer Mazdaznanlogen in allen großen Städten Deutschlands. 1914 wurde Ammann aus Leipzig ausgewiesen, weil die Behörden die Mazdaznanlehre für gesundheitsgefährdend hielten und die Gefahr sahen, daß unkritische Gemüter verwirrt und verleitet werden würden.[35] Im August 1935 verboten die Nationalsozialisten die Mazdaznanbewegung wegen ihrer pazifistischen Ausrichtung und ausgerechnet wegen der Mazdaznanrassenlehre, die sich im Vorfeld des Nationalsozialismus nicht als ausgewiesen antisemitisch präsentierte und sogar einen eigenen jüdischen Staat forderte. Auf Grund der Wirren in Deutschland siedelten die Mazdaznanjünger in die Schweiz über und gründeten in Herrliberg am Zürichsee die Aryana-Kolonie (der Name »Aryana« dürfte von »Arier« abgeleitet sein). Hierher reiste der Meister Hanish mehrere Male, um seiner Bewegung im deutschsprachigen Raum den Rücken zu stärken. Eine Augenzeugin erinnert sich:

> »Hier will ich versuchen, ihn darzustellen. Doch kann ich seine Aura nicht mitzeigen. Sie reichte bis zum hintersten Platze! Weiß angezogen oder im grauen Fracke sah man ihn für gewöhnlich. In diesem sogenannten Bräutigamskleid, ein Geschenk des Ordens im fernen Osten, wo er aufgewachsen ist und belehrt wurde, erschien er immer zu großen Anlässen. Mit dem Ausruf ›Freudigkeit im Herzen‹ pflegte er seine Heiligen zu begrüßen ... und aus Hunderten von Kehlen klang bewegt zurück: ›Freudigkeit im Herzen‹.«[36]

Derartige Riten haben sich bis auf den heutigen Tag in der Schweiz erhalten. In Herrliberg erinnert eine Gemeindechronik an das Leben der Mazdaznankommune: »Zum Leben in der Aryana gehörten esoterische Zeremonien, zarathustrische Mystik, ein Vokabular mit klangvollen Exotismen, schwärmerische Meisterverehrung, geistige Hierarchien und viel Überschwang auch bei an sich banalen Gelegenheiten.«[37] Bei Erinnerungstreffen wird diese alte Gemeinschaft heute noch hochgehalten: »›Freudigkeit im Herzen‹ war auch 1991 die Grußformel der Einladung zum Freundestreffen in Neuenburg.«[38]

Hanish bereiste auch andere europäische Städte und erreichte überall dieselbe überhöhte Verehrung als Guru. Während einer Gedenkfeier berichtete ein älterer Mazdaznananhänger über seine Begegnung mit Hanish: »In Hannover und Leipzig füllte in den 20er Jahren der Meister ganze Säle. Mit seinen strahlenden blauen Augen zog er Menschenmengen in seinen Bann. Der Meister brauchte gar nichts zu sagen, nur dazusitzen. Schon waren die Menschen fasziniert. Und das waren nicht nur Mazdaznanen.«[39]

In den dreißiger Jahren zerbrach die Aryana-Kommune am Schweizer Herrliberg wegen innerer Streitigkeiten. Eine Mazdaznananhängerin gründete über dreißig Jahre später im Kanton Aargau 1967 die Aryana-Akademie, der ein Archiv, ein Studienzentrum und ein Verlag angeschlossen sind.[40] Mazdaznangesellschaften gibt es in zwölf Ländern der Erde. In etwa zwei Dutzend deutschen Städten bestehen weiterhin Vereinigungen; hinzu kommen die Jugendgruppen und die Frauenföderation. In den USA entstand in San Diego ein neues Mazdaznanhauptquartier mit Kirche und Gästeräumen. Die Anschrift dort lautet sinnigerweise »Aryana Drive«.

Trotz aller organisatorischen Schwierigkeiten und der Sorge um den Nachwuchs bei den Jugendlichen ist die Mazdaznanbewegung ihrer Grundlehre immer treu geblieben. Die Lehren des Meisters Hanish gelten weiter als unumstößlich. Sie basieren auf den Weisheiten Zarathustras, die man ohne zu übertreiben als die ältesten rassistischen Lehren der Welt bezeichnen kann. Im zarathustrischen Glauben wird davon ausgegangen, daß die Gottheit »Yehi« zu Beginn der Schöpfung je ein Menschenpaar verschiedener Rassen geschaffen hat. Vor rund 14000 Jahren erkor Yehi dann die weiße Rasse zu seinem auserwählten Volk.[41] 3000 Jahre später sollte ein königliches Paar im Hindukusch aus der weißen Rasse eine noch edlere Rasse, die besagte Alabasterrasse, schaffen. Der Legende nach zeugte das Paar die Tochter Ainyahita, die bereits »vorgeburtlich« erzogen wurde, mit Gott Gespräche führte und das sogenannte »Offene Buch der Natur« lesen konnte. Ainyahita gilt in der heutigen Mazdaznanbewegung als Stammutter der arischen Rasse.[42]

Um 6870 vor Christus erhielt ein Zarathustra, das heißt ein oberster Priester, den Auftrag, die arische Glaubenslehre zu verkündigen. Diesem ersten Zarathustra zufolge muß sich jedes Volk streng vor einer »Entartung durch Blutmischung«

hüten. Ihm folgten viele andere. Auch Moses, Jesus, Moham-
med und Buddha sollen die zarathustrischen Lehren aufgenommen und weiterverarbeitet haben. Mit der katholischen
Kirche ging dann dieser ur-arische Glaube zu Grunde, bevor
er im 18. Jahrhundert durch die Freimaurer wiederbelebt wurde. Aber erst Hanish stellte sich in die Tradition der obersten
Priester und erkor sich selbst zum neuen Meister. Er war es
auch, der der wiedererstarkten Bewegung den Namen Mazdaznan gab, und er war es auch, der den heutigen religiösen Ab-
solutheitsanspruch dieser Lehre formulierte: »Mazdaznan ist
das älteste und umfassendste Lebenssystem, das den Menschen
je gegeben wurde; es umfaßt die Gesamtheit aller grundlegenden Wahrheiten, die im Keller aller großen philosophischen,
soziologischen, wissenschaftlichen oder religiösen Systeme,
die die Menschheit hervorbrachte, niedergelegt sind.«[43]
Hanish verfolgte das Ziel, die »im Blute verunreinigten« Arier
durch eine zielbewußte Eugenik der Rasse wieder zu einen, um
so den religiösen Urwahrheiten der Arier wieder ein Stück
näherzukommen.[44] Zur Erreichung dieses Ziels formulierte
Hanish eine Reihe von Übungen und Kulthandlungen, die die
Mazdaznanlehre komplettieren.

Selbstdiagnose und Atmung: Mazdaznan in der Praxis

Als eine Methode, um zur Selbsterkenntnis zu gelangen,
propagieren die Mazdaznanen die sogenannte »Selbstdiagno-
se«. So auch der Titel eines Mazdaznanbuchs. Danach soll das
Studium der Schädel- und Körperformen dem Menschen sein
eigenes Wesen erklären. Auch sein Temperament und seine
Neigungen seien auf so körperliche Merkmale wie die Ausformung des Schädels zurückzuführen.[45]
Neben der streng vegetarischen Ernährung mit der kultisch

DER BEWUSSTE
ATEM

Die sieben rhythmischen
Atemübungen

Auszüge aus Werken und Vorträgen
von Dr. O. Z. A. HA'NISH
zusammengestellt von P. MARTIN

MAZDAZNAN - VERLAG - GENF

Hanishs Atemlehre

überhöhten Linsenfeier ist die Atemlehre des O.Z.A. Hanish ein weiteres zentrales Element im Mazdaznanglauben. Dahinter verbirgt sich die Vorstellung, daß der Mensch zwei Lebenssysteme in sich trägt. Eines befindet sich im Herzen und sei für das Geistesleben zuständig, das andere liege in den Lungen und fördere das Naturleben. Mit einer bewußten Atmung soll die menschliche »Selbstentwicklung« und »Selbsterlösung« erreicht werden. So könne die richtige Atmung die brachliegenden Gehirnzellen wecken, die für eine höherentwickelte Rasse benötigt werden:

> »Jedesmal, wenn eine Zelle sich öffnet, aktiv wird, kommt uns das Gefühl der Freudigkeit, der Glückseligkeit, der Zufriedenheit, und der ganze Körper scheint uns illuminiert, durchstrahlt zu sein. Das sind 144000 Ausstrahlungen, die sich in unserem Wesen ihren korrespondierenden Lauf suchen. Sobald die Korrespondenz gefunden ist, gehen uns Offenbarungen auf, gleich einer Lotusblume.«[46]

Im Gegensatz zur verheißenen Wirkung lesen sich die Anleitungen für die unterschiedlichsten Atemübungen eher simpel und sind mit heutigen Methoden zur Sprecherziehung oder für das autogene Training vergleichbar. Die Yima-Ausatmungsübung zum Beispiel soll offenbarenden Charakter haben und bei Enttäuschungen, Krankheiten und Gedankenleere helfen. Kombiniert mit Naturheilmitteln könne damit sogar Krebs geheilt werden:

> »Stehend, sitzend und liegend entspannt man zunächst alle Teile des Körpers. Man zieht den Unterleib leicht ein, wölbt den Brustkorb und behält seine Muskeln unter Kontrolle. Man atmet langsam aus, ohne den Brustkorb zu bewegen. Man leert die Lungen auf das äußerste, bis man nicht mehr ausatmen zu

können glaubt. Dann stellt man jede Atemtätigkeit ein und bewegt sich nicht. Man konzentriert sich vollkommen auf diesen Ruhezustand und zählt im Stillen bis 10, 15 oder sogar zwanzig, oder man spricht in Gedanken ein Gedicht. Dann atmet man tief, aber ohne Anstrengung durch die Nase ein; unmittelbar darauf atmet man von neuem langsam und tief aus; dann hält man ebenso lange an wie vorher, atmet wiederum ein und wiederholt dasselbe vier-, fünfmal. Es ist ratsam, die Übung mindestens alle zwei bis drei Stunden zu machen.«[47]

Mit dem richtigen Atmen lassen sich in der Mazdaznanlehre sogar übersinnliche Fähigkeiten wie Gedankenübertragung und Hellsehen erreichen. Alles Eigenschaften, die die weiße Rasse künftig neu entwickeln soll, um mit dem richtigen Atmen auch nach der Weltherrschaft zu greifen: »Die Führung der künftigen Weltordnung wird dem Volk gehören, das sich den befreienden, erlösenden und individuellen Atem zu eigen macht.«[48]

In der *Biblischen Gegenwart* bemüht sich der Meister Hanish um die wissenschaftliche Reputation seiner Atemlehre. Sie sei urkundlich aufgezeichnet und gründlich erprobt, »von den größten weltbekannten Gelehrten und hervorragendsten Wissenschaftlern als das einzig unnachahmliche System anerkannt«.[49] Konkrete Quellen führt der Meister aber nicht an. Von den Atemübungen gibt es bei den Mazdaznanen zahlreiche Variationen, die für fast jede Gelegenheit zu gebrauchen sind. Selbst das richtige morgendliche Erwachen kann mit der passenden Atemübung schon vor dem Einschlafen vorbereitet werden. Auch dieses Atem-Sammelsurium ist in vielen Teilen kultisch überhöht und verdeutlicht die sektenähnliche Struktur der Mazdaznanbewegung. Auch Gebete und Gesänge gehören dazu, die die Atemübungen und den Tag der Mazdaznanen begleiten sollen. Natürlich hat es sich Meister Hanish persönlich nicht nehmen lassen, die meisten der über 400 Lieder für das »Avesta«-Liederbuch selbst zu schreiben. Ein Auszug aus dem Inhaltsverzeichnis läßt Altbekanntes erkennen:

¤ »Es kommt der große Meister«,
¤ »Mazda, mein Führer«,
¤ »Meinen Meister seh ich gehn«,
¤ »Wiedergeburt der Rasse«,
¤ »Rassenverwandtschaft«,
¤ »Deutsches Volk«.[50]

Die Mazdaznanmethoden werden ergänzt durch eine Reihe weiterer Überzeugungen. Ähnlich wie im Nationalsozialismus und wie in heutigen rechtsextremen Gruppierungen der Germanisch-Gläubigen wird der Frau die Rolle der Mutter zugeschrieben. Sie gilt als Trägerin der Wiedergeburt und kann schon vor der Geburt eines Kindes durch ihr Verhalten und ihr Denken Einfluß auf sein künftiges Wesen nehmen. Die Mazdaznanen nennen das vorgeburtliche Erziehung:

»Deshalb ist es für jede Frau, die sich höher entwickeln will, und besonders für jede Mutter, der einzige richtige Weg, daß sie sich bemüht, mit Hilfe ihrer verfeinerten Geburtsorgane ihre Wiedergeburt in Gang zu bringen und in Gang zu halten, damit ihre geistigen Kräfte wirksam werden können und sie als werdende Mutter das Prinzip der geistigen Mutterschaft verwirklicht.«[51]

Die Frau verkommt dabei zu einer Geburtsmaschine. Ihr primäres Ziel muß es nach Mazdaznan sein, gesunde und reine Arier zu gebären. Deshalb wird die Abtreibung auch vehement abgelehnt und das Leben des ungeborenen Kindes als unantastbares Gut angesehen. Immerhin reinkarniert in der Mutter

Wiedergeburt der Rasse.

Polnische Melodie.

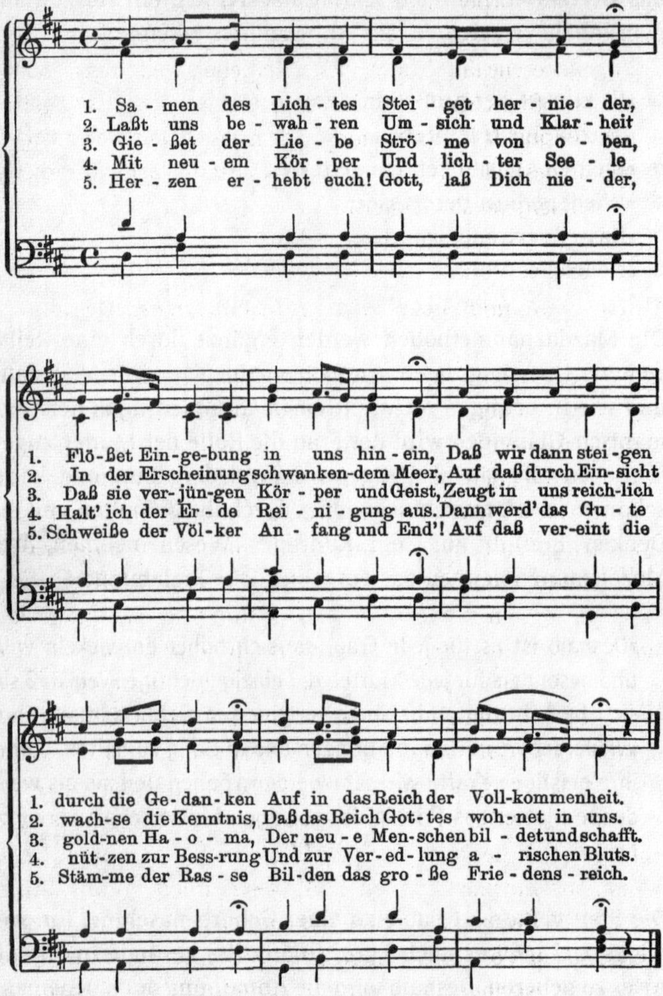

1. Sa - men des Lich - tes Stei - get her - nie - der,
2. Laßt uns be - wah - ren Um - sicht und Klar - heit
3. Gie - ßet der Lie - be Strö - me von o - ben,
4. Mit neu - em Kör - per Und lich - ter See - le
5. Her - zen er - hebt euch! Gott, laß Dich nie - der,

1. Flö - ßet Ein - ge - bung in uns hin - ein, Daß wir dann stei - gen
2. In der Erscheinung schwanken - dem Meer, Auf daß durch Ein - sicht
3. Daß sie ver - jün - gen Kör - per und Geist, Zeugt in uns reich - lich
4. Halt' ich der Er - de Rei - ni - gung aus. Dann werd' das Gu - te
5. Schweiße der Völ - ker An - fang und End'! Auf daß ver - eint die

1. durch die Ge - dan - ken Auf in das Reich der Voll - kommenheit.
2. wach - se die Kenntnis, Daß das Reich Got - tes woh - net in uns.
3. gold - nen Ha - o - ma, Der neu - e Men - schen bil - det und schafft.
4. nüt - zen zur Bess - rung Und zur Ver - ed - lung a - rischen Bluts.
5. Stäm - me der Ras - se Bil - den das gro - ße Frie - dens - reich.

Aus Avesta im Lied, *dem Liederbuch der*
Deutschen Mazdaznanbewegung (1975)

248

eine Seele, die auf ihre geistige Höherentwicklung wartet und die auf den Körper der Frau angewiesen ist:

> »Der geborene Kindeskörper ist das Ergebnis vielfältiger, zusammengefaßter chemischer Vorgänge, und die Geburtsorgane der Mutter sind das Laboratorium, in dem das chemische Endergebnis hergestellt wird, das also vom Zustand der mütterlichen Geburtsorgane abhängig ist.«[52]

Organisation und Finanzierung der Mazdaznanbewegung

Die Finanzstruktur des europäischen Mazdaznanzentrums und der Neuzeitlichen Diät- und Lebensschule in Bringhausen läßt sich nur schwer durchschauen. Die Mittel sind eine Kombination aus Spenden, Seminargebühren und Zuwendungen aus einer Stiftung. Das Stiftungsrecht macht hier eine Recherche ausgesprochen schwierig, denn Stiftungen müssen nicht öffentlich belegen, wieviel Geld sie an wen ausgeschüttet haben. Aber die Vereinssatzung offenbart: Hinter der heutigen Mazdaznanbewegung steht zumindest ein potenter Geldgeber, der schon seit Jahrzehnten mit vollwertiger Ernährung viel Geld verdient hat. Sein Name: Alfred Batscheider. Batscheider besaß einen der größten deutschen Brotkonzerne, zog sich dann auf sein Altenteil am Luganer See zurück und finanzierte von dort aus die NDL. In der Vereinssatzung wird er als besonderer Vertreter geführt, der auf fast alle Entscheidungen des Vorstands Einfluß nehmen kann oder ihnen vorab zustimmen muß. Zwar existieren – wie bei jedem Verein – auch in der NDL ein Vorstand und eine Mitgliederversammlung. Entscheidend ist aber der unter § 5 aufgeführte besondere Vertreter:

»Herrn Batscheider ist folgender Geschäftskreis zugewiesen:

a) Bestimmung über die Verwendung der unentgeltlichen Zuwendungen, welche der Verein von Herrn Alfred Batscheider, Frau Maria Batscheider und der Maralba-Stiftung, Sitz München, erhält, insbesondere die Bestimmung über Art, Umfang und Ausführung der aus diesen Zuwendungen finanzierten Investitionen,

b) Anstellung, Überwachung und Entlassung eines für die kaufmännischen Vereinsangelegenheiten verantwortlichen Geschäftsführers/in, eines Küchenleiters/in, einer für den Beherbergungsbetrieb verantwortlichen Hausdame und eines Leiters des biologischen Gartens ...

Als besonderer Vertreter ist Herr Alfred Batscheider berechtigt, den Verein bei allen Rechtsgeschäften zu vertreten ...«[53]

Da Batscheider auch noch jeder Satzungsänderung zustimmen muß, scheinen Vorstand und Mitgliederversammlung in der Neuzeitlichen Diät- und Lebensschule vollends entmachtet. Der Ex-Brotfabrikant ist hier bis zu seinem Tod 1995 uneingeschränkter Chef gewesen. Und auch noch über seinen Tod hinaus macht er seinen Einfluß geltend. Immerhin soll ein großer Teil der NDL-Finanzierung über die von Batscheider gegründete Maralba-Stiftung in München laufen.[54] Ein Stiftungsbevollmächtigter kann nun bei Bedarf an Stelle von Batscheider über die Geschicke der NDL entscheidend mitbestimmen.

Das Engagement des Brotfabrikanten Batscheider über seinen Tod hinaus überrascht nicht. Denn Batscheider stellte sein Brot nach dem speziellen »Simonsverfahren« her. Das Simonsbrot war ein Vollkornbrot, das als besonders gesund galt und mit »lebensreformerisch« beschrieben wurde. Damit gab es zwischen Batscheider und Mazdaznan, zumindest was die Philosophie einer gesunden Ernährung angeht, eine deutliche Nähe. Das Simonsbrot wurde Anfang des 20. Jahrhunderts auch von dem rechtsextremen ariosophischen Vordenker Lanz von Liebenfels sehr geschätzt.[55] In seiner *Theorie der natur- und artgemäßen Ernährungs- und Lebensweise* schrieb er: »Wer Brot unbedingt essen will, esse nur das herrliche Simonsbrot«, und er endete seine Ausführungen mit der Parole: »Wohlan gehen wir den Weg zurück zur Natur, Rasse und Gott.«

Um Interpretationen derartiger Verbindungen vorzubeugen, bemüht sich die von Batscheider genehmigte Satzung der Neuzeitlichen Diät- und Lebensschule in ihren Zielen um einen internationalen Anstrich: »Schließlich soll durch das Zusammentreffen von Menschen verschiedener Nationalität die Förderung internationaler Gesinnung, der Toleranz auf den Gebieten der Kultur und des Völkerverständigungsgedankens in Seminaren gepflegt werden.«[56] Solche Absichtsbekundungen werden jedoch durch die ideologische Realität in der NDL deutlich korrigiert. Nach wie vor gelten hier die heiligen Rassegedanken des Meisters Hanish, und die werden nicht nur von Mazdaznanen aufgenommen. Rechtsextreme Tendenzen lassen sich auch bei verschiedenen Seminarteilnehmern feststellen.

Bei den Religionsgesprächen in der NDL war in den letzten Jahren regelmäßig unter anderem der ehemalige nationalsozialistische Heimatforscher und rechtsextreme Ideologe Werner Georg Haverbeck zu Gast. Neonazis aus Dresden trafen sich ebenfalls hier und dokumentierten ihren Besuch in Bringhausen in einer ihrer Zeitschriften. In solche Gesellschaft kann der erholungssuchende Vegetarier ganz zufällig geraten, wenn er beispielsweise der Empfehlung des Gourmet-Reiseführers *Fit durch Deutschland* (1994) folgt, wo das Haus neben 600 anderen Restaurants folgendermaßen angepriesen wird:

>>Geboten werden Seminare über Ernährung, gesunde Lebensführung und Selbstfindung und eine ruhige, erholsame Atmosphäre.<<

11   Die Müller-Story

Gottfried Johannes Müller, im Nationalsozialismus als Mitglied der SA unter dem Decknamen »Weltikus« geführt, ist uneingeschränkter Herrscher des »karitativen« Großunternehmens »Bruderschaft Salem«. Ein Unternehmen, das seit nunmehr 40 Jahren mit Spendengeldern in Millionenhöhe umgeht, wobei ein Schwerpunkt die Kinder- und Jugendarbeit ist.

Müllers Anschauungen und Aktivitäten lassen sich in drei große Bereiche einteilen: Seine religiös-mystischen Vorstellungen, die teilweise einen esoterischen Charakter haben. Seine politisch deutsch-nationale Grundhaltung mit ausgesprochen rechten Tendenzen. Und eine ganz besondere Beziehung zum Geld.[1]

Der religiöse Fanatiker

»Müller sorgt alttestamentarisch für Zucht und Ordnung in seinem ›Christlichen Sozialwerk‹«,[2] bemerkt die *Fränkische Allgemeine Zeitung* 1983 über den Chef der Bruderschaft Salem (um Mißverständnissen vorzubeugen: die Bruderschaft hat keine Verbindungen zum berühmten Salem-Internat am Bodensee).

Seine Anschauungen verbreitet Müller seit 1973 bis auf den heutigen Tag in einer eigenen Zeitung. Gottfried Müllers Religion ist Müller selbst. Er feiert sich in der *Salem Zeitung* als Propheten und Samariter gleichzeitig. »Salem aber wurde von Gott geschaffen«,[3] behauptet Müller, wohl wissend, daß er Salem ist.

»Schließlich wurden wir auch nach Norddeutschland gerufen, und wir folgten dem Ruf«,[4] so beschreibt er die Entstehung des Kinder- und Jugenddorfs Kovahl in der Lüneburger Heide, eines der vielfältigen Projekte der Bruderschaft. Berufungen sind für ihn von fundamentaler Bedeutung, und er ernennt sich selber zu einem Leuchtturm »der Barmherzigkeit« und steht in einem dauerhaften »Kampf Licht gegen Finsternis«.[5] Eine solche Berufung führte auch 1957 zur Gründung der Bruderschaft, und selbst den Namen dieser Gesellschaft will er in einer für ihn typischen Selbstüberhöhung in einem religiösen Akt erfahren haben: »Auf einer einsamen Autofahrt von Frankfurt nach Stuttgart hörte ich in mir den Namen dieses neuen Werkes: Bruderschaft Salem.«[6]

Müller, der alle Kriterien eines Sektenführers erfüllt, sieht sich selber als Erretter der Welt. Im *Lexikon der Sekten*[7] sind Müller und sein Sozialwerk ebenso vertreten wie in einem der Standardwerke auf diesem Gebiet, in Kurt Huttens *Buch der traditionellen Sekten und religiösen Sonderbewegungen.*[8]

Für die von ihm immer wieder angekündigte Zeiten- und Schicksalswende bietet Müller im gleichen Atemzug entsprechende Hilfe an: »Diese ganz große, weltweite, vielleicht sogar kosmische Wende steht nicht nur ›bevor‹, nein, wir leben mitten drin in ihr. … Hier bietet Salem Rettung an. Hört auf das, was Salem lehrt, handelt danach.«[9]

Gottfried Müller vermischt seine christlich-mystischen Vorstellungen deutlich mit esoterischen Denkweisen. Er schreibt:

> »Der Stern von Bethlehem kommt wieder! … Wenn Jupiter und Saturn sich wieder zusammentun, werden sie wieder den Frieden ankündigen, nämlich das Neue Zeitalter, als ein Zeitalter des Friedens. … Freilich geht neben diesem Anbruch eines friedlichen Zeitalters ein Reinemachen unserer verwüsteten

Gottfried Müllers Meinungsblatt: Die Salem Zeitung

255

Erde einher. ... man spricht auch schon von bevorstehenden Katastrophen apokalyptischen Ausmaßes.«[10]

Mit solchen Heilserwartungen wird er auf seine Art als Vertreter des New Age erkennbar.

Neben diesen religiös-mystischen Vorstellungen ist Gottfried Müller auch ganz praktisch veranlagt. Nikolaus Brender, heute Chefredakteur des WDR Fernsehens, berichtete den Autoren in einem Gespräch von seinen persönlichen Erfahrungen mit Gottfried Müller im Jahre 1979. Nachdem Müller erfuhr, daß Nikolaus Brender journalistisch in Sachen Salem aktiv sei, trieb dieser ihn persönlich vom Salem-Gelände.[11] Brender beschrieb schon damals in der *Zeit* die Bruderschaft als »ein übles Gemisch aus religiösem Sektierertum, Blut-und-Boden-mystik und überständigem Gedankengut«.[12]

Prophet für Deutschland

> »Man soll in der ganzen Welt wieder, wie einst, ehrfürchtig von Deutschland reden ... Denkt daran, daß wir dem deutschen Namen und deutscher Güte in der weiten Welt wieder Hochachtung verschaffen. Durch unsere saubere, gesunde, tüchtige Jugend ...«[13]

Diesen Artikel aus der *Salem Zeitung* unterschreibt er wie öfter mit »Ihr dankbarer Gottfried Müller«. Gleich auf der folgenden Seite spricht er die Mittel und auch eine der Grundlagen für die Erziehung dieser »tüchtigen Jugend« an: Dort wird »Der (freiwillige) Salem Arbeitsdienst«[14] vorgestellt. Die Klammer hat Müller selbst gesetzt, und auch die Abkürzung dieser Institution ist bedeutungsvoll – SAD (Salem Arbeitsdienst) erinnert stark an den RAD, den Reichsarbeitsdienst im Nationalsozialismus. Daß das offensichtlich auch so verstanden wird, macht die Leserzuschrift eines Dr. W. von 1977 an die *Salem Zeitung* deutlich: »Sie wagen es, fast vergessene, aber vor 32 Jahren lebende und spezifisch deutsche Begriffe, wie Pflicht und Verantwortung als unverzichtbare Grundwerte des menschlichen Zusammenlebens zu betrachten an Stelle des heute nur noch gültigen Eigennutzes und Anspruchdenkens. Sie wagen es sogar, von einem ›Arbeitsdienst‹ zu sprechen, der der Masse der heutigen Jugend ein Schreckgespenst ist, obgleich er einmal die größte soziale Tat war, um die uns die ganze Welt beneidete.«[15]

Weitere zustimmende Briefe dieser Art finden sich in anderen Ausgaben der *Salem Zeitung,* womit sich auch ein Hinweis auf die Leser des Blatts ergibt. Dessen Leserschaft soll nach Müllers eignen Angaben früher in die Millionen gegangen sein, heute werden von der Zeitung pro Ausgabe immerhin stattliche 50000 Exemplare gedruckt.[16] Müllers Wertvorstellungen vermitteln sich über diesen »Arbeitsdienst« besonders griffig, aber auch andere Äußerungen lassen keinen Zweifel an seiner Einstellung: »Es gilt, wieder eine sittlich-moralisch saubere deutsche Heimat zu schaffen …«[17] Müllers nationale Gesinnung ist fester programmatischer Bestandteil der Bruderschaft Salem: »Es mögen sich die echten Deutschstämmigen Salem anschließen und Salem zu einem unerschütterlichen Damm gegen die Wogen der Vernichtung machen. Ja, noch mehr: Es soll dies europäische Herz endlich einmal das werden, wozu es vom Schöpfer berufen und bestimmt ist: Ein Licht für die Welt.«[18]

Die Kontinuität der politischen Ansichten zeigen neuere Ausgaben der *Salem Zeitung,* die ihren Titel in *Salem Hilfe* verändert hat. In der Juni-Ausgabe von 1996 findet sich über »die lieben Ausländer in unserem Dorf« folgendes: Diese »kehren nach Aussage eines (frommen) Sehers ohne jeden äußeren

Stimmen zum Thema Salem-Arbeitsdienst

Ich möchte Ihnen Mut machen, den Gedanken des Arbeitsdienstes noch intensiver zu fassen und auszubauen. Der allgemeine Arbeitsdienst wäre für unser Volk eine segensreiche Einrichtung.

W. B., Bad Rappenau

Wir müssen sehen, daß wir die Jugend für Salem gewinnen — dann haben wir die Zukunft gewonnen. Die jungen Menschen könnten den Gang der Geschichte ändern und Ungerechtigkeit, Haß, Kampf und Krieg in der Welt überwinden!

P. M., Extertal

Deutsche fordern Arbeitsdienst, Umfrage des Emnid-Instituts, Stuttgart:
52 % für Arbeitsdienst, wobei CDU, CSU und FDP mit je 56 % an der Spitze, aber auch SPD mit 43 % für Arbeitsdienst.

Leserbriefe aus der Salem Zeitung zum Salem-Arbeitsdienst

Anlaß in ihre Heimat zurück. Ein innerer Wunsch, ja Zwang löse diese Rückkehrwelle aus.«[19] Über einen weiteren Seher heißt es in diesem Salem-Blatt: »... es sei ihm unmißverständlich gezeigt worden, daß Gott jene Völker, welche sich Teile deutschen Landes angeeignet hätten, jetzt veranlassen würde, diese völlig freiwillig zurückzugeben.«[20]

Gottfried Müller versteht es mit großem Geschick, nur selten in der Öffentlichkeit aufzutauchen. Eine Aktion in den siebziger Jahren sorgte erstmals für kritische Fragen zu den Erziehungsmethoden bei Salem: 1974 initiierte Gottfried Müller eine Kampagne zur Freilassung zweier SS-Verbrecher, die noch in Italien in Haft waren. Er sammelte bei seinen Salem-Freunden Unterschriften und schrieb an den Bundespräsidenten. Er ließ sogar in seinen Kinder- und Jugendheimen für die SS-Leute Kappler und Reder beten.[21] Im Oktober 1944 hatte der SS-Hauptsturmführer Reder ein ganzes italienisches Dorf ausrotten lassen. Und der Obersturmbannführer Herbert Kappler ließ 1944 Hunderte von Menschen in der Nähe von Rom durch Genickschuß ermorden.

In seiner *Salem Zeitung* rief Gottfried Müller »zu einer gemeinsamen Gebets-Aktion auf, ... jeweils abends um 20 Uhr gemeinsam, jeder an seinem Ort: ›... erhöre das Gebet vieler Salem-Freunde und gib dem letzten deutschen Kriegsgefangenen in Italien, Herbert Kappler, und seinem Mitgefangenen, dem Österreicher Walter Reder, nach nunmehr 30jähriger Festungshaft die Freiheit.‹«[22]

Direkt unter diesem Gebet findet sich ein Bestellschein: »Ich interessiere mich für das Salem-Weihnachts-Menü, bitte senden Sie mir weitere Informationen über das Salem-Soja-fit und seine vielfältigen Anwendungen.«[23]

Die »heile Salem-Welt« mit ihrer Endzeiterwartung leitet Müller wie ein Guru und gründet dies auf seine »übersinnlichen« Fähigkeiten und seine prophetischen Eingebungen. Sein Weltbild stimmt in großen Teilen mit esoterischen Grundanschauungen überein, die sich auch in der Kinder- und Jugendarbeit wiederfinden. Unbedingter religiöser Gehorsam ist eines der pädagogischen Prinzipien von Salem. Das Landesjugendamt Niedersachsen sieht nach einer aktuellen Überprüfung von 1996 (siehe S. 275) keine Bedenken für das Kindeswohl in der Salemeinrichtung in Kovahl gegeben. Ganz anders die Bezirksregierung von Oberfranken, die 1981 das Wohl der in dem Salem-Dorf in Stadtsteinach untergebrachten Kinder »erheblich gefährdet« sah und ein Verfahren einleitete, um das Dorf zu schließen. Müllers Erziehungsmethoden seien auf eine »bedingungslose Anpassung« ausgerichtet. Deswegen hätten in den vergangenen zwölf Jahren 195 Erzieher in Stadtsteinach ihren Dienst quittiert, berichtete der *Stern* 1982.[24] Bereits im Frühjahr 1979 hatten sich die Westberliner Jugendämter entschlossen, keine weiteren Kinder in die Salem-Dörfer zu schicken. Die Gründe: Müllers Erziehungsmethoden und die »undurchsichtigen finanziellen Machenschaften der Bruderschaft«.[25] Die Westberliner Jugendämter hatten ein Jahr zuvor bereits auf die rassistischen Töne in der *Salem Zeitung* aufmerksam gemacht.[26]

Müller und das Geld

Nach Angaben unserer Informanten lautet ein zentrales Müller-Gebet wie folgt: »Lieber Gott, viel, viel Geld, Amen.«[27] Gottfried Müller macht mit allem und jedem Geld. In seiner Bio-Kur-Klinik in Stadtsteinach bei Kulmbach bietet er die Salem-Vollwertkost an, dazu kann man ein entsprechendes Salem-Kochbuch erwerben oder Getreide- und Ölsaatmühlen.

260

»Vermächtnisse läßt man Salem zukommen. Jetzt nimmt man Salem in das Testament auf, möglichst als Alleinerbe.«[28]

Gottfried Müller braucht gleich mit der Gründung von Salem 1957 in Stuttgart viel Geld. Schließlich ist Müller gelernter Kaufmann und geht professionell an die Sache heran. Doch von Beginn an wird er von Ermittlungs- und Gerichtsverfahren begleitet, in denen es um Spendenbetrug, Spendenmißbrauch und arglistige Täuschung geht.[29] Er übersteht diese Verfahren unbeschadet und sieht sich selber als Opfer von Verleumdungen, die aus dem Reich des Bösen stammen und sein großes Werk Salem behindern wollen. Aus geschäftlichen Gründen entwickelt er 1969 aus dem eingetragenen Verein Salem eine gemeinnützige GmbH, denn gemeinnützige Vereine dürfen keine Gewinne erzielen. »Schwierigkeiten mit den Behörden in bezug auf die Entziehung der Rechtsfähigkeit des Vereins«[30] waren der Auslöser für diese Umfirmierung. Das Amt für öffentliche Ordnung in München drohte damals mit der Auflösung der Bruderschaft Salem, weil der Verein »auf einen wirtschaftlichen Geschäftsbetrieb gerichtet sei«.[31] Heute ist Müller mit seinem »karitativen« Großunternehmen weltweit vertreten: »… in Israel, in Uganda, in Ruanda, über 30 Bewässerungs-Farmen in Namibia, Rumänien, Nordirak … und die zwei Dörfer in den USA«.[32] Darüber hinaus ist Salem inzwischen auch in Ostpreußen aktiv.

Teile seiner Finanzen wickelt Müller über seine Baseler »Helvetia« Stiftung in der Schweiz ab.[33] Eine weitere Stiftung will er in Liechtenstein haben, wie er unseren Informanten gegenüber erwähnte.[34]

»Spenden nicht empfohlen«, bewertete der Spendenratgeber *Markt der offenen Herzen* bereits vor über zehn Jahren die Salem-Aktivitäten und meint: »Sogar Finanzämter und Amtsgerichte haben offenbar kapituliert und lassen den Verein

Werbung für Das Salem-Kochbuch

weitermachen.«[35] In ihrem Buch *Rechte machen Kasse* beschreibt Franziska Hundseder ausführlich das »Salem-Netzwerk« und die verwirrenden Geschäftsaktivitäten der Bruderschaft, die sich dieser Darstellung zufolge eindeutig im rechtsextremen Spektrum bewegen.[36]

Berichte über Salem sind spärlich. Seit etwa 1980 war es Salem gelungen, sich vollständig abzuschotten und vor allem jede journalistische Nachfrage zu verhindern. Deshalb machten wir den Versuch, die politischen Einstellungen im Innenleben von Salem direkt zu überprüfen.

Die Millionenspende

Unser Informant Peter Jansen war bei seinen Kontakten mit der »Neuzeitlichen Diät-und Lebensschule« in Bringhausen bereits mehrfach auf die Salem-Bruderschaft verwiesen worden und auf eine Stiftung, die mit beiden Organisationen im Zusammenhang stehen sollte.[37] Stiftungen, vor allem solche im rechts-nationalen Bereich, sind nicht sonderlich auskunftsfreudig, denn bei der Finanzierung rechtsextremer Aktivitäten spielen sie eine außerordentliche Rolle. Nach deutschem Stiftungsrecht erhält man von den überwachenden staatlichen Stellen keine Informationen. Redseliger werden die Stiftungen selber allerdings bei potentiellen Spendern.

Wir finden einen älteren Schauspieler, der bereit ist, eine solche Spenderrolle zu übernehmen. Er wird im Duo mit Peter Jansen als dessen väterlicher Freund Josef aktiv. Dies hat dazu den Vorteil, daß es für alle Gespräche zwei Zeugen gibt. Der Besuch von »Josef« und Peter Jansen bei der erwähnten Stiftung, deren Name hier unwichtig ist, brachte zwar keine nennenswerten Ergebnisse, aber der persönliche Kontakt und der Verweis auf den Besuch bei dieser Stiftung, unterfüttert mit ein paar entsprechenden Namen, öffnete die Wege zu Gottfried Müller. Der Kontakt zur Stiftung schuf so etwas wie einen Insiderstatus und damit eine erste Vertrauensbasis.

Ungewöhnlich schnell, ohne die sonst üblichen Überprüfungen, kam es zu einem Termin für ein Treffen zwischen Gottfried Müller und unseren beiden Informanten. Der angebliche Millionär Josef stellte Müller eine Spende in Höhe von einer Million Mark in Aussicht – allerdings wolle er zuvor herausfinden, ob diese Spende auch in die richtigen Hände käme. Peter Jansen stellt sich bei dieser ersten Begegnung als ungestümer junger Nationaler vor, der von seinem älteren Freund immer wieder gebremst wird, aber natürlich läßt auch Josef seine deutsch-nationale Einstellung durchblicken. Gottfried Müller ist von dieser Vorstellung überzeugt und gibt sich den beiden gegenüber offen.

Nach den sofort im Anschluß an dieses Treffen gefertigten Gedächtnisprotokollen ergeben sich folgende Aussagen Müllers. Es sind Klassiker rechtsextremer Positionen: Hitler habe den Krieg nicht angefangen (Müller bestreitet heute, diese Aussage gemacht zu haben), die Polen wären schon über die Grenze gewesen. Ostpreußen sei deutsches Land, und im Jahre 2000 würde das »Deutsche Reich« wieder erstehen. Die Jugend sei falsch programmiert, sagt Müller nach diesen Notizen, und daß ein Schwarzer mit einer weißen Frau ins Bett geht, ginge nicht.[38] Der Millionär Josef fragt interessiert nach, ob »denn gewährleistet sei, daß die Einstellungen Müllers sich in der Pädagogik seiner Kinderdörfer wiederfinden«. Dies wird von Müller eindeutig bestätigt: Alles Wesentliche sei unter seiner strengen Kontrolle. Geld, Ideologie, Religiosität und die Überwachung der Erziehung.[39] Gottfried Müller gibt unseren beiden Informanten quasi zur Bestätigung eine Vollmacht zum Besuch des Kinderdorfs Kovahl, »der Perle der Kinderdörfer«.[40] Der Besuch unserer Informanten in Kovahl folgt nur wenige

AUF GOTT VERTRAUEN!

Die

Salem-Hilfe

Mitteilungen des christlichen gemeinnützigen Hilfswerkes Salem

Kinder- und Jugenddörfer im In- und Ausland, Zentrale: D-95346 Stadtsteinach, Salem-Siedlung
Initiative für Tier-, Natur- und Umweltschutz - Alternativen zum Tierversuch
Bio-Kurklinik Lindenhof Salem, Haus für Prävention u. Rehabilitation, staatl. anerkannt, beihilfefähig

 Salem

23. Jahrgang
Nummer 2
Juni 1995

Liebe Freunde,
kurz vor Erscheinen dieser Ausgabe der „Salem-Hilfe" kamen wir in eine „fürchterliche Notlage": die für die Hilfsstellen in der Welt (Uganda, Ruanda, Namibia, Kolumbien, Indien, Rumänien, Bolivien, Ostpreußen usw.) erforderlichen Gelder waren nur zum Teil eingegangen.

Ich schrieb - innerlich getrieben - an eine Anzahl meiner/unserer Freunde, die uns aus der schlimmsten Not herausführten. Danke!

Was war geschehen?

Die vorhergehende Ausgabe der „Salem-Hilfe" enthielt auf der Stirnseite einen **Aufruf zum Gebet für die Heimat, für das deutsche Volk.**

Das rief natürlich die Kräfte des Bösen auf den Plan, die auf vielfältige Art versuchte, uns „den Boden zu entziehen", Salem kaputt zu machen. Es gelang ihnen nicht.

Welch eine Aufgabe müssen wir doch haben, wenn so gewaltige Kräfte gegen uns auftreten!?

Die Aufgabe: Mission!
Neben der bisher von Salem ausgeführten Tat der Barmherzigkeit ommt jetzt eine geistig-geistliche Tat der Barmherzigkeit: **den Menschen des slawischen Raumes im Osten Europas,** besonders **Rußlands** Jesus Christus aufs neue nahe zu bringen.

Diese Aufgabe steht uns bevor.

Auch das tut Salem!

Von Ostpreußen aus. Von Siebenbürgen aus. Letzten Endes von allen (christlichen!) Salem-Stellen in der Welt aus.

Freunde, Brüder und Schwestern, macht mit bei dieser Arbeit für Christus und unterstützt die besonders geistig so notwendige (Notwendende!) herrliche Arbeit: Land für Christus! Menschen für Christus!

Mit freundlichen Grüßen

Ihr

(Gottfried Müller)

SALEM-LAND
SAMARITER-LAND
CHRISTUS-LAND

Erfüllung der Bitte aus dem Vaterunser:
„Dein Reich komme!"
Wir von Salem erkannten den Auftrag, den rechten Weg, erfüllen und gehen ihn.
In Gottes Namen: Seien Sie unser Weg-Gefährte!
Gottfried Müller

Die Aufgabe von Salem ist:

Da und dort auf Erden ein Stückchen Himmelreich, Friedensreich, **wirk-**lich anbrechen zu lassen.

Was ist das: Himmelreich!?

Es ist das und da, wo Frieden herrscht, Harmonie, Wahrheit, Schönheit, Gerechtigkeit, kurz: Wo die Gebote, Gesetze (!!!) Gottes, des „Schöpfers Himmel und Erde" eingehalten werden.

Es sind z.B. die **Naturgesetze.** Die von der jetzigen Menschheit nicht nur nicht eingehalten, sondern mutwillig verworfen werden.

Was zur Auflösung der Lebensordnung führt, zum Tod der gesamten Schöp-fung: Mensch, Tier, Pflanze, Wasser, Erde, Luft . . . **Oder nicht!!!**

Nämlich dann nicht, wenn Menschen und Menschengruppen da und dort auf Erden, aus Liebe zum Schöpfer, bemüht sind, die göttlichen Gebote, Gesetze (!!!) zu befolgen, zu ver-wirk-lichen,

wie das Salem bewußt tat, tut und weiterhin tun will.

Trotz der Aufgebote der Höllenmächte, welche dieses Tun „Gott zu dienen, IHN zu ehren" auf teuflischvielfache Weise aufzuhalten, zu stören, bemüht sind. Wenn sie es nicht schon verhindern konnten, können . . .

AIDS-Hilfe in Salem-Uganda

Im Salem-AIDS-Tageszentrum werden Hand- und Näharbeiten hergestellt, damit die Kranken etwas Geld verdienen und ihnen über ihre Krankheit ein wenig hinweggeholfen wird.

Die Krankheit greift weiter um sich. Um der Seuche etwas Herr zu werden, mußten AIDS-Berater ausgebildet werden. Dazu haben wir einen fachlich qualifizierten Betreuer für unsere 125 Barfuß-Doktoren und die 42 Hebammen angestellt.
Schwester Gertrud

Letzte Meldung aus Uganda:

„Letzte Woche kam der deutsche Botschafter mit einer deutschen Regierungs-Delegation zu uns zu Besuch, die sich zu mehrtägigen Gesprächen mit der ugandischen Regierung hier aufhielt. Ihr Eindruck von Salem: sehr positiv . . ."
Uli Bierbach

Titelblatt der Salem-Hilfe vom Juni 1995

Tage danach, bereits durch Gottfried Müller telefonisch avisiert. Hier bestätigt der Leiter Manfred Olszewski die Angaben von Gottfried Müller.[41] Auch der »Arbeitsdienst« wird in Kovahl angesprochen. Olszewski zeigt Peter Jansen und dem angeblichen Millionär einen offen ausgehängten Wochenplan, auf dem die Arbeitszeiten der Kinder und Jugendlichen eingetragen sind. Danach geht es selbst samstags und sonntags um 7.00 Uhr zum Beispiel in den Pferdestall zum Ausmisten. Der Arbeitsplan ist überschrieben mit »Pflichten«. Der Leiter in Kovahl erklärte, das müsse man den Behörden gegenüber so machen.[42]

Peter Jansen berichtet über den Besuch im Kinderdorf Kovahl: »Die Olszewskis empfingen uns und waren durch Gottfried Müller ganz offensichtlich auf uns gründlich vorbereitet. Die Kinder machten auf uns einen verschüchterten, fast ängstlichen Eindruck. Als ein älteres Mädchen bemerkte, daß man, selbst wenn man könnte, sogar am Wochenende aus Kovahl nicht rauskäme, erntete sie einen harschen Blick von Olszewski und schwieg danach. Im Dorf wohnen etwa 30 Kinder, die allesamt auch in der angegliederten biologischen Landwirtschaft ihre Arbeiten verrichten müssen. Aus Kovahl wurden wir von einem jungen Erwachsenen, der sein Leben in verschiedenen Salem-Dörfern verbracht hat, nach Lüneburg gefahren. Dieser erzählte uns freimütig, daß man vor allem in der Schule oft zwischen den Stühlen säße, vor allem weil man ja wisse, daß Hitler den Krieg nicht angefangen hat.«[43]

Eine weitere Recherche ergibt allerdings, daß Müller scheinbar auf das Geschehen im Kinderdorf Kovahl heute kaum noch Einfluß nimmt. Auch der von Olszewski unseren Informanten präsentierte »Arbeitsdienst« scheint eher eine Inszenierung für den angeblichen Millionär gewesen zu sein, um möglichst rasch an die Millionenspende zu kommen. Die Kinder und Jugendlichen in Kovahl werden nach verschiedenen Aussagen von Betroffenen eher sich selbst überlassen.[44] Das Kinderdorf dient offensichtlich zu einem Teil als Einnahmequelle und um potentiellen Spendern vorgezeigt zu werden.[45]

Es folgt noch ein weiteres, wiederum sehr kurzfristig vereinbartes Treffen mit Gottfried Müller, in dem konkret über die Modalitäten der Geldübergabe gesprochen werden sollte. Durch die Wahl des Ortes – Bielefeld, eine Hotelsuite direkt gegenüber vom Hauptbahnhof – sollte die Anonymität unseres Millionärs gewahrt bleiben. Müller reiste gemeinsam mit seiner Frau aus Basel an, um detaillierte Vorschläge der Geldübergabe mitzubringen. Bei diesem rund zweistündigen Treffen wurde auch über Politik geredet, wobei sich die bereits beschriebenen Positionen von Gottfried Müller bestätigten.[46]

Die Bruderschaft Salem lebt von Spendengeldern. Welche Summen wie verteilt werden, läßt sich nicht sagen. Aber die Bruderschaft hat noch ganz andere Einnahmequellen.

Die Akte Filsinger

Gottfried Müller setzt auf die Jugend in seinen Kinder- und Jugenddörfern. Denn diese bringt ihm bares Geld: Die Jugendämter zahlen für jedes untergebrachte Heimkind einen festen Tagessatz.

1981 beschloß die Regierung von Oberfranken, das Kinder- und Jugenddorf Stadtsteinach zu schließen. Das ehemalige Salem-Kind Hans Dieter Filsinger überließ uns eine Akte, in der umfangreiches Material über diesen Vorgang gesammelt ist. Filsinger verbrachte annähernd zehn Jahre in verschiedenen Salem-Heimen und hat somit reichlich Erfahrungen mit dem Salem-Alltag sammeln können.

Eine wichtige Rolle in der Filsinger-Akte spielt der Erzieher

Lothar Kramer, der mit den pädagogischen Methoden bei Salem nicht einverstanden war. Durch eine umfangreiche Dokumentation über die Praktiken im Kinder- und Jugenddorf erreichte er eine unangemeldete und überraschende Überprüfung der Einrichtung und die Schließung des Heims. Gottfried Müller ließ durch seinen Anwalt Widerspruch dagegen einlegen, der auf 47 Seiten umfangreich begründet wurde.[47] Im wesentlichen konzentriert sich dieser Widerspruch darauf, den Erzieher Lothar Kramer zu diskriminieren. So heißt es in diesem Schreiben über Lothar Kramer: »Es hat sich nämlich ferner herausgestellt, daß er sich an einigen ihm zur Erziehung anvertrauten Jugendlichen … sittlich vergangen haben dürfte.«[48] Ein entsprechendes Verfahren gegen Kramer wurde in kürzester Zeit von der Staatsanwaltschaft Bayreuth eingestellt. Weiter stellt der Salem-Anwalt Lothar Kramer als Intriganten dar, der andere Salem-Gegner ihm »völlig gefügig und abhängig« gemacht habe, und spricht von den Opfern »einer weitverbreiteten Kramer-Gläubigkeit«. Über Kramer heißt es außerdem: »In Wirklichkeit ist er ein Meister der Verstellung und ein pathologischer Lügner und Hasser.«[49] Nichts davon ist wahr. Der Sozialpädagoge Lothar Kramer ist lediglich ein überzeugter Gegner von Prügelpraktiken in Kinderheimen.

Die Begründung, mit der die Bezirksregierung die Schließung anordnete, ist auch im Hinblick auf das Salem-Dorf in Kovahl interessant:

»Die Erziehungsgrundsätze werden von den Prinzipien der Ordnung, Disziplin und Gehorsam bestimmt und orientieren sich an der ideologischen Auffassung von G. Müller. Davon ausgehend entwickelt Müller einen autoritären Führungsstil. Seinen Vorstellungen haben sich auch pädagogische Mitarbeiter unterzuordnen. Diskussionen über seine Erziehungsziele werden nicht zugelassen.«[50]

Diese Erziehungsgrundsätze konnte Hans Dieter Filsinger am eigenen Leibe verspüren. Er verfaßte darüber im November 1980 einen Erlebnisbericht:[51]

>»Das Verhältnis zwischen Gottfried Müller und uns Kindern war bedrückend. Herr Müller forderte etwas wie Dankbarkeit von uns ... Wenn er uns erwischte, daß wir unsere Hände in den Hosentaschen hatten, so haute er uns auf die Finger oder gab uns ein paar Ohrfeigen.«[52]

Das ist jedoch noch harmlos, verglichen mit jener Situation, als Müller das Salem-Kind des Diebstahls beschuldigte:

>»Eines Tages ging ich aus dem Haus 5, und gleich an der Türschwelle trat mir Herr Müller entgegen. Er packte mich so, daß ich Schmerzen verspürte, mit den Worten, >komm mit, du Klauer<. Er schleppte mich nun in sein Büro und fragte gleich: >Wo hast du das Geld?< Ich wußte nicht, was er meinte. ... Nun hatte er keine Geduld mehr, und er holte aus einer Ecke einen 1–2 cm dicken Stock. ... An Schläge war man ja in Salem gewöhnt, trotzdem spürte ich die Schmerzen. Warum auch nicht. Ich kann mich noch daran erinnern, daß der Stock nach einigen Minuten zerbrach. ... Schließlich steckte er mich in sein Nebenzimmer und sperrte die Tür zu. ... Nun kam er wieder in das Zimmer, diesmal kam er mit einer Reitgerte ... Dann drehte er mich um, zog mir die Hose runter und schlug mit der Reitgerte zu. Diesmal brüllte ich vor Schmerz. Wer noch nie mit einer Reitgerte Prügel bekommen hat, kann sich das nicht vorstellen, wie weh das tut. Nach ungefähr 25 Hieben hörte er auf zuzuschlagen ...«[53]

Aber auch die anderen Erzieher handelten in der Regel nach Müllers Prinzipien, wie Filsinger in seinen Erinnerungen beschreibt: »Frau Schröder, unsere Erzieherin, erzog uns so ähnlich in der Art wie Herr Müller. Der Vorteil war, daß sie uns nicht schlug. Außer einmal ein paar Ohrfeigen gab es nicht härtere Schläge.«[54] Im weiteren beschreibt Hans Dieter Filsinger einen Salem-Alltag, der ihm aber immer noch besser erschien, als ins Waisenhaus oder in ein Erziehungsheim zu kommen. Damit wurde den Kindern regelmäßig gedroht, und so ist Filsingers erleichtertes Fazit nur zu verständlich: »Heute, 1980, lebe ich in Hof, bin selbständig und führe mein eigenes Leben. Ich habe es geschafft, dem Heiminferno zu entfliehen.«[55]

Einen Teil dieses Infernos hat Filsinger im Oktober 1981 in einem »Schreiben an Zeitungen« beschrieben. Er berichtet darin über regelmäßige »Andachten« mit Gottfried Müller:

> »Jeden Samstag in den sogenannten ›Andachten‹ wurde uns bewußt angst gemacht mit Prophezeiungen, daß bald die Welt untergehen würde, durch Krieg und Vernichtung. Nur Salem würde überleben, und wir mußten uns benehmen, wie er es haben wollte, sonst würden wir ins Erziehungsheim kommen und mit untergehen. Diese ANDACHTEN waren für uns PFLICHT.«[56]

Auch nach weiteren Fällen zu urteilen herrscht für einen Teil der Kinder und Jugendlichen in Salem Gewalt, Terror, und religiöser Wahn.[57]

Die Regierung von Oberfranken sah in den erwähnten »Salem-Andachten« einen besonderen Beanstandungspunkt. Bei dieser ideologischen Dressur der Salem-Kinder – in Salem manchmal auch als »Heimabende« bezeichnet – spielt offensichtlich der Leiter des Dorfes in Kovahl, Manfred Olszewski, eine besondere Rolle. In der Begründung des Widerspruchs zum Regierungsbescheid findet sich nämlich folgende Feststellung: »Lediglich wurden um diese Zeit zweimal von Herrn Olszewski Heimabende abgehalten, als er von Kovahl zu Besuch in Stadtsteinach war.«[58] Innerhalb der Salem-Hierarchie muß man Olszewski als langjährigen Weggefährten von Gottfried Müller ganz weit oben ansiedeln.

Der Fall Staiger

Die Herrschaft des Müller-Partners Olszewski betrifft seit Jahren auch die drei Kinder von Aurel Staiger, dessen tragische Geschichte im Zusammenhang mit dem Kinder- und Jugenddorf in Kovahl erzählt werden soll. Es ist ein handfester Skandal in Sachen »Kindeswohl«.
Im April 1991 beging Aurel Staigers geschiedene Ehefrau Selbstmord. Seine drei Kinder kamen in dieser schmerzlichen Situation zunächst zu den Großeltern nach Bringhausen und in die Zuständigkeit des Jugendamts Göttingen. In Bringhausen hat auch die »Neuzeitliche Diät- und Lebensschule« ihren Sitz, von der es mögliche Verbindungen zu Salem gibt. Ein weiterer Hinweis auf das weit verzweigte Netzwerk.
Nach Angaben von Aurel Staiger wurden die Kinder vom Großvater persönlich, einem alten Bekannten von Gottfried Müller, in das Kinderdorf Kovahl gebracht.[59] Noch im selben Monat meldete Aurel Staiger dem Jugendamt, daß er sich wieder in der Lage fühle, sich um die Kinder zu kümmern. Das Jugendamt reagierte folgendermaßen: »Dem hiesigen Jugendamt sind jedoch Informationen über das Verhalten von Herrn Staiger bekanntgeworden, die es dringend angezeigt erscheinen lassen, vor einer Übertragung der elterlichen Sorge auf Herrn Staiger eine umfassende Überprüfung seiner tatsächlichen Erziehungsfähigkeit vorzunehmen.«[60] Der zuständige Mitarbeiter des Jugendamts in Göttingen beruft sich dabei auf

Aussagen der geschiedenen Frau Staigers und übernimmt bis zum Ende dieser Geschichte deren Position.[61]

Von 1991 bis 1997 folgte eine Auseinandersetzung um die Kinder zwischen einem äußerst fragwürdigen Bündnis von Jugendamt und Kinderdorf auf der einen Seite und dem Vater der betroffenen drei Kinder auf der anderen. In einem Gutachten über Aurel Staiger stellt der Familientherapeut Prof. Uwe Jopt schließlich 1996 dessen »Erziehungsfähigkeit« uneingeschränkt fest. In diesem umfangreichen Gutachten schreibt er:

> »Ich jedenfalls kann es nur noch als einen ungeheuerlichen Skandal bezeichnen, daß man die Kinder in der schlimmsten Situation ihres Lebens nicht nur in ein Heim verbringt … (wie mir die Kinder selbst berichteten, gab es damals dort keinerlei anlaßbezogene therapeutische Stützung oder Begleitung). Darüber hinaus verweigert man ihnen über viele Monate hinweg zusätzlich auch noch jeglichen Kontakt mit ausgerechnet demjenigen Menschen, der als ihr Vater als einziger (!) in der Lage gewesen wäre, in Vertrautheit und Intimität mit ihnen zu trauern und zu weinen.«[62]

Der Gutachter konnte die Wirklichkeit in Kovahl auch am eigenen Leib erleben. Nach ersten Gesprächen mit den betroffenen Kindern wurden ihm weitere Besuche verboten. Das Jugendamt in Göttingen hatte ein solches Hausverbot empfohlen. Einen vom Gericht bestellten Gutachter mit Hausverbot zu belegen – das dürfte wohl einmalig sein.

Aurel Staiger bekam erstmals nach etwa sechs Monaten die Erlaubnis, seine Kinder zu sehen. Bei diesem Besuch wurde Staiger, dessen einer Elternteil aus Rumänien stammt, von seiner Tochter erzählt: Dann wäre er, Aurel, ja ein halber Ausländer, und sie somit zu einem Viertel.[63] Eine solche

Einschätzung, die sicher nicht von der Tochter selbst stammt, entspricht der nationalsozialistischen Rassenlehre.

Die Situation eskalierte, nachdem das Amtsgericht Göttingen Ende 1991 einem »zweifelhaften Gutachten« widersprach und dem Vater das Sorgerecht für alle seine drei Kinder zusprach. »Unverzüglich ging das Jugendamt über diese rechtlich wie menschlich einzig richtige Entscheidung in Beschwerde, sprach unter Berufung auf das Gutachten von einer ›erheblichen Gefährdung des Kindeswohls bei einer alleinigen Übernahme der Verantwortung durch den Vater‹ ...«[64]

Die Kinder wollten zu diesem Zeitpunkt bei ihrem Vater leben. Aurel Staiger schickte Pakete und Karten an seine Kinder, die zurückgesandt wurden. Er wandte sich über einen Mitarbeiter an einen seiner Söhne, aber scheinbar verhinderte die Heimleitung diese Kontaktaufnahme.[65]

Aurel Staiger empfand dies als Gewalt und wurde seinerseits »gewalttätig«. Er bedrohte die Heimleitung derart massiv, daß er zwei Monate in Untersuchungshaft genommen und anschließend zu einer sechsmonatigen Haftstrafe auf Bewährung verurteilt wurde. Staiger kämpfte weiter vor Gericht um seine Kinder. Mitte 1996 endlich erhielt er das Sorgerecht für zwei seiner Kinder. Nach Erhalt des Sorgerechts sollen diese beiden Kinder nach Aussagen von Aurel Staiger massiv von der Heimleitung beeinflußt worden sein, und es wurde ihnen angst gemacht. Der Tochter, die sich in Kovahl von ihrem Vater über die Zeit entfremdet hat und im Kinderdorf bleiben will, machte die Heimleitung ein Reitpferd zum persönlichen Geschenk.[66]

Eine besondere Rolle spielt im Fall Staiger der Leiter der allgemeinen sozialen Dienste in Göttingen – nach dem Gutachten von Professor Jopt der zuständige Beamte in dieser Angelegenheit. »Herr [...] hatte es zu seiner ganz persönlichen Angelegenheit gemacht, daß die Kinder auf keinen Fall in den

Haushalt ihres Vaters zurückkehren.«[67] Behördenwillkür und die Interessen der Bruderschaft Salem gehen hier eine eigenartige Verbindung ein. Der Beamte, der kein Mittel scheut, um eine Bindung zwischen Vater und Kindern zu verhindern, stellt sich damit nach Meinung des Gutachters Professor Jopt in völligen Gegensatz zu geltendem Recht, wie es im Kinder- und Jugendhilfegesetz (KJHG) festgeschrieben ist.[68] Die Beweggründe des Göttinger Beamten lassen sich nur erahnen, die Maßnahmen sind jedoch drastisch: Selbst nachdem dem Vater 1996 das Sorgerecht übertragen wurde, verfügt das Jugendamt in einem Schreiben noch eine Kontaktsperre für Aurel Staiger und seine beiden Söhne.[69] Ein Brief, der rechtlich ohne jede Grundlage ist.

Im Dezember 1996 war Aurel Staiger zuversichtlich, wenigstens seine beiden Söhne endlich zu sich holen zu können. Doch nachdem vor allem Simon fast sechs Jahre lang immer wieder betont hatte, bei seinem Vater leben zu wollen, schreiben die Söhne nun plötzlich an das Gericht das genaue Gegenteil. Diese Briefe sind nach ihrem sprachlichen Aufbau ganz offensichtlich diktiert.[70]

Der Heimleiter Olszewski bietet Staiger zunächst an, die Kinder am 27. Dezember 1996 für einige Tage abzuholen. Am 24. Dezember jedoch teilt Olszewski Staigers Anwalt mit, daß die Kinder in eine langfristig geplante Ferienmaßnahme abgereist seien.[71] Im Februar 1997 sind diese immer noch in Kovahl. Die drei Kinder bringen dem Salem-Dorf eine monatliche Einnahme von etwa 15000 DM.

Im März begleiten wir Aurel Staiger nach Kovahl. Er ist offiziell angemeldet und will seine beiden Söhne zu einem Besuchswochenende abholen. Die Heimleitung aber hatte wohl erfahren, daß der Vater seine Kinder nun endgültig zu sich nehmen wollte. Aurel Staiger wird in Kovahl sein völlig verstört wirkender 13jähriger Simon übergeben, der jüngere Daniel ist

verschwunden. Staiger erfährt, daß eine Erzieherin den Acht-
jährigen von der Schule abgeholt hat und mit unbekanntem
Ziel unterwegs sei. Der Anwalt des Vaters hat auf eine Strafanzeige wegen Kindesentzugs gegen die Erzieherin und den
Leiter in Kovahl verzichtet, um den Prozeß der Familienzu-
sammenführung nicht zu gefährden. Die Gründe, warum man
in Salem zu solchen Maßnahmen greift, sind vielschichtig. Es
geht nicht nur um Geld und Macht. Jeder, der Salem verläßt,
stellt eine potentielle Gefahr dar, eines Tages als Zeuge gegen
Salem aufzutreten.

Inzwischen leben Simon und Daniel wieder bei ihrem Vater
Aurel Staiger. Vor allem der dreizehnjährige Simon konnte in
zahlreichen persönlichen Gesprächen mit einem der Autoren
über einen erschütternden Heimalltag berichten. Über ihren
Vater erfuhren sie in Kovahl nichts, so daß sich die Kinder ihre
eigenen Gedanken machten: »Wir dachten, der wäre tot«,
erzählte Simon in einem dieser Gespräche.

Das Kindeswohl im Jugendamt Lüneburg

Das Kinder- und Jugenddorf in Kovahl liegt in der völligen
Einöde der Lüneburger Heide. Nach der Ausstrahlung unserer
Dokumentation *Kulte, Führer, Lichtgestalten*[72] in der ARD
fand eine Überprüfung der Einrichtung in Kovahl durch das
Jugendamt statt. Der »Bericht über die heimaufsichtliche Überprüfung gemäß Paragraph 46 KJHG (Kinder- und Jugendhilfegesetz) des Kinderdorfes Kovahl durch das Niedersächsische
Landesjugendamt vom 22.08.1996«[73] stellt eindeutig fest:
»Keine Beanstandungen für das Kinderwohl der in Kovahl
betreuten Kinder und Jugendlichen.«[74] Lediglich die Einöde
wird als etwas problematisch empfunden.

Im Bericht des Jugendamts Lüneburg zur Überprüfung der

Einrichtung stößt man auf vorsichtige Distanzierungen zu Gottfried Müller, vor allem durch den Leiter des Dorfes, Manfred Olszewski. Dieser erklärt, wie der Bericht deutlich hervorhebt, daß Müller zu der Fernsehdokumentation eine Gegendarstellung erwirkt habe. Nicht erwähnt wird jedoch, daß diese sich mit keinem Wort auf die Berichterstattung über Kovahl bezog. Statt dessen will die Behörde bei ihrer »Überprüfung« auf einen »nicht sorgeberechtigten Vater« gestoßen sein, der nach wie vor als einziger gegen die Einrichtung sei.[75]

Aurel Staiger aber war zum Zeitpunkt der Abfassung des Berichts durch Gerichtsbeschluß längst sorgeberechtigt. Sollte diese Tatsache dem Jugendamt wirklich nicht bekannt gewesen sein?

Doch damit nicht genug: Olszewski distanziert sich dem Jugendamtsbericht zufolge auch behutsam von den Positionen des Salem-Gründers, wie sie sich seit über 20 Jahren in der *Salem Zeitung* finden. Dem Jugendamt gegenüber tut Manfred Olszewski kund, »daß man nicht immer mit den Inhalten übereinstimme«. Das ist erstaunlich, denn Olszewski steht bis zur letzten uns vorliegenden Ausgabe vom Juni 1996 im Impressum dieser Zeitschrift, das insgesamt nur aus drei Personen besteht. Manfred Olszewski ist seit Beginn der *Salem Zeitung* 1973 aktiv und maßgeblich an der Gestaltung des Blatts beteiligt. Dennoch genießt er offensichtlich bis auf den heutigen Tag das Vertrauen des Landesjugendamts in Niedersachsen. Dabei könnte das Jugendamt die Salem-Ideologie in einer Ausgabe der Zeitung vom Juni 1995, zu der auch Olszewski einen Artikel beigesteuert hat, durchaus nachlesen:

> »Gott hat den größten Teil des deutschsprachigen Kreises ganz bewußt in das Herz Europas gepflanzt. Er soll Gottes Aufgabe erfüllen: Die Neue Zeit vorbereiten, geistig wie auch materiell …

Möge der deutsche Sprachkreis, auch verteilt in der ganzen Welt, diese Aufgabe erfühlen und erfüllen!«[76]

Olszewski schrieb regelmäßig in der *Salem Zeitung,* wo er schon mal für das rassistische Buch *Der Tanz mit dem Teufel* von Günter Schwab geworben hat.[77] Damit ist er in der *Salem Zeitung* in »bester Gesellschaft«. Regelmäßig meldete sich dort auch Prof. Helmut Mommsen zu Wort, Mitglied im wissenschaftlichen Beirat von Jürgen Riegers rechtsextremer »Gesellschaft für biologische Anthropologie, Eugenik und Verhaltensforschung«. Mommsen schrieb in der *Salem Zeitung:* »Das Ungesunde wird vernichtet. Das ist ein Urgesetz der Natur, dem der Mensch auch unterworfen ist.«[78] Derselbe Mommsen kündigt gern und immer wieder das kommende biologische Zeitalter an. Hier schließt sich der Kreis zum rechtsextremen Netzwerk und zu bestimmten esoterischen Strömungen.

Daß auch der Heimleiter in Kovahl eindeutige Positionen vertritt, hätte das Landesjugendamt schon vor Jahren in einem im Rowohlt-Verlag erschienenen Buch nachlesen können, in dem Manfred Olszewski folgendermaßen zitiert wird: »Viele gute deutsche Worte sind verteufelt worden, nur weil sie einige Zeit mißbraucht wurden: deutsch, national, nationaler Sozialismus, Kraft durch Freude, Arbeitsdienst. ... Ich meine, wir sollten uns wieder besinnen auf die guten deutschen Worte.«[79]

Mit Worten allein scheint es jedoch noch nicht getan zu sein. In einem Fernsehinterview für den WDR berichteten die ehemaligen Salem-Kinder Rosi Jacobi und Birgit Hertel, daß Gewalt in Kovahl an der Tagesordnung war. Danach wurde Rosi Jacobi einmal so lange in den Bauch getreten, bis sie Blut spuckte, und auch der 13jährige Simon Staiger berichtet, wie er von einer Erzieherin brutal die Treppe hinunter geworfen wurde.[80]

Müller und seine Freunde

Die Beschäftigung mit Müllers Freunden führt direkt in die rechtsextreme Wirklichkeit von heute.

Beim Treffen unserer Informanten mit Gottfried Müller in Bielefeld sprachen sie ihn auf Manfred Roeder an, da Salem – ebenso wie der Rechtsterrorist Roeder – derzeit besonders aktiv in Ostpreußen ist. Müller, der bei diesem Treffen Roeder als einen guten Mann bezeichnete,[81] bestreitet diese Aussage heute und behauptet, Roeder nicht zu kennen.

Wer Verbindungen zu Manfred Roeder hat, hat allerdings auch ein Problem, denn das ruft unverzüglich den Verfassungsschutz auf den Plan. Eine vegetarisch-christlich-mystische Salem-Bruderschaft kann sich im Hinblick auf die Spendenerträge so etwas nicht leisten. Unseren Informanten gegenüber erwähnte Müller, daß er seit 14 Jahren vom Verfassungsschutz unbehelligt sei.[82]

Roeder trifft sich regelmäßig mit dem bekannten Auschwitzleugner Ernst Otto Cohrs auf den Neonazi-Treffen in Hetendorf. Und dieser Cohrs wird seine Gesinnung kaum abgelegt haben, wenn er auf einer Herbsttagung der Salem-Bio-Akademie im November 1995 spricht. Müller kündigt Cohrs im offiziellen Programm der Tagung folgendermaßen an:

> »Ernst Otto Cohrs vom Weltbunde zum Schutz des Lebens ist ein Mann von altem Schrot und Korn: aufrecht, ehrlich, mutig. Ein Kämpfer wider Lüge und Verzagtheit. Er macht aus seinem Herzen keine Mördergrube.«[83]

Doch zurück zu Manfred Roeders Verbindungen zu Salem. Zumindest in Ostpreußen leistet man sich eine auch nach außen hin nachvollziehbare Nachbarschaft. Die sogenannte Regermanisierung ist dort in vollem Gange. Auch Teile der

Deutsche Bürgerinitiative e.V.
– weltweit –

Haus Richberg, 34639 Schwarzenborn

KOMMT DER FREISTAAT PREUSSEN ? 8 / 1994

Nach meinem ersten Besuch in Nord-Ostpreußen vor zwei Jahren gab ich meinem Reisebericht die Überschrift 'Für einen Freistaat Preußen'! Diese Schlußfolgerung drängt sich jedem sachlichen Beobachter auf, wenn er Land und Leute im heutigen Zustand gesehen hat. Das Land kann nur wieder aufblühen, wenn es deutschen Siedlern die Tore öffnet, Siedlern aus den Weiten der ehemaligen Sowjetunion, aber auch aus Deutschland.

Im Spätherbst 1993 wurden diese Gedanken einem deutschen Völkerrechtler als 'Entwicklungstendenz aus Moskau' (!) vorgetragen. Man hatte sich bereits Gedanken über eine Verfassung einer baltischen Republik Preußen gemacht. Und wiederum ein halbes Jahr danach erschien in der Tageszeitung 'Bernsteingebiet' vom 11. Februar 1994 die Stellungnahme des russischen Professors Dr. jur. S. Kargopolow in russischer Sprache über 'Ein Gebiet mit Anziehungskraft'. Darin äußert er Gedanken über die Zukunft Nord-Ostpreußens aus russischer Sicht, die aufhorchen lassen. Prof. Bracht aus Lemgo hat uns diese Gedanken übermittelt.

Prof. Kargopolow geht davon aus, daß Nord-Ostpreußen nur noch staatsrechtlich zu Rußland gehöre, geographisch aber bereits getrennt sei, was nicht ohne Auswirkungen bleiben könne. Und die Zukunft Preußens hänge nicht allein von Rußland ab, und von Bonner Politikern schon gar nicht. Denn, so erklärt der Verfasser in Abwandlung eines Stalin-Wortes, Regierungen kommen und gehen, die Völker aber bleiben bestehen. Und 1945 sei die Deutsche Wehrmacht und die nationalsozialistische Regierung besiegt worden, aber nicht das deutsche Volk. Und dieses Volk behalte seine unveräußerlichen Rechte, trotz der Beschlüsse von Jalta und Potsdam.

Völkerrechtliche Verträge haben nur Gültigkeit, wenn sie im Namen und Auftrage der betroffenen Völker abgeschlossen werden. Für Ostpreußen habe das nie gegolten, denn Potsdam wurde allein mit den alliierten Siegern vereinbart, das deutsche Volk war dabei in keiner Form beteiligt. Die gegenwärtige deutsche Regierung könne aber keine Verantwortung für die Vergangenheit tragen, sondern allenfalls für die Gegenwart, und dann auch nur hinsichtlich des Gebietes, das sie beherrscht. Schon deshalb müsse die Rechtslage Nord-Ostpreußens revidiert werden. Im übrigen sei es jedem Juristen geläufig, daß Verträge, die unter Druck oder Drohung zustande kämen, unwirksam wären. Mit politischer Schuld habe das nichts zu tun. Völker sind, so der Rechtsprofessor, niemals schuldig, das sind allenfalls die Regierungen.

Auch die Diskussion um die Unverletzlichkeit der Grenzen sei rechtlich ohne jede Bedeutung. Daran ändern auch alle Beschlüsse der KSZE nichts, die im übrigen Grenzveränderungen auf Verhandlungsbasis niemals ausschließen. Und nur darum geht es. Ausgangspunkt müßte der Gebietsstand vor 1940 (!) sein, meint Kargopolow. Nur so könne ein dauerhafter Frieden in Europa gewährleistet werden.

Natürlich müsse berücksichtigt werden, daß zur Zeit in Ostpreußen Russen und keine Deutschen wohnen. Die historischen Rechte des deutschen Volkes auf dieses Gebiet müßten aber dennoch gewahrt bleiben. Einen Ausweg aus diesem Problem sieht der Professor in einer Revision der deutsch-russischen Verträge von 1990, die ja noch von der nicht mehr bestehenden Sowjetunion unterzeichnet wurden wie von der Regierung der damaligen Bundesrepublik. Beide Staaten aber gebe es so, wie noch im Jahre 1990, heute nicht mehr, weshalb sich eine Revision der Verträge aufdränge.

Der konkrete Weg könnte so aussehen: man könnte Nord-Ostpreußen zunächst in eine russisch-baltische Republik umwandeln. Mit Unterstützung deutschen Kapitals könnte daraus eine baltisch-russisch-deutsche Republik werden. Wenn man bedenkt, daß Ostpreußen Jahrhunderte lang nicht zum Deutschen Reich gehörte, so ist der Weg zu einer Republik oder einem Freistaat Preußen nur noch ein Schritt, der niemandem schadet, aber allen nützen würde. Das Selbstbestimmungsrecht der Völker könne jedenfalls nicht außer Kraft gesetzt werden, wenn nicht überall Gewalt und Willkür das letzte Wort haben sollen, folgert Prof. Kargopolow. Im übrigen sind bei allen Grenzverschiebungen weder das deutsche noch das polnische noch das russische Volk gefragt worden. Die Völker aber haben immer das letzte Wort.

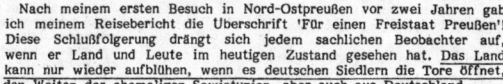

Rundbrief des Rechtsterroristen Manfred Roeder in seiner Deutschen Bürgerinitiative

279

Freitag, den 10. November 1995

9.00 Uhr	Eröffnung und Begrüßung Gottfried Müller
9.05 Uhr	Einführung
9.10 Uhr	Salem, Lichtpunkt in Ostpreußen Horst von Heyer
10.00 Uhr	Lebendiger Boden - Lebensfähige Gesellschaft Horst von Hasselbach
11.15 Uhr	Und wir fürchten uns nicht Prof. h.c. Günther Schwab
13.00 Uhr	Mittagessen im Salem-Lindenhof
15.00 Uhr	Selbstmord? Nein, leben! Prof. Dr. B. Thomas
16.00 Uhr	Wiederbegrünung, Utopie oder Realität? A. N. Copjin
18.30 Uhr	Abendessen im Salem-Lindenhof
20.00 Uhr	Aussprache

Samstag, den 11. November 1995

9.00 Uhr	Blühende Landschaften! Wer kann sie bezahlen? Dipl.-Volkswirt Karl Basler
10.00 Uhr	Demut vor der Schöpfung - Mit Willens- kraft zur Tat Ernst Otto Cohrs
11.00 Uhr	Zerstörte Natur, Spiegelbild des zerstörten Menschen. Ausweg möglich? Ortwin Lowack
13.00 Uhr	Mittagessen im Salem-Lindenhof
15.30 Uhr	Die Büchse der Pandorra - Ihr könnt nicht zwei Herren dienen! Diplom-Theologe Johannes Rothkranz
18.30 Uhr	Abendessen im Salem-Lindenhof
20.00 Uhr	Aussprache, Ende offen.

Sonntag, den 12. November 1995

10.00 Uhr	Ordnung aus dem Kosmos Roland Plocher
12.00 Uhr	Schlußwort von Gottfried Müller

in der Wiederbegrünung der Erde. Und das ist hier im wahren Sinne des Wortes gemeint. Denn A. J. Copjin ist ein Mann, der in allen Teilen der Welt wieder Wälder wachsen läßt, die vorher durch den Unverstand und die Lieblosigkeit der Teufelstänzer vernichtet wurden.

Der Diplom-Volkswirt Karl Basler ist ein Mann, dem das Herz blutet angesichts dessen, was mit seiner Heimat, seinem Vaterland und seinem Volk geschieht. Er fühlt sich der göttlichen Ordnung verpflichtet, die — wie es die Bibel lehrt — Rassen und Völker schuf und jeder Rasse und jedem Volk seine liebenswerten Eigenschaften und einen ganz bestimmten Lebensraum, eben Heimat und Vaterland, schenkte. Er möchte zeigen, wie es leichter und schneller möglich ist, aus schwerverletzten deutschen Landen wieder blühende Landschaften zu machen.

Und Ernst-Otto Cohrs vom Weltbunde zum Schutze des Lebens ist ein Mann von altem Schroth und Korn: aufrecht, ehrlich, mutig. Ein Kämpfer wider Lüge und Verrat, wider Kleinmut und Verzagtheit. Er macht aus seinem Herzen keine Mördergrube. Er sagt, was er denkt. Und er wird uns wissen lassen, was nach seiner Überzeugung zu tun ist, unseren Planeten zu retten.

Ortwin Lowack ist Rechtsanwalt. Er war Mitglied der CSU, und er hat dem Deutschen Bundestag als Abgeordneter angehört. Die CSU hat er verlassen. Dadurch kam er nicht mehr in den Bundestag. Er ist ein Deutscher, dem die Ordnungen am Herzen liegen, die natürlich gewachsen sind. Er tritt für das ein, was wir — im besten Sinne dieses Wortes — als konservative und traditionelle Werte kennen. Und er setzt sich dafür ein, daß Internationales Völkerrecht für alle Völker, auch für das Deutsche Volk, wirksam wird und bleibt. Dabei sucht er — wie Salem — Frieden und Verständigung mit allen Völkern, jedoch nicht als Knecht, sondern als freier Mann und als gestandener Deutscher.

Johannes Rothkranz ist tiefgläubiger Katholik, Autor von Büchern, deren Inhalt von schockierender Brisanz sind, angefüllt mit Wissen und Tatsachen, die einen starken Glauben verlangen, um vertragen zu werden. In seinen Büchern reißt Rothkranz der Welt

Auszug aus dem Programm der Salem-Bio-Akademie für die Salem Herbsttagung vom 10. bis 12. November 1995 mit dem Auschwitzleugner Ernst Otto Cohrs als Referent

Vertriebenenverbände sind an diesen Aktionen besonders beteiligt. Hier um Königsberg herum können sie, unbehelligt von einer etwaigen kritischen Öffentlichkeit, gewisse Gemeinsamkeiten praktizieren: die Bruderschaft Salem, Manfred Roeder mit seiner deutschen Bürgerinitiative und auch die »Gemeinschaft deutscher Osten« (GDO), eine Abspaltung der offiziellen Landsmannschaften. Aber wenn es um Spenden geht, kennt Gottfried Müller offensichtlich keine Partner, wie einem Schreiben der GDO vom Dezember 1993 zu entnehmen ist. Danach war Salem durch die »Aktion Ostpreußenhilfe« der GDO auf das Betätigungsfeld um Königsberg herum aufmerksam geworden. Mit besonderem Geschick übernahm Salem sogar diese Aktion: »Der Beauftragte der ›Bruderschaft Salem‹ erhielt … die Gelegenheit, das Konzept der ›Aktion Ostpreußenhilfe‹ den versammelten Rußlanddeutschen als ein solches der ›Bruderschaft Salem‹ darzustellen …«[84]

Warum Gottfried Müller ein solch großes Interesse an dieser Aktion hat, erklärt der Brief ebenfalls. Danach hat Gottfried Müller den Vorsitzenden der GDO gegenüber »freimütig erklärt, er würde mit der Ostpreußenhilfe werben und hätte noch nie zuvor so viele Spenden eingenommen. Auf die 100 000 Aussendungen mit Bitten um Spenden würde er auf jede Aussendung im Durchschnitt eine Spende von 100 DM erhalten!«[85]

Während die »Gemeinschaft Deutscher Osten« aufgrund dieser Vorfälle auf Salem nicht sonderlich gut zu sprechen ist, sieht das bei Manfred Roeder ganz anders aus. In seinem Rundbrief *Deutsche Bürgerinitiative* vom August 1994 bemerkt er: »Unsere Salem-Freunde bauen zügig das zweite Haus für Rita und sind bald so weit, daß auch im Winter weitergearbeitet werden kann. Wir sind also einen gewaltigen Schritt voran gekommen …«[86]

Eine weitere Person im Umfeld von Müller ist der »Ernährungspapst« Max Otto Bruker. Die Bruderschaft Salem betätigt sich nach ihrer Satzung auch im »Sinne der Volksgesundheit«.[87] Gottfried Müller ist strenger Vegetarier, entsprechend ist auch in seinen Kinder- und Jugenddörfern eine vegetarische Ernährung vorgeschrieben. Die Salem-Vollwerternährung orientiert sich an Bruker, dem berühmten Autor einer ganzen Reihe von Büchern über Gesundheit und Ernährung. Bruker geht von einer »Weltverschwörungstheorie der Zuckerindustrie« aus, und Krankheit ist für ihn »eine Folge von Sünde«.[88] Brukers Verbindungen zu Salem zeigen ihn mehrfach als Mitglied im Kuratorium, und auch im Impressum der *Salem Zeitung* taucht er namentlich auf. Bruker selbst streitet allerdings alles ab, ebenso will er jahrelang ohne sein Wissen im wissenschaftlichen Beirat von Riegers »Gesellschaft für biologische Anthropologie, Eugenik und Verhaltensforschung« aufgeführt worden sein. In einem Gerichtsverfahren gegen Jutta Ditfurth aber hat Bruker 1993 zu seiner Entlastung ein Schreiben von Gottfried Müller mit folgender Passage übergeben: » ... danke ich Ihnen sehr herzlich dafür, daß Sie beim Aufbau unseres Kinder- und Jugendhilfswerks ... als treuer ... Berater in Ernährungsfragen mitgeholfen haben ...«[89]

Unbestritten ist, daß Max Otto Bruker zeitweilig Präsident im »Weltbund zum Schutz des Lebens« in Vlotho war. Unbestritten sind auch noch weitere Aktivitäten im rechts-nationalen Bereich. So gehört er zu den Unterzeichnern beim »sogenannten ›Aufruf der Fünfzigtausend: Ausländerstopp Jetzt‹ der ›Bürgerinitiative Ausländerstopp‹, einer Nebenorganisation der rechtsradikalen NPD«.[90] Und wie Gottfried Müller, so war auch Bruker im Nationalsozialismus Mitglied der SA.

Am Ende doch noch eine Biographie

Mit biographischen Angaben geht Gottfried Müller sehr sparsam um. Er erwähnt sein katholisches Elternhaus und daß er am 10. April 1914 in Gschwend bei Backnang geboren wurde. 1930 meldet er sich in Heidenheim an und absolviert dort eine Ausbildung zum Kaufmann. Er gibt wiederholt eine Reise nach Palästina und Kurdistan an – merkwürdig allerdings, daß er für diese Reise völlig unterschiedliche Zeitpunkte nennt, obwohl er sie nachweislich gemacht hat.

Von dieser Reise zurück, meldet er sich in Garmisch Partenkirchen an. Auf seiner Meldekarte findet sich als Beruf Schriftsteller. Er selber gibt keinen Hinweis auf eine derartige Beschäftigung oder auf Veröffentlichungen. Unsere Recherchen ergeben, daß 1937 von Müller ein Buch über diese Reise erschienen ist mit dem Titel *Einbruch ins verschlossene Kurdistan.*[91] Im wesentlichen beschreibt er darin irgendwelche Abenteuer, spricht aber auch »von dem neuen großen König Deutschlands« und meint damit den »Führer« Adolf Hitler.[92] Müller gibt sich in seinem Buch davon »überzeugt, daß die Kurden als Arier trotz ihrer Weltabgeschiedenheit und abenteuerlichen Lebensweise gute Menschen seien«.[93] Mit der nationalsozialistischen Rassenlehre scheint er bestens vertraut: »Auch hätten wir ein besonderes Interesse für die Kurden; nicht nur weil sie Arier seien, wir wüßten, daß die Kurden auch Kerman (German) genannt werden, deshalb hätten wir, die doch Germanen seien … diese Kermanen einmal von Angesicht zu Angesicht zu sehen … auch unser Schicksal sei ähnlich gewesen, bis der Führer kam und uns vor dem Untergang rettete.«[94]

Über diese Buchveröffentlichung ermitteln wir eine Akte Müller im Berlin Document Center. Es sind Unterlagen der Reichsschrifttumskammer. Daraus ergibt sich, daß Müller seit dem

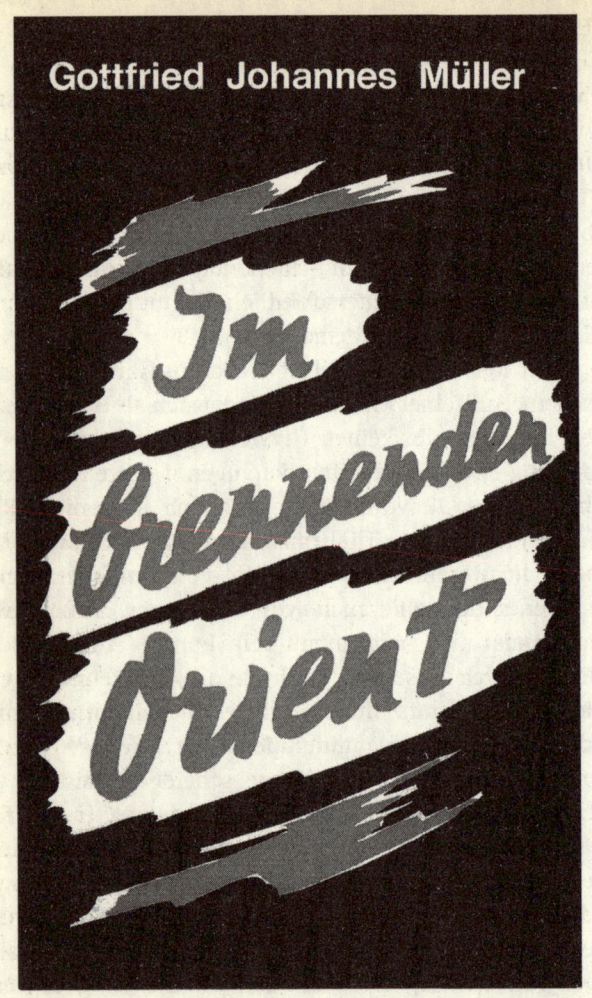

Gottfried Johannes Müller

Im brennender Orient

Gottfried Müllers Erinnerungen an die geheime Kommando-
sache »Unternehmen Mammut«, mit der er 1943 den Krieg
für Deutschland gewinnen wollte (2. Auflage 1974, hrsg.
»für die Mitglieder und Freunde der Bruderschaft Salem«)

1. September 1930 Angehöriger der SA und der NSDAP war. Die endgültige Mitgliedschaft in der NSDAP konnte er aus Altersgründen erst 1932 annehmen.[95] 1935 wurde er zum Truppführer der Reiter-SA befördert – ein hoher Rang unter den Führungskadern der NSDAP, mit dem er im Adreßbuch der Stadt Heidenheim von 1939 aufgeführt wird.[96]

Nach seinem Militärdienst, der bis zum Oktober 1938 dauerte, verliert sich die Spur von Müller. Der Reserveoffizierskarte im Bundesarchiv in Aachen zufolge war er 1941 Leutnant im Wehrbezirk Wien und wurde dort 1943 zum Oberleutnant befördert.

In seinem Buch *Im brennenden Orient* beschreibt Gottfried Müller nach dem Krieg seine Jahre von 1943 bis 1948.[97] Hauptsächlich geht es in dieser Zeit um eine geheime Kommandosache, das »Unternehmen Mammut«, welches Müller geleitet hat. Eine Aktion in Kurdistan, mit der er glaubte, für Hitler den Krieg doch noch gewinnen zu können: »Wäre mein Einsatz damals geglückt, hätte das Kriegsgeschehen einen völlig anderen Verlauf genommen.«[98]

Im Militärarchiv in Freiburg findet sich eine Akte zum »Unternehmen Mammut«, aus der sich Müllers Position im Nationalsozialismus in Teilen ergibt.[99] Danach hatte er Zugang zu allerhöchster Ebene und kommunizierte regelmäßig mit dem Generalstab Fremde Heere Ost. Eindeutig stand er sogar mit der gefürchteten Division Brandenburg in Verbindung, die für Terror und Sabotageaktionen bekannt war und als Truppe für den subversiven Kampf geführt wurde. Bei den »Brandenburgern«, wie sie genannt wurden, wurden SS-Leute ebenso ausgebildet wie Abwehrangehörige für Spezialaufgaben. Voraussetzung dafür war eine einwandfreie nationalsozialistische Gesinnung. Der Chef der Abteilung Sabotage Abwehr II, Lahousen-Vivremont, bescheinigt in der Akte Mammut in einem Schreiben, daß Müller schon 1938/39 »voll ausgebildeter Offizier des ›Geheimen Meldedienstes‹« war und bereits im »militärischen Nachrichtendienst« im Ausland eingesetzt wurde.[100]

In einem Vorschlag für das »Unternehmen Mammut« nennt Müller als Gründe für diese Operation in Kurdistan unter anderem: »Die Kurden sind arisch: groß, helläugig, blond«, und »sie erzählten begeistert von dem freiheitsliebenden Deutschland und von ihrem Nationalhelden, dem Führer« und daß er »die gleichen Feinde habe, wie sie selbst: Engländer und Juden«.[101] Müllers Unternehmen, für Adolf Hitler 1943 den Krieg doch noch zu gewinnen, scheiterte, er wurde von den Engländern festgenommen. Müller selbst bezeichnet sich als Mitläufer im Dritten Reich.

Am 29. Januar 1948 wird Müller aus der Kriegsgefangenschaft entlassen und zieht zunächst nach Backnang. Er meldet sich noch im selben Jahr in Stuttgart an, verläßt Backnang allerdings erst 1951. Nach seinen eigenen biographischen Angaben war er 1954 Verkaufsleiter bei Siemens und 1955/56 Referent bei Oberbürgermeister Klett in Stuttgart. Unsere Recherchen bei Siemens ergaben, daß es fast ausgeschlossen ist, daß ein Gottfried Müller zu dieser Zeit bei Siemens beschäftigt war. Nach den Recherchen der Personalabteilung der Stadtverwaltung Stuttgart scheint es ausgeschlossen zu sein, daß er Referent beim OB in Stuttgart war.[102] Erstaunlich ist allerdings die Tatsache, daß in dieser Zeit ein anderer Gottfried Müller (Jahrgang 1903) städtischer Angestellter in Stuttgart war. Ob Müller sich möglicherweise der Biographie des anderen bedient hat, muß wohl offenbleiben. 1957 dann gründete Gottfried Johannes Müller die »Bruderschaft Salem«.

Mit den Jahrzehnten hat die Salem GmbH durch Spenden und staatliche Unterstützung beachtliche Vermögenswerte angesammelt. Vorsichtigen Schätzungen zufolge dürfte es sich um einen zwei- bis dreistelligen Millionenbetrag handeln. Hinzu kommen beträchtliche Werte im Ausland, die sich kaum abschätzen lassen.

Schon in den sechziger Jahren gab es erste Ermittlungen gegen den Salem e.V. wegen gesetzwidrigen Verhaltens des Vorstands. Das Amt für öffentliche Ordnung, München, fragte nach, ob dem Verein außer dem Vorstand noch Mitglieder angehören. Schließlich wurde nach der Drohung, dem Verein die Rechtsfähigkeit zu entziehen, die Salem GmbH gegründet. Die Mehrheitsanteile lagen bei dem e.V. Gottfried Müller hatte lediglich einen Anteil von tausend Mark.

Das Vermögen der Gesellschaft fiel nach der Satzung bei Auflösung dem Roten Kreuz zu. Ein solcher Auflösungsparagraph ist eine der Grundvoraussetzungen für die Gemeinnützigkeit.

Anfang der siebziger Jahre gründet Müller eine Reihe von Firmen, so die Salem Verwaltungs-GmbH & Co. Beteiligungs KG, die Salem Bio-Hotel und Gaststätten GmbH und die Salem Bio-Bau & Siedlung GmbH. In all diesen Firmen war Müller Geschäftsführer, und er bestimmte ihre Geschicke.

In einem Prozeß 1974 wird die GmbH aus formalrechtlichen Gründen freigesprochen. Der Richter macht keinen Hehl daraus, daß er dies bedauert. Er wirft Gottfried Müller vor, daß es keine rechtliche Absicherung für die Spender gibt und daß deren Gelder jederzeit privaten Interessen dienen könnten. Aus der Urteilsbegründung des Richters Ostendorf vom Amtsgericht Kulmbach:

»Selbst anläßlich des Beschlusses der Gesellschaft über die Auflösung der Gesellschaft könnte die Bestimmung über die Aufteilung oder den Verbleib des Gesellschaftsvermögens noch geändert werden. Im Ergebnis bedeutet dies aber, daß ein auf ›Wohltätigkeit‹ ausgerichteter Verein Sammlungen durchführt, die an eine Gesellschaft fließen und dann – möglicherweise –

über diese Gesellschaft an Privatpersonen, die letztlich das Gesellschaftsvermögen übernehmen. Unter diesen Umständen besteht keine rechtliche Absicherung dafür, daß nicht unter dem Vorwand einer Vereinssammlung für wohltätige Zwecke im Ergebnis privaten Interessen gedient wird.«[103]

Dieser Zustand dauert bis zum heutigen Tag an, doch zum damaligen Zeitpunkt war zumindest auf dem Papier ein Verein mit seinen Mitgliedern an den Aktivitäten beteiligt. Aus den Registerakten der GmbH ergibt sich zweifelsfrei, wie geschickt sich Gottfried Müller gemeinsam mit seiner Frau die alleinige Herrschaft über Salem gesichert hat.[104]

1981 gründete er den Förderverein Hilfswerk Salem e.V. – Vorstand: Gottfried und Ursula Müller. Das Vermögen dieses Vereins fällt nach seiner Auflösung der GmbH zu. Aus den Registerakten läßt sich keinerlei Aktivität des Vereins feststellen. Offensichtlich dient dieser dazu, um unauffällig das Rote Kreuz als Vermögensempfänger der GmbH abzulösen, denn der Passus in der Satzung wurde entsprechend geändert. Müller hatte aber auch die Gesellschaftersituation der Firma bereinigt, so daß ausschließlich er, seine Frau und die Gesellschaft selber Anteile besitzen. Eine rechtlich äußerst umstrittene Konstrukion, die einen perfekten Kreislauf ergibt:

¤ Der Salem e.V. – Vorstand: Müller und Müller – gibt sein Vermögen nach Auflösung in die Salem GmbH.

¤ Die Salem GmbH – Gesellschafter: Müller und Müller – gibt ihr Vermögen nach Auflösung an den Förderverein Salem e.V.

¤ Der Förderverein – Vorstand: Müller und Müller – gibt sein Vermögen wiederum an die Salem GmbH.

Merkwürdig ist der Umstand, daß der Salem e.V. in den

Vereinsakten weiterhin als Anteilseigner der GmbH geführt wird.

Eine solche Konstruktion wäre ideal, wollte jemand verdecken, daß Spenden an die GmbH gehen, und gleichzeitig den Verein für die Behörden und nach außen hin als »Kontrollinstanz« für die gemeinnützigen Aktivitäten des Gesamtkomplexes erscheinen lassen: Nach wie vor träte nach außen ein e.V. als Spendensammler auf. Dessen Erträge würden aber direkt an eine GmbH gehen.

Im Fall von Salem sind sogar die Konten von e.V. und GmbH identisch. Dies wäre Grund genug, Salem die Gemeinnützigkeit abzusprechen.

Spätestens aber 1994 hätten die Behörden reagieren müssen. Denn damals hat Gottfried Müller kurzerhand in der Satzung den Passus über die Verwendung des Vermögens nach Auflösung des Vereins gestrichen.

12 Germanische Gemeinschaften

Bei Stadtfesten hat das Mittelalter Hochkonjunktur. Ritterspiele und Gaukler sind allerorten gefragt. Firmen wie die »Gesellschaft der Alten Kriegskünste und Handwerke« haben sich auf diesen Markt spezialisiert und bieten Komplettarrangements mit Schwertkampf, altem Handwerk, Metausschank, Trommelspielern und Fähnrichen. Die Gesellschaft der Alten Kriegskünste bietet ihre Dienste auch in einem Vereinsblatt namens *Burgnachrichten* an, einer Zeitung der rechtsextremen Sigrun Freifrau von Schlichting.[1]

Die »historischen« Volksbelustigungen sind ein Publikumsmagnet, ziehen aber auch die sogenannten »Neuheiden« an. Kaum eine der vielen neuheidnischen Zeitschriften, in der nicht auch für derartige »Kramermärkte« geworben wird. Beliebt sind auch Wikingertage oder -feste, und zunehmend wird für solche Veranstaltungen ein »traditioneller« germanischer Fünfkampf angeboten. »Neuheiden«, die ansonsten eher in verschlossenen Zirkeln organisiert und aktiv sind, nutzen diese Anlässe, um einmal in aller Öffentlichkeit ihrer Passion nachzugehen. Daß sie sonst eher verborgen agieren, hat seinen Grund, denn der überwiegende Teil der »neugermanisch-heidnischen« Gruppen gehört eindeutig zum rechtsextremen Lager. Diese Vereinigungen bilden ein fast undurchschaubares Netzwerk aus zahlreichen Zirkeln mit jeweils eigenen Zeitschriften, sonstigen Publikationen und Versandgeschäften. All diese Gruppierungen vereint eine esoterische Grundeinstellung, die mit einer rechtsnationalen Weltanschauung verbunden ist.

Meldungen aus dem Hauptschulungsamt

Die Organisation »Wotans Volk« erreicht man nur über eine Postfachnummer in Berlin. »Wotans Volk« ist der Name einer der neugermanisch-heidnischen Gruppen, die im »Asgard-Bund« organisiert sind und deren Mitglieder sich für ein »wehrhaftes und freies Großdeutschland« einsetzen. Das »Hauptschulungsamt Wotans Volk« gibt dafür die entsprechenden Parolen und Anweisungen. Als Vorbild dienen die alten germanischen Gottheiten, die Eroberungen der Wikinger und die Nazigrößen Heydrich und Himmler.

Der Asgard-Bund wurde 1980 von Arnulf-Winfried Priem als Ableger einer »Kampfgruppe Priem e.V.« gegründet, mit besonderen Verbindungen zur NSDAP/AO. Priem organisierte einen Handel mit »germanischen« Devotionalien und neonazistischen Videos und wurde am 23. Mai 1995 zu dreieinhalb Jahren ohne Bewährung verurteilt »wegen Verunglimpfung des Staates und seiner Verfassungsorgane, Verwenden von Kennzeichen verfassungswidriger Organisationen, unbefugten Waffenbesitzes und Bildung eines bewaffneten Haufens«.[2]

Priem und seine heidnische Gruppe waren 1996 sogar Gegenstand einer Kleinen Anfrage von Abgeordneten an die Bundesregierung.[3] In einer Fragestunde des Deutschen Bundestages im November 1996 verwies der Parlamentarische Staatssekretär beim Bundesminister des Innern Eduard Lintner auf Probleme des Verfassungsschutzes bei der Beobachtung der neugermanisch-heidnischen Gruppen insgesamt. Dieser sei »natürlich nicht dazu berufen, quasi historische Wertungen und Untersuchungen rückwärtsgewandt durchzuführen«.[4] Im weiteren Verlauf der Fragestunde schloß der Staatssekretär nicht aus, daß die ideologische Arbeit dieser Gruppen »im Einzelfall« eine Gefahr für die innere Sicherheit sein könnte.[5] Für den Asgard-Bund gab Priem einen *Nordisch-Germani-*

1992

Herausgeber: Asgard= Bund e.B.
Poſtfach ████ 1000 Berlin 65

© Copyright by
Arnulf= Winfried Brien

Nordiſch=

Germaniſcher

13. Jahrgang

Jahr-weiſer

Preis 10.-

Kalender des Asgard-Bunds für Wotans Volk

schen Jahrweiser heraus, in dem er an den »feigen Mordanschlag« auf »Obergruppenführer Reinhard Heydrich« erinnert und sich an alle wendet, »die aufgebrochen sind, die nordische Heimat des Geistes und der Seele wiederzufinden«.[6]

Das Hauptschulungsamt Wotans Volk gibt noch weitere Merkblätter heraus mit Rasse- und Runenkunde und antisemitischen Comics sowie ein *Kampfblatt der völkischen Aktion.* Zielgruppe sind hauptsächlich militante Neonazis und Skinheads, entsprechend martialisch ist die Sprache. So etwa wenn das *Kampfblatt* auf die selbstgestellte Frage: »Warum ist das Christentum mit völkischen Interessen unvereinbar?« antwortet: »Uns Starken braucht kein Balkensepp aus einem brennenden Dornbusch heraus seine Weisungen (in hebräisch) zu geben. Unsere Ehre kennt keinen Blutsverrat und läßt Kniefälle nicht als Demutsbeweis gelten, sondern allein als Zeichen hündischer Gesinnung!«[7]

Während viele der neugermanisch-heidnischen Gruppen sich einen besonders religiösen Anstrich geben, tritt der Asgard-Bund offen rechtsradikal auf, und dies verbindet ihn mit einer anderen ausgesprochen dubiosen Vereinigung, den »Gylfiliten«, einer Organisation von Wolfgang Kantelberg in Krefeld. Kantelberg war Mitglied der NPD und gehörte zu den Gründern der »Volkssozialistischen Bewegung« (VSBD) des Rechtsextremisten Friedhelm Busse.[8]

> »Die ›Gylfiliten‹ gehen davon aus, daß es mehrere Universen mit jeweils eigenen Schöpfergöttern gibt, denen wiederum eine Großzahl ›Engel‹ unterstehen, die (jeder für sich) eine eigene Gottheit sind. Daneben spielen apokalyptische Vorstellungen eine zentrale Rolle. Der eddische Ragnarök wird gedeutet als Atomkrieg, in dem alles untergeht, die ›Guten‹ allerdings würden von den Göttern mit Hilfe eines Raumschiffes gerettet.«[9]

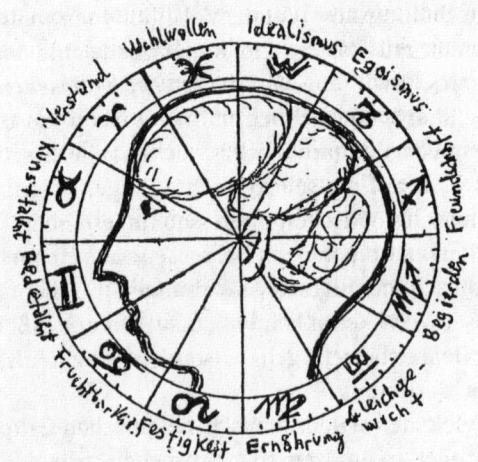

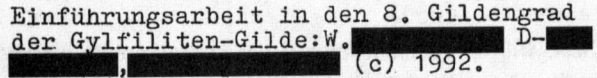

Einführungsarbeit in den 8. Gildengrad
der Gylfiliten-Gilde:W. ████████ D-█
████████, (c) 1992.

Die Astro-Magie der Gylfiliten

So beschreibt Stefanie von Schnurbein die Gylfiliten in ihrem Buch *Göttertrost in Wendezeiten,* das als Grundlagenwerk über die neugermanisch-heidnischen Gruppen gilt.

Die Klientel der Gylfiliten ist ebenso wie beim Asgard-Bund unter Skinheads zu suchen und bei militanten Neonazis. Hitler wird »als eine Art Heiliger, neben Siegfried, Arminius und ›Preußenkönig Friedrich‹ als Verkörperung Odins verehrt: ›Wie Arminius die Germanen vor dem römischen Imperialismus bewahrte, rettete uns Adolf Hitler nachweisbar vor der kommunistischen Weltdiktatur.‹«[10]

Die Gylfiliten, die eine besonders radikale Rassenkunde vertreten, bezeichnen ihre Weltanschauung in Heften über die Einführung in die unterschiedlichen Gildengrade selber als »Astro Magie«. Auf dem Weg zum 8. Gildengrad erfährt man dort:

> »Die nordische (kelto.-german.) Rasse ist eine der wenigen ›echten Rassen‹. Es ist die einzigste Rasse der Welt, die Menschen mit goldfarbenem Haar und blauen Augen hervorbrachte. Auch die Körpergestalt, die Proportionen und die Form der Organe weichen stark von den Merkmalen anderer Rassen ab.«[11]

Mit diesen Erkenntnissen gerüstet, kann man sich dann an die nächste Stufe der Gildengrade wagen, in der man etwas über »Astralwandern« und Gedankenlesen erfährt, über das »Überbewußtsein« und das »Wodan-Ritual«, die »arische Theologie« und einen »Superraum Ginungagap«.[12]

Über diesen »Superraum« blieb angeblich das »Wissen der arischen Völker« von den »christlichen Vernichtungsorgien« verschont.[13]

Hitler verehren die Gylfiliten wie einen Gott: »Sie haben Adolf Hitler als angebliche Inkarnation eines germanischen Gottes heiliggesprochen.«[14]

Das Weltbild der Gylfiliten besteht aus einer völlig wirren Vermischung fernöstlicher Religionen mit arisch-germanischen Vorstellungen und haarsträubenden wissenschaftlichen Bezügen zur Quantentheorie und anderen physikalischen Erklärungsversuchen. Auch die im Nationalsozialismus populäre »Welteislehre« paßt bestens in dieses Gemisch. Gerade die besondere Absurdität dieser Ideen macht sie für Rechtsextreme am Rande der Szene ausgesprochen attraktiv.

Andere neugermanisch-heidnische Gruppen bewegen sich eher mitten im rechtsextremen Lager.

Artbekenntnisse und Sittengesetze unserer Art

Die »Germanische Glaubensgemeinschaft wesensmäßiger Lebensgestaltung e.V.« nennt sich offiziell »Die Artgemeinschaft« und wird vom rechtsextremen Staranwalt Jürgen Rieger geleitet. Auf einer Einladung zum Gemeinschaftstag der »Artgemeinschaft« irgendwo im Rheinland entdecken wir auf dem Schreiben folgendes Absendedatum: »23. 02. 3796 n. St.«[15]

Auch die *Nordische Zeitung,* das Mitteilungsblatt dieser Organisation, zieren merkwürdige Datumsangaben, so hat die Nummer 2 von 1996 den folgenden Erscheinungsvermerk: »Ostermond / Brachet 3796 n. St.« Das dient aber nicht etwa dazu, den Verfassungsschutz irrezuführen, der die »Artgemeinschaft« ebenso wie weitere Vereinigungen von Jürgen Rieger beobachtet und als eindeutig rechtsextrem einordnet. Die Zeitrechnung dieser germanisch-völkischen Gruppierungen setzt bei der berühmten englischen Kultstätte Stonehenge an, andere germanische Heiden beginnen ihre Zeitrechnung mit der Hermannsschlacht im Teutoburger Wald im Jahre 9 n. Chr. Die Artgemeinschaft beruft sich bei ihrem Kalender auf

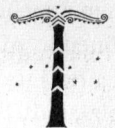

DIE ARTGEMEINSCHAFT &

GERMANISCHE GLAUBENSGEMEINSCHAFT
WESENSGEMÄSSER LEBENSGESTALTUNG

VEREINIGT MIT DEN NORDUNGEN/DER NORDISCHEN GLAUBENSGEMEINSCHAFT E.V.
UND DER NORDISCH-RELIGIÖSEN GEMEINSCHAFT E.V./IN DER NACHFOLGE DER
GERMANISCHEN GLAUBENSGEMEINSCHAFT E.V.

23.02.3796 n. St.

– 982 –

Einladung
zum Gemeinschaftstag der Artgemeinschaft

Liebe Freunde und Gefährten der Artgemeinschaft,

da im letzten Frühjahr der Gemeinschaftstag ein großer Erfolg war, wollen wir auch diesmal um die Zeit der Tag- und Nachtgleiche zusammenkommen, und zwar im Rheinland. Der genaue Ort wird den Anmeldenden kurz vorher mitgeteilt.

Ablauf:

Freitag, den 29.03.3796 n. St.
20.00 Uhr Sitzung des Gemeinschaftsrates (nur für Gemeinschaftsratmitglieder)

Frei auf deutschem Grunde wollen laßt uns nach dem Brauch der
Ahnen keines Segens leiht uns freun: Oder unter Grab ihn ein!
A. KRIGHEIT

Frühling

Einladungsschreiben der Artgemeinschaft für das Jahr 3796

297

einen angeblichen kulturellen Höhepunkt in Stonehenge, »der krönende Abschluß einer langen wissenschaftlichen Epoche im alten Europa, auf die wir, als Nachkommen jener Menschen, stolz sind!«[16] Die »Kalenderreform« der Artgemeinschaft bezieht auch die Wochentage, Monate und Feiertage mit ein:

> »In unseren Kreisen richten wir andere Feiertage ein. Es ist klar, daß wir die christlich motivierten nicht beachten. Die meisten haben die Christen uns einst gestohlen und deren ursprünglichen Sinn in die jüdisch-christliche Primitivität hinabgezogen.«[17]

Die Artgemeinschaft betreibt eine Vergangenheitsbewältigung in der Art der SS-Vereinigung »Deutsches Ahnenerbe« und bemüht sich um den Nachweis der reinen Sittlichkeit der Germanen. In der *Nordischen Zeitung* wird das »Sittengesetz unserer Art« vorgestellt:

1. Das Sittengesetz in uns gebietet Wahrung der eigenen Ehre und Achtung der Ehre der ebenbürtigen Ehrwürdigen.
2. Das Sittengesetz in uns gebietet Tapferkeit und Mut in jeder Lage. Kühnheit und Wahrhaftigkeit bis zur Todesverachtung gegen jeden Feind von Sippe, Land, Volk, germanischer Art und germanischen Glauben. ...
13. Das Sittengesetz in uns gebietet Opfer für ein großes Ziel zu bringen. ...
15. Das Sittengesetz in uns gebietet Einsatz für Wahrung, Einigung und Mehrung der germanischen Art.
16. Das Sittengesetz in uns gebietet Gefolgschaft dem besseren Führer, mit Recht und Pflicht zu abweichendem Rat, nach bestem Wissen und Gewissen.«[18]

Dieses Sittengesetz steht unter dem »juristischen« Schutz des Anwalts Jürgen Rieger, der aus Überzeugung Neonazis aller »Art« verteidigt. Rieger ist innerhalb der gesamten rechten Szene eine der populärsten Personen. Er verfügt über Macht und Geld, hat über seine Tätigkeit als Anwalt Kontakte zu fast jedem nationalistischen Zirkel und hat vor allem »Wissenschaftler« um sich versammelt, die von den rassetheoretischen Vorstellungen im Dritten Reich überzeugt sind.

Mit seinen verschiedenen Organisationen bedient er fast jeden Bereich des menschlichen Lebens, wobei die Esoterik für Rieger eine entscheidende Rolle spielt. Innerhalb der rechtsextremen Szene ist Jürgen Rieger eine ausgesprochen integrative Figur, die als juristischer Beistand von Nazis jeder Couleur den Ruf des guten Kameraden genießt. Als finanzieller Förderer seiner unterschiedlichen Vereinigungen gilt er in rechten Kreisen als Mäzen.

Interessant ist Rieger in unserem Zusammenhang vor allem deshalb, weil er die Esoterik für einen Grundpfeiler jeder nationalistischen Bewegung hält und die Reinheit der jeweiligen Art sein Credo ist. Jürgen Rieger ist bekennender Rassist, der spätestens seit der Übernahme der Artgemeinschaft seinen Einfluß im rechtsextremen Bereich wirkungsvoll geltend machen kann und sich so etwas wie ein Imperium an rechten ideologischen Gruppen aufgebaut hat, die ihm eine gewisse Vorrangstellung im rechten Lager zusichern.

Die Artgemeinschaft wurde im August 1951 als »Vertrauenskreis freigläubiger Gefährten« in Göttingen von Dr. Wilhelm Kusserow und Alfred Conn gegründet. Die Gründung war ein Rückgriff auf eine »Nordische Glaubensgemeinschaft« von 1927, und von Beginn an war ihre Entwicklung von Glaubenskämpfen und Verstrickungen mit anderen Germanisch-Gläubigen geprägt. Wilhelm Kusserow warf schon bald das Handtuch, es kam zu Zusammenschlüssen mit anderen Gruppierun-

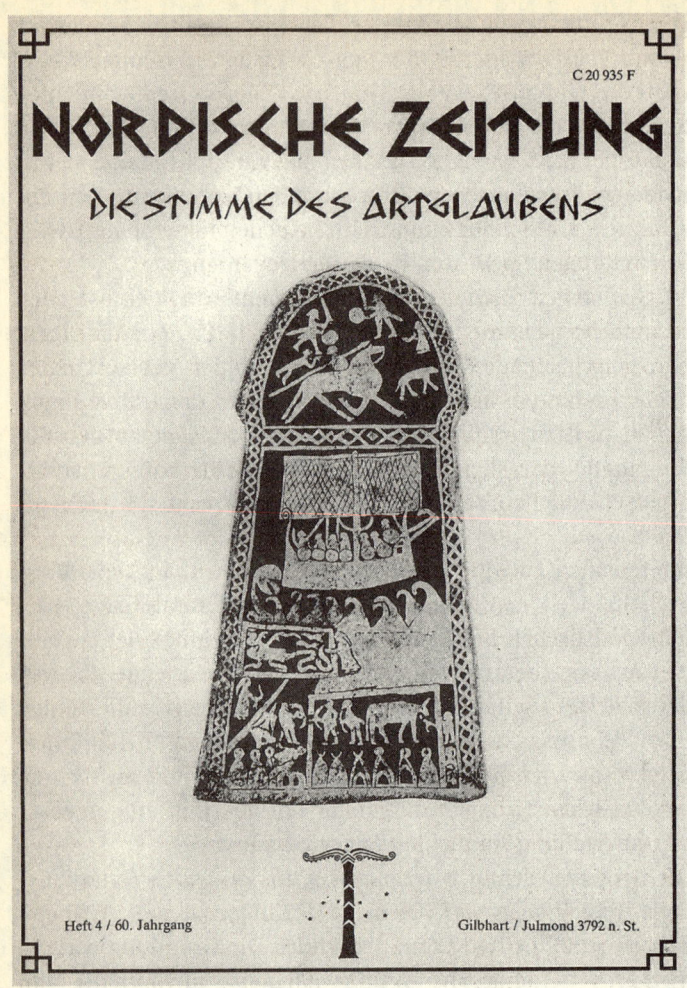

C 20 935 F

NORDISCHE ZEITUNG

DIE STIMME DES ARTGLAUBENS

Heft 4 / 60. Jahrgang

Gilbhart / Julmond 3792 n. St.

Titelblatt einer Ausgabe der Nordischen Zeitung
der Artgemeinschaft

gen wie den »Nordungen der Artgemeinschaft«, und schließlich wurde Jürgen Rieger in der germanischen Vereinigung federführend: »Ab 1980 übernahm ein Personenkreis um den Rechtsanwalt Jürgen Rieger die Vereinsführung. Präsident wurde der Funktionär der Wiking-Jugend (WJ) und der Nationaldemokratischen Partei Deutschlands, Guido Lauenstein. Die Zusammenarbeit mit Organisationen aus dem militant-neofaschistischen Spektrum wurde seitdem intensiviert.«[19]

Jürgen Rieger kam zu diesem Zeitpunkt mit einwandfreien rechtsextremen Referenzen zur »Artgemeinschaft«. Seine Qualifizierung hatte er im »Bund Heimattreuer Jugend« (BHJ) erworben, wie im übrigen ein enormer Anteil von Führungskadern der neugermanisch-heidnischen Gruppen aus ebendieser Organisation stammt. Der BHJ übernahm mit seiner Gründung 1958 am konsequentesten die Fortführung der Hitlerjugend. Nach außen orientierte man sich an der bündischen Tradition der Wandervögel vor 1933, die aber ideologisch nur wenig Unterschiede zur nationalsozialistischen Weltanschauung bot. Lediglich die Realpolitik im Dritten Reich schlug andere Wege ein. Der BHJ wurde neben der inzwischen verbotenen Wiking-Jugend zur wichtigsten Organisation für den rechtsextremen Nachwuchs.

Jürgen Rieger sieht seine Organisationen in ebendieser Tradition, wie man in den zahlreichen Zeitungen der Artgemeinschaft und auch in weiteren Publikationen seiner Vereine nachlesen kann. Die *Nordische Zeitung* enthält in jeder Ausgabe die Rubriken »Unsere jungen Gefährten« und »Unseren jüngsten Gefährten«. Hier wird gezielt agitiert und versucht, die Jugend – »Jungvolk« hieß sie im Nationalsozialismus – an eine »germanische Glaubenswelt« heranzuführen. Wie man sich das vorzustellen hat, zeigt ein Artikel in der *Nordischen Zeitung* von 1996, der unter der Überschrift »Düngen muß man den Baum, wenn er jung« ist, die »Altgermanische Erziehung«

thematisiert. Da wird die Pädagogik der Artgemeinschaftsmitglieder auf »germanische« Disziplin festgeschrieben:

> »Es ist eine ›heroische‹ Ethik, die sich in dieser Lebenshaltung verkörpert. Wir kennen keinen anderen Ort in der Geschichte der Völker und Rassen, wo sich ein so bedingungsloser und hochgespannter Heroismus als zentrales Lebensgesetz verwirklicht hat. … Niemand kann den Lauf der Welt aufhalten. Keiner kann das Verhängnis abwenden. … Wie man sein Los trägt, ›ist Sache der Ehre, über die das Schicksal kein Recht hat‹. So wird die Ehre fast zum metaphysischen Begriff und enthüllt noch einmal den tiefgründigen Stolz und den ›Großen Sinn‹ des germanischen Menschen!«[20]

Kinder sind in einigen germanischen Gemeinschaften immer willkommen. Der Umgang mit ihnen scheint auf den ersten Blick erstaunlicherweise auf einem fast antiautoritär offenen Erziehungsprinzip zu beruhen. Kinder dienen diesen Gemeinschaften aber auch immer wieder dazu, die Harmlosigkeit der jeweiligen Veranstaltungen vorzutäuschen. Und Kinder sind auch ganz natürlich der Nachwuchs, der, als »junge Heiden« erzogen, im späteren Leben ganz selbstverständlich an deutschnationalen Werten orientiert ist.

Jürgen Riegers Artgemeinschaft ist Mitorganisator der jährlichen »Hetendorfer Tagungswoche«, »die eine bedeutende ideologische Schulungsfunktion im neofaschistischen Spektrum einnimmt«.[21] Dieses Treffen im niedersächsischen Hetendorf verbindet eine ganze Reihe unterschiedlicher neonazistischer Gruppen. So weist die Einladung zur 3. Hetendorfer Tagungswoche von 1993 folgende Veranstalter auf: »Gestaltet vom Heide-Heim e. V. unter Mitwirkung der Artgemeinschaft e. V., Familienwerk e. V., Freundeskreis Filmkunst e. V., Gesellschaft für biologische Anthropologie, Eugenik und Verhaltensforschung e.V., Gesellschaft für freie Publizistik – Arbeitskreis Hamburg, Heinrich-Anacker-Kreis e. V., Nordischer Ring e. V., Northern League.«[22]

Im mit Stacheldraht gesicherten Heide-Heim trifft sich somit jedes Jahr ein nicht unerheblicher Teil der Elite des rechtsextremen Netzwerks. Das »Thing der Artgemeinschaft« steht zwar am Beginn der Tagungswoche – so beispielsweise 1993 –, der eigentliche Auftakt jedoch ist die »Errichtung eines Mittsommerbaumes mit Reigentanz«.[23] Der Sonntag in Hetendorf eröffnet mit der »Gefallenenehrung« und einer Feier für »Mutter und Kind; anschließend Ehrung kinderreicher Mütter«.[24] Hetendorf wirkt wie die perfekte Kopie einer Programmatik, wie sie im Nationalsozialismus selbstverständlich war.

Spätabends lädt man in Hetendorf dann noch zur Sonnenwendfeier. Rechtsradikale Politik und Esoterisches verschmelzen im Heide-Heim zu einer Einheit. »Rasse und Heimat« ist hier ebenso Thema wie der Mystiker Meister Eckehart oder »die germanische Seele des Deutschen«.[25]

Die *Nordische Zeitung* verbreitet die Ideen der Artgemeinschaft inzwischen im aufwendigen Mehrfarbdruck. Regelmäßiger Autor der Zeitung ist unter anderem die rechtsextreme »Kapazität« in Runenfragen Gerhard Heß.[26]

In fast jeder Ausgabe finden sich auch Geburtsanzeigen – so erfährt man in einer Ausgabe der *Nordischen Zeitung,* daß die Tochter Sigrun am »11. im Scheiding 3796 n. St.« geboren wurde.[27] Die Artgemeinschaft durchdringt die gesamte Lebensgestaltung ihrer Mitglieder, und dieses ganzheitliche Prinzip verbindet fast alle neugermanisch-heidnischen Gruppen. Die weitgehende Übereinstimmung mit den ganzheitlichen Vorstellungen der Nationalsozialisten macht die eigentliche Brisanz dieser Organisationen aus.

Geza von Neményi

Geza von Neményi, der sich selber in einer Art Wächteramt über die Reinheit des Neuheidentums sieht, leitet die »Germanische Glaubens-Gemeinschaft« (GGG) als sogenannter »Allsherjargodi«. Selber distanziert er sich immer wieder vehement vom Rechtsextremismus und merkt in einem Überblick der Neuheidnischen Gemeinschaften zum Beispiel zu Jürgen Riegers Artgemeinschaft an: »Der Leiter der Artgemeinschaft ist prominenter Rechtsextremist und Verteidiger von Skinheads und Altnazis.«[28]

Es scheint aber, daß Geza von Neményi selber Mitglied im rechtsradikalen Armanen-Orden war: »Darauf weist unter anderem die Tatsache hin, daß er in der Einladung zum Herbst-Thing 1991 des ›Armanen-Ordens‹ als ›Herr Geza/AO‹ auftaucht, eine Bezeichnung, die Mitgliedern vorbehalten ist. Außerdem ließ er sich unter anderem von Sigrun v. Schlichting zum ›Goden‹ weihen.«[29]

Mitte der achtziger Jahre wurde Neményi wegen seiner Nähe zum Rechtsextremismus von den Grünen in Berlin aus der Partei ausgeschlossen. Einer seiner engsten Gefährten, Michael Pflanz, wurde »1984 in einem Bericht des Landesamtes für Verfassungsschutz in Berlin als ›Rechtsextremist‹ bezeichnet, der ›zu den aktivsten Neonazis in Berlin (West)‹ Kontakte hielte und ›darüber hinaus als Verteiler von Flugblättern der Artgemeinschaft e. V. in Betracht‹ käme«.[30]

Geza von Neményis Gründung der Germanischen Glaubens-Gemeinschaft greift auf eine Vereinigung zurück, die bereits 1912 von dem Maler und Kunstprofessor Ludwig Fahrenkrog gegründet worden war und eindeutig rassistische Ziele wie die Reinhaltung des »arischen Blutes« verfolgte.

Jürgen Riegers Artgemeinschaft versteht sich ebenfalls als Nachfolger der Germanischen Glaubens-Gemeinschaft von

Titelblatt des Germanen Glaubens *von Geza von Neményi*

Ludwig Fahrenkrog. Jürgen Rieger schreibt in seiner *Nordischen Zeitung:*

> »Da die Artgemeinschaft die Tradition der ›Germanischen Glaubens-Gemeinschaft‹ fortführt, und wir Fahrenkrog immer als einen unserer Gründer bezeichnet haben, sah sich die Artgemeinschaft gezwungen, gegen die Neugründung vorzugehen, da es Verwechslungen geben konnte, und wir mit Herrn von Neményis Auffassung zum Heidentum nicht in einen Topf geworfen werden wollten.«[31]

Bedauernd erklärt Rieger in diesem Artikel über den Heidenkonkurrenten: »Leider leben wir nicht mehr in heidnischer Zeit, wo ich Herrn von Neményi hätte zum Holmgang fordern können, um ihm den Scheitel mit der Axt nachzuziehen.«[32]
Es ist unerheblich, wer aus diesem Streit, der vor verschiedenen Gerichten ausgetragen wurde, als Sieger hervorgegangen ist. Nach Riegers Angaben war er der Gewinner, Stefanie von Schnurbein dagegen sah Neményi als Sieger.[33]
Geza von Neményi warnt auffällig oft vor rechtsextremen Tendenzen auch in anderen neugermanisch-heidnischen Gruppen, so daß sich Schnurbein fragt, »ob er und andere Mitglieder ... ihre politischen Aktivitäten möglicherweise gezielt ableugnen«.[34] Unbestreitbar aber ist der Vorläufer der Germanischen Glaubens-Gemeinschaft eine völkisch-rassistische Organisation von 1912, und darüber hinaus scheint Geza von Neményi auch die Hetzsprache des *Stürmers* aus dem Dritten Reich zu beherrschen. In einem wilden Artikel zog er über unsere Fernsehdokumentation *Kulte, Führer, Lichtgestalten* her, so daß sich der Fernsehdirektor des WDR gezwungen sah, Neményi mit einer Strafanzeige zu drohen.[35]

Kulte, Führer, Lichtgestalten
Von Geza von Nemenyi, Alsherjargode.

Unter diesem Titel lief im ARD-Fernsehen am 13. 6. 96 um 23.30 Uhr eine WDR-Sendung von Klaus Bellmund und Kaarel Siniveer. Dieses Machwerk hat mit ernsthaftem, ordentlich recherchiertem Journalismus absolut nichts gemein, und normalerweise würde man zur Tagesordnung übergehen. Aber die Sendung lief im ARD-Hauptprogramm und erreichte somit sicher viele Zuschauer. Darum setzen wir uns an dieser Stelle also kritisch mit dem Machwerk auseinander.

Zuerst der Titel: Natürlich in (selbstzusammengefummelter) Frakturschrift gesetzt; Frakturschrift soll einen Bezug zum Nationalsozialismus herstellen. Wären die Autoren wenigstens nur halbgebildet, so wüßten sie, daß gerade die Nationalsozialisten diese Schrift durch Geheimerlaß von 1941 (liegt im Bundesarchiv Koblenz) abgeschafft hatten. Aber sie sind leider ungebildet, und so wissen sie es nicht und sind dementsprechend auch auf dem Gebiet der Rechtschreibung unwissend: „Lichtgestalten" wird nämlich in Frakturschrift mit langem „s" und „ch"-Ligatur geschrieben. Ein Blick in die Rechtschreibduden („Vorschriften für den Schriftsatz") wäre sinnvoll gewesen, aber möglicherweise kennen ultralinke Agitprop-Ideologen den Duden gar nicht. Der Kommentar der Sendung ist dementsprechend. Da heißt es z. B.: „...vorbestraft wegen Waffenbesitz." Man fragt sich, ob diese Stümper noch nie etwas vom Genitiv gehört haben? Oder ist ihnen der Genitiv als rechtsextrem verdächtig? Doch nun zum Inhalt des Machwerks. Zuerst wird ein dreifacher Mörder vorgestellt, ein „spezialbekannter Neonazi, vorbestraft...". Die Recherche, eines uns bekannten Journalisten, der im Gegensatz zu den Autoren dieses Machwerkes den Namen Journalist zu recht trägt, haben ergeben, daß der Neonazi-Mörder in keiner Neonazigruppe als Mitglied aufgenommen wurde, weil er selbst dort als verrückter Spinner galt. Dieser Neonazi hatte also bei seiner Vernehmung angegeben, der Gott Odin habe ihm den Auftrag zum Mord gegeben. Nun, wir Heiden wissen, daß Götter keine Mordaufträge geben, wie sie überhaupt nicht zu Neidingstaten anstiften. Ganz offenbar hat der überführte Mörder mit seiner Aussage, Odin habe ihn angestiftet, vor Gericht auf Unzurechenbarkeit plädieren wollen. Ein Verrückter ist nämlich nicht für seine Tat verantwortlich und erhält eine geringere Bestrafung.

So weit, so schlecht. Doch nun schneiden die Agitpropa rücksichtslos an diese Mordgeschichte Bilder von einem Treffen der Armanen. Zuerst wird ein Autoaufkleber („The Nation of Odin" mit Keltenkreuz und opala-Rune) gefilmt und ein Gespräch mit dem Autobesitzer, einem Armanen, geführt. Völlig unklar bleibt, was die Agitprops an dem Aufkleber eigentlich auszusetzen haben. Dann zitieren sie „aus einer internen Schrift" des Armanen-Ordens. Im Bilde sieht man die Werbeschrift des Armanen-Ordens „Leitbild und Aufbau des Armanen-Ordens", (3. Auflage) aus der das Zitat stammt, allerdings handelt es sich hierbei nicht um eine interne Schrift, sondern um ein Heft, das jedem Interessenten gegen DM 4,- zugeschickt wird: „Die Bande der Naturordnung, der Rassen, Völker und Stämme sind von zersetzenden Mächten bedroht...«. Dieser Satz ohne Zusammenhang sagt erst einmal

gar nichts. Welche Naturordnung ist gemeint, und vor allem, wer oder was sind die zersetzenden Mächte? Fragen, die natürlich unbeantwortet bleiben, weil wir es eben mit ungebildeten Autoren zu tun haben.

Nun erfolgt endlich die Vorstellung des Oberidioten: »Dieser Mann kennt sich im Innenleben der Armanen. Er recherchiert seit Monaten im germanischen Glaubensverband unter falschem Namen. Sein Pseudonym: Peter Jansen.« Bezeichnend ist, daß besagter Hirni in der ganzen Sendung nicht mit seinem richtigen Namen vorgestellt wird, sondern daß immer nur das Pseudonym verwendet wird. So haben die Betroffenen keine Möglichkeit, ihn wegen Verbreitung von falschen Behauptungen anzuzeigen. »Durch einen Trick hat er eine Einladung zum Oster-Thing erhalten...« Offenbar scheint es sich um eine Intelligenzbestie (im Gegensatz zu den Autoren) zu handeln. Diesen Trick wollen wir auch gleich erläutern: Man schreibt an die Armanen oder ruft an und schon wird einem eine Thingeinladung zugeschickt. Aber Vorsicht, diesen Trick kann man nur durchführen, wenn man mindestens so viel Intelligenz aufweist wie Pseudonym-Jansen! Mit dem frustrierten Gesicht einer beleidigten Leberwurst plaudert Pseudo-Jansen nun über die Vorträge, die er bei den Armanen gehört haben will: »...da wurde ohne es ausdrücklich zu sagen, antijüdische Tendenzen hergestellt« (jetzt wissen wir zumindest auch, woher die Unwissenheit in Punkto Sprachregeln herkommt). Also wurde nicht gesagt, aber waren da antijüdische Tendenzen. Ja zum Teufel, das Judentum ist doch eine Religion wie z. B. das Christentum. Darf man die denn nun etwa nicht mehr kritisieren? Und ist nicht das ganze WDR-Machwerk voll von antigermanischen und antiheidnischen Tendenzen? Ist man hier auf einem Auge blind?

Doch kommen wir zum nächsten Punkt, den Pseudo-Jansen aufzählt. Er meint, es sei „rechtsextreme" Literatur ausgelegt. Und - folgern wir - am besten sei doch wohl eine neue Bücherverbrennung um dann „braunen Sumpf" endlich „trockenzulegen«. Und ein nach ihren Gedanken befragter (lat. „Inquisition") - Das kommt uns doch irgendwie bekannt vor, oder? Noch dazu später mehr. Später in der Sendung wird noch gezeigt werden, was Sudel-Jansen für „rechtsextrem" hält, darum kann auch hier schon Entwarnung gegeben werden. Echte Rechtsextremistenliteratur wird da nicht ausgelegt gewesen sein.

Zuletzt beklagt Pseudo-Jansen, daß in einem Gebet an die Göttin Freyja der »hellhäutige Menschen« gebetet wurde. Er verlangt also indirekt, daß die Heiden für alle Menschen der Erde beten müssen. Wir meinen, jeder sollte doch lieber für sich selbst beten, und wir sollten auch weiterhin das Recht haben, selbst zu wählen, für wen wir beten und für wen nicht. In jeder katholischen Messe wird für den Papst und die Bischöfe der kath. Kirche gebetet, nicht aber für die evangelischen Theologen. Und für die Heiden schon gar nicht. Und so können wir es euch machen.

Dann beklagt sich Sudel-Jansen darüber, daß ein Familienvater ihm gesagt habe, er wolle seine Kinder »heidnisch wirkungsvoll« erziehen. Was das bedeutet, wird nicht gesagt, aber in einem demokratischen Staat hat jeder Mensch das Recht, seine Kinder so zu erziehen, wie er will! Sudel-Jansen kann ja in einen

Geza von Neményi als »Fernsehkritiker«

Druiden, Hexen und Armanen

Der Armanen-Orden versteht sich als arische Elite, der die religiöse Führungsaufgabe für die gesamte nordische Rasse zukomme. Die stark esoterisch ausgerichtete Organisation ist durchsetzt von Neonazis und steht in Verbindung zu verschiedenen rechtsextremen Gruppierungen. Mit der Hohepriesterin Sigrun Freifrau von Schlichting ist die im Bereich zwischen Esoterik und Rechtsextremismus dominierende Frau in seinen Reihen, und durch einen angeschlossenen Verlag und Buchversand wird die Szene mit der entsprechenden germanisch-völkischen Literatur versorgt. Der Armanen-Orden beruft sich hauptsächlich auf den Ariosophen und Antisemiten Guido von List und vertreibt auch dessen rassistisches Schrifttum. Der Armanen-Versand bietet Bücher an wie *Das Kegeln, ein altgermanisches Kultspiel* oder *Die Hoch-Zeit der Menschheit* von R. John Gorsleben. Der Großmeister des Armanen-Ordens Adolf Schleipfer, der wichtige Bücher in seinem Verlagsprogramm mit persönlichen Kommentaren versieht, bezeichnet das Gorsleben-Buch als »Grundlagenwerk zur germanischen Esoterik«.[36] Gorsleben, in den zwanziger Jahren Mitglied der radikalen Thule-Gesellschaft, schreibt in diesem völkischen Standardwerk: »Wissen ist Erberinnern ... Untermenschliche mit Affenblut genetzte kennen kein Erberinnern.«[37]
Adolf Schleipfer wirbt darüber hinaus für das indizierte Buch von Jan van Helsing *Geheimgesellschaften und ihre Macht im 20. Jahrhundert:* »Ein Wegweiser durch die Verstrickungen vom Logentum ... Das Grundlagenwerk zum Thema. Erspart ganze Bibliothek.«[38] Über ein Buch des rassistischen Runenforschers Bernhard Marby schreibt Schleipfer von »grundlegenden Zusammenhängen im Rahmen der alten einheimischen Religion«, und *Die Geheimlehre* von Blavatsky stellt für ihn »die Hochschule der Esoterik« dar, »das wichtigste, umfassend-

ste Werk zum Thema!«[39] Neben all dem empfiehlt er revisionistische Bücher und Literatur der »Neuen Rechten«.

Der Armanen-Orden ist ein ausgesprochen vorsichtiger und verschlossener Zirkel. Dennoch unternahmen wir den Versuch, direkte Informationen aus dem Innenleben der Vereinigung zu erhalten. Zudem schien die Bedeutung des Ordens innerhalb der neugermanisch-heidnischen Szene und seine Verflechtung im rechtsextremen Netzwerk einen besonderen Stellenwert zu haben.

Grund genug für unseren Informanten Peter Jansen, sich auf den Weg zu machen, um an einem Thing der Armanenschaft teilzunehmen.

Umwege führen manchmal zum Ziel

Ein direkter Kontakt zu den Armanen ist durchaus möglich. Auf diese Weise erhält man allerdings nur gefilterte Informationen. Wer an einem sogenannten Thing der Armanen teilnehmen will, muß sich mit seinem Paß ausweisen. Peter Jansen hat aber für seinen Decknamen keine Legitimation. Wir wählen einen Umweg.

Zwischen einem kleineren heidnischen Zirkel in der Umgebung von Frankfurt und dem Armanen-Orden scheinen nach unseren Informationen vertrauensvolle Verbindungen zu bestehen: Der Leiter vom »Yggdrasil-Kreis« taucht verschiedentlich an maßgeblicher Stelle im Armanen-Orden auf.

Der »Yggdrasil-Kreis« praktiziert auf einem »Hof Arkuna« die keltisch-germanische Naturreligion. Seminare und Vorträge werden angeboten, dazu gehört eine Naturheilpraxis, in der auf Grundlage der germanischen Religion geheilt wird. Der eingetragene Verein gibt eine eigene Zeitung unter dem Tiel *Abraxas* heraus und bezeichnet sich selber als Hexenkreis.

10 Jahrgang 36 Sonocintos 3866

ABRAXAS

Zeitschrift für Keltische und Germanische Naturreligion

Yggdrasil   Kreis e.V.

Abraxas: *Mitteilungsblatt des Hexenkreises Yggdrasil*

Yggdrasil wirbt fast ausschließlich in rechtsextremen Zeitungen, wie im *Lebensborn* von Jörn Schönlaub.[40]

Woher also soll Peter Jansen glaubhaft etwas über den Kreis erfahren haben? Eine äußerst obskure Drogerie in Frankfurt kann in diesem Fall weiterhelfen. In dieser Drogerie kann man wahlweise Werkzeuge für den Satanskult erwerben, Rattengift oder Kelche für eine germanische Weihefeier, daneben gibt es rechtsradikale Literatur und einschlägige Runenbücher aus der Nazizeit in Faksimilenachdrucken, und hier findet sich auch Werbung für den Yggdrasil-Kreis. Peter Jansen meldet sich also beim Hexenkreis in der Nähe von Butzbach, indem er auf einen Besuch in dieser Drogerie verweist. Er erhält die Vereinszeitung mit den Seminarangeboten und die Empfehlung, einen »Fernkurs für Heiden« zu belegen, den er auch sofort bucht.

Nach recht kurzer Zeit kann Peter Jansen an einem Wochenendseminar auf dem Hof Arkuna teilnehmen. Es gelingt ihm rasch, das Vertrauen des »Druiden« Volkert Volkmann zu gewinnen. Zu Beginn des Seminars wurde die Frage gestellt, wer denn heute vom Verfassungsschutz da sei. Daraufhin meldete sich Peter Jansen, und mit dieser selbstsicheren Geste war er auch schon in den Kreis aufgenommen.[41]

Über das Seminar berichtet Peter Jansen: »Der Hof Arkuna ist ein ganz normales Haus. Die Veranstaltung fand im Kellerraum statt, in dem auch ein Irminsulaltar steht. Volkmann hielt einen Diavortrag über Bäume und Pflanzen, in dem er diese im übertragenen Sinne in gute und schlechte Rassen aufteilte. Später fand ein meditativer Tanz um einen Runenteppich statt. In Gesprächen bestätigte mir Volkert Volkmann seine Verbindungen zum Armanen-Orden, erwähnte auch, daß dieser besonders rechtsextrem sei.«[42]

Diese Verbindung zum Armanen-Orden scheint für Volkert Volkmann problematisch zu sein. Nach der Ausstrahlung unserer Fernsehdokumentation *Kulte, Führer, Lichtgestalten* in der ARD,[43] in der diese Verbindungen erwähnt wurden, führte er aufwendige Prozesse gegen diese Feststellung. In der letzten Instanz vor dem Oberlandesgericht in Köln wurde Anfang 1997 endgültig gegen ihn entschieden.[44]

Schließlich war es Volkmann zu verdanken, daß Peter Jansen auf höchster Ebene mit dem Armanen-Orden in Verbindung treten konnte. Er hatte unserem Informanten aufgetragen, wenn er mit Adolf Schleipfer telefoniere, solle er den »Adi« schön grüßen.[45]

Tatsächlich verschaffte ihm diese Floskel bei dem als ausgesprochen vorsichtig und mißtrauisch bekannten Adolf Schleipfer eine Vertrauensbasis. Wir waren Zeugen des ersten Telefongesprächs, in dem Schleipfer nach diesem Gruß Peter Jansen gegenüber freimütig erwähnte, daß der Armanen-Orden derzeit in Schlesien eine Burg zu seinem europäischen Zentrum ausbaue und auch sonst seine rechte Gesinnung nicht verstecke. Ein Treffen in einem Café in Köln folgte, bei dem Peter Jansen einschlägige Literatur aus dem Armanen-Verlag bekam und mehr zur Ideologie der Vereinigung erfuhr: Die natürlichen Feinde der Armanen seien die Juden, und dem Verfassungsschutz gegenüber helfe die Selbstdarstellung als Religionsgemeinschaft, erzählte der Großmeister des Ordens.[46] Vor allem aber erhielt Peter Jansen eine persönliche Einladung zum Ostara-Thing vom 6. bis 8. April 1996 in Altena.

> »Das Ostara-Thing ist das Hauptthing in unserem festlichen Jahresablauf und ruft heute wieder wie in alten Zeiten die Armanenschaft, sich in den Ostertagen unter der Schirmherrschaft der Frühlingsgöttin Ostara zu versammeln.«[47]

Zu einem großen Teil besteht eine solche Veranstaltung aus verschiedenen Weihehandlungen und Ritualen. Zur Einstimmung wird eine Runenübung zelebriert, im Mittelpunkt steht aber eine große »Ostara-Feier«. Dabei wird die Frühlingsgöttin angerufen, das Osterwasser geweiht, ein kleines Osterfeuer entzündet und ein rituelles Weihemahl zubereitet.[48] Das ist aber nur die eine Seite des Things. Bei seinem Besuch in Altena traf Peter Jansen auf Büchertische mit eindeutig rechtsextremer Literatur, und in harmlos klingenden Vorträgen waren rassistische Töne zu hören. Auch die besondere Stellung des einflußreichen Rechtsextremisten Jörn Schönlaub innerhalb der Ordenshierarchie fand er hier bestätigt. Die Vermischung zwischen militanten Neonazis und der esoterisch-völkischen Armanenschaft ist zweifelsfrei. Die Militanz im Armanen-Orden mußte Peter Jansen fast am eigenen Leib erfahren. Neulinge müssen nämlich einen sogenannten Freundschaftsvertrag unterzeichnen:

> »Um sicherzugehen, daß Du in wohlwollender Absicht uns kennenlernen möchtest, ... bitten wir Dich, folgenden Vertrag mit uns abzuschließen. ... Im Falle feindseliger, entstellender, unwahrer oder verleumderischer Absichten ... insbesondere solcher Berichterstattung in Zeitschriften, Büchern u. ä. ... verpflichte ich mich:
> 1 Zum vollen Schadensersatz nach Ermessen der Leitung der Armanenschaft.«[49]

Bei dieser Unterschrift wird der Personalausweis verlangt. Als Peter Jansen die Situation zu überspielen versuchte, wurde er von mehreren kräftigen Goden mit eindeutigen Drohgebärden umringt. Ein Telefonat mit Volkert Volkmann, der Schleipfer gegenüber quasi für ihn bürgte, konnte die Situation glücklicherweise entschärfen. Am folgenden Tag allerdings hatte er einen ständigen Begleiter, der regelmäßig Jörn Schönlaub Bericht erstattete. Zum ersten Mal nach sieben Monaten Recherche bei Rechtsextremen, sagt Peter Jansen, kam in ihm das Gefühl der Angst auf.[50]

Guido von List

Die ideologische Grundlage des Armanen-Ordens findet sich in den Schriften von Guido von List, der zu den prägenden Persönlichkeiten einer germanisch-völkischen Esoterik zählt, wie eine hymnische Beschreibung um 1920 deutlich macht:

> »Guido von List war es vorbehalten, die Arbeit der Germanisten zu krönen durch die Entdeckung der Esoterik des Germanentums, durch Auffindung einer erhabenen Philosophie und Geheimlehre ... deren Hauptlehrsätze durch die Urbedeutung der Runen und anderer germanischer Heilszeichen festgelegt waren. Durch Lists Arbeiten ist somit erst die religiös-metaphysische Grundlage gegeben für die Bestrebungen der großen deutschen Kulturbewegung, die es sich zum Ziele setzt, alle Gebiete unseres kulturellen Lebens mit deutsch-germanischem Geiste zu erfüllen.«[51]

Guido von List, der 1919 starb, hinterließ die Lehre von der höheren Rasse der Arier, die Ariosophie. Zum 1500. Jahrestag eines germanischen Sieges über die Römer an der Donau soll er acht Weinflaschen in Form eines Hakenkreuzes am Ort der Schlacht vergraben haben.[52] Hitler soll nach einem Bericht die Exhumierung dieses »ersten Hakenkreuzes« geplant haben.[53] Der Österreicher List scheint vor allem in Wien recht populär gewesen zu sein. »Seine Anhänger organisierte er in der 1908 gegründeten Guido-von-List-Gesellschaft, einer arischen Streitergemeinschaft gegen ›Untermenschen‹ und ›mindere Rassen‹.«[54] Die Mitglieder dieser Gesellschaft stammten alle-

314

samt aus gehobenen Kreisen: Kaufleute, Großindustrielle, Gutsbesitzer, Adlige wie Eberhard von Brockhusen, später NSDAP, und der Wiener Oberbürgermeister Karl Lueger.

Wien bot um diese Zeit offensichtlich ein besonderes Forum für die Ausformung der völkisch-nationalen Ideen, denn auch Lanz von Liebenfels war damals hier aktiv und stand mit Guido von List in direkter freundschaftlicher Verbindung. Der Adelstitel, den beide trugen, scheint allerdings eine Erfindung zu sein, denn zumindest bei List wurde »einer Klage wegen unberechtigter Führung des Adelstitels ... stattgegeben, nachdem Nachforschungen im Adelsarchiv ergebnislos blieben. List wurde die Führung des Titels zwar untersagt, was aber zur Folge hatte, daß er Publikationen unter seinem alten Namen herausgab, sich aber weiter Guido von List nennen ließ.«[55] Von Liebenfels hieß mit wirklichem Namen Adolph Joseph Lanz. »Er führte den Adelstitel, weil er sich als Sohn eines sizilianischen Barons ausgab.«[56]

In der Publikationsreihe »Deutsche Wiedergeburt – Schriften zur nationalen Kultur« veröffentlichte List unter anderem das Buch *Der Übergang vom Wuotanismus zum Christentum.* [57] Hier beschreibt er die Aufgabe der arischen Rasse als »Edelrasse« und fordert nicht nur die »politische Selbständigkeit (als Deutsche), sondern auch die Weltherrschaft (als Ario-Germanen ...), woraus sich für die Zukunft ein Pan-germanisches Deutschland entfalten wird, weil es sich so und nicht anders gestalten muß, allen Gegenstemmungen der Dunkelmächte zum Trotz«.[58]

Lists esoterische Grundüberzeugung wird vor allem in seinem Buch *Die Religion der Ario-Germanen in ihrer Esoterik und Exoterik* in ihrer ganzen Absurdität anschaulich.[59] Danach ist die »Geheimlehre der Wissenden« die Esoterik, während »die allgemeine Religionslehre des Volkes« Exoterik sei.[60] Überzeugt von Karma und Wiedergeburten, stellt List sich etwa die

Surtur:
Der ungeoffenbarte Gott, der „Große Geist", der „Heilige Geist" [Heilsgeist]

|

Allvater [Allfatur]
Der geoffenbarte Gott als „Weltgeist". Erster Logos
[als Weltschöpfer der Demiurgos].

|

Ginnungagap [Chaos, Hyle]
Urstoff, Urmaterie, Urelement, Geist-Körper.

Muspelheim	Audumbla	Niflheim	Ymir	Aithar	?	?
Urfeuer	Urwasser	Urluft	Urerde	Ether	?	?

Buri
[androgyne, mannweibliche Zeugung].

|

Bör und Bestla
[Mann und Weib].

|

Wuotan
Erdgeist

Wuotan [Har]	Wile [Jafnhar]	We [Thridi]
Wuotan	Hänir	Lodur
Wuotan	Donar	Loki
Wuotan	Donar	Freyr, Fricco
[Licht, Geist, Verstand]	[Luft, Seele, Gemüt]	[Feuer, Leidenschaft Begierde]
[Entstehen]	[Werden]	[Verwandeln]

Urda	Werdandi	Schuld
Entstehen	Werden	Verwandeln

Wuotan und Frigga.
Männlich, Erdgeist.   Weiblich, Erdstoff.
Himmel | Erde

Wuotan und Freya [Frauwa]	Donar und Sibia	Loki und Sigyn
Licht, Geist, Verstand und sinnige Jungfrau.	Luft Seele, Gemüt und Erdstoff.	Feuer Leidenschaft, Begierde und Dulderin [Tod u. Todtin, Todtenweib].
deren Kinder		

Tyr	Heimdall	Bragi	Widar	Hader	Wali	Balder	Nana	Forsetti	Uller
Beruchter	Gewissen	Dichtkunst das göttliche	Wiederkehr Wieder-Geburt Wissen	Zwietracht	Kampf u. Tod	Sonnengeist Edelmut	Innersichkeit	Ausgleicher Vermittler Richter Gewissen	Zweikampfentscheider Der Geistigstarke

Guido von Lists Weltbild aus seiner Religion der Ario-
Germanen in ihrer Esoterik und Exoterik *(erschienen in
der Reihe »Deutsche Wiedergeburt. Schriften zur
nationalen Kultur«)*

Frage: »Wie viele Wiedergeburten mußte z. B. Vasco de Garan's Ichheit, der 1543 zum erstenmale die Donau mit einem Dampfer befuhr, durchmachen, bis sie als Robert Fulton am 9. Februar 1803 abermals mit einem Dampfer die Seine befuhr? Welche Entwicklungsgänge hatte diese Ichheit von 1543 zu machen und welche stehen ihr noch bevor? – Denn, daß ein Zusammenhang durch Wiedergeburt zwischen Garan und Fulton besteht, ist kaum von der Hand zu weisen.«[61] Man muß nicht unbedingt etwas über Garan und Fulton wissen, um diese List-typische »Beweisführung« zu belächeln. Für List aber ist das nur logisch, denn ohne Wiedergeburt gäbe es ja nur ein »unentwirrbares Durcheinander fast unzählbarer einzelner Anfänge, statt eines organisch gegliederten zielbewußten und zielsicheren Werdens aus dem harmonischen Zusammenwirken der zahlreichen Ichheiten.«[62]

Ein esoterischer Wirrwarr entsteht bei List ebenfalls, wenn er versucht, die Lösung des »Welträtsels« über den Gott Odin zu verkünden: »Und da nun aber Wuotan, er selber, jedoch gleichzeitig auch das All ist, – wie ja jedes ›ich‹ gleichzeitig auch das ›Nicht-Ich‹, nämlich das ›All-Ein-Ich‹ (Alleinigkeit-All-Ein-Ichheit), das All ist – so macht jedes einzelne Ich, jeder Mensch für sich, die gleichen Wandlungen über die gleichen Erkenntnisstufen durch … Und hier erkennen wir die Weltesche Yggdrasil, den biblischen Baum der Erkenntnis, den heiligen Baum Zampuh der thybetanischen Mythe, den assyrischen Lebensbaum, und andere Ähnlichkeiten in den indischen, persischen und anderen Mythologien. Damit sind wir aber wieder zu Yggdrasil zurückgekehrt.«[63]

Nachdem List und andere derart den Boden bereitet hatten, brauchte der Nationalsozialismus nur noch die arische Grundlage aller höheren Kulturen dieser Welt zu »beweisen«. Guido von Lists Theorien – so das »Kunstgefüge« der Ariogermanen und die große Aufgabe, »die eigene Göttlichkeit« zu finden[64] –

waren eine der elementaren Grundlagen für die völkische Esoterik des Dritten Reichs. »Über die soziale Ordnung der Ario-Germanen hatte List ebenfalls genaue Vorstellungen. Er projizierte seine Ideen und Wünsche des idealen Staates, der elitäre, rassistische und imperialistische Züge trägt, in eine phantasierte Vergangenheit.«[65] Folgerichtig entwickelten sich aus der Guido-von-List-Gesellschaft der Germanen-Orden und auch die Thule-Gesellschaft, beides Vorläufer der NSDAP.

1967 trat Adolf Schleipfer in Kontakt mit der Guido-von-List-Gesellschaft, wurde deren Präsident und wandelte diese Vereinigung 1976 in den Armanen-Orden um, der aber nach wie vor auf den Ideen Guido von Lists gründet.

Im »Leitbild und Aufbau des Armanen-Ordens«[66] sind die Grundsätze der Organisation beschrieben:

> »1. Der Armanen-Orden ist das gesamte Germanen- und Keltentum in seiner geistigen, seelischen und körperlichen Eigenart.
> 2. Der Armanen-Orden verkörpert die wahre Erkenntnis der göttlichen Weltordnung auf der Grundlage des germanischen und keltischen Weistums, dessen Religions- und Kultform die einheimischen Göttermythen bilden.«[67]

In diesem Grundsatzprogramm weist der Großmeister Adolf Schleipfer auf Gefahren hin: »Die Bande der Naturordnung, der Rassen, Völker und Stämme sind von zersetzenden Mächten bedroht.«[68] Als Feinde dieser Naturordnung hat er die Kirche und »Freimaurerei und Großkapital« ausgemacht.[69] Über die Juden heißt es – ganz im Stil von Hitlers Propagandablatt *Der Stürmer* – im Leitbild der Armanen:

> »Vor keinem Mittel scheuten diese Mächte zurück, keine Lüge war zu groß, kein Betrug zu ungeheuerlich, keine List zu unsitt-

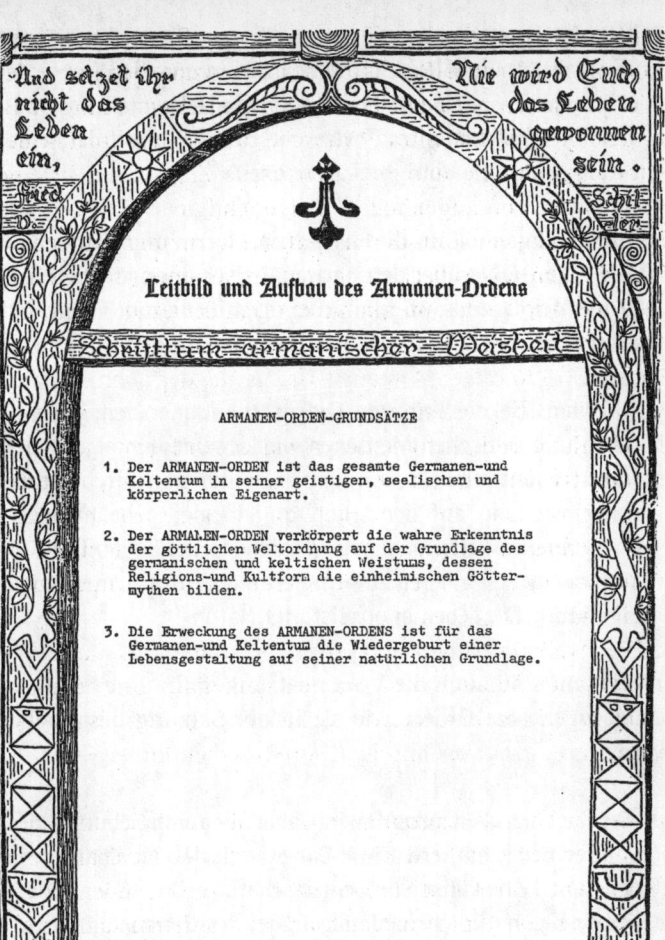

Und setzet ihr nicht das Leben ein, ...

Nie wird Euch das Leben gewonnen sein.

Schiller

Leitbild und Aufbau des Armanen-Ordens

Schrifttum germanischer Weisheit

ARMANEN-ORDEN-GRUNDSÄTZE

1. Der ARMANEN-ORDEN ist das gesamte Germanen-und Keltentum in seiner geistigen, seelischen und körperlichen Eigenart.

2. Der ARMANEN-ORDEN verkörpert die wahre Erkenntnis der göttlichen Weltordnung auf der Grundlage des germanischen und keltischen Weistums, dessen Religions-und Kultform die einheimischen Götter-mythen bilden.

3. Die Erweckung des ARMANEN-ORDENS ist für das Germanen-und Keltentum die Wiedergeburt einer Lebensgestaltung auf seiner natürlichen Grundlage.

Die Grundsätze des Armanen-Ordens

lich. Ein Großteil aller Kriege wurde von diesen Kreisen nur veranlaßt, um maßlose Profite zu machen und die Welt getreu den Verheißungen des biblischen Jahwes (Jehova) an sein ›auserwähltes Volk‹ im alten Testament, zur ›Herde mit dem einen Hirten‹, d. h. zum Völkerbrei zu machen.«[70]

Rettung bringen da nur die »Armanen, Goden und Druiden«.[71] Wüßte man nichts über den nationalistisch-rassistischen Hintergrund des Ordens, so klänge einiges in diesem Programm für den Sinnsuchenden durchaus bedenkenswert:

> »Höchstes Ziel des Armanen-Ordens ist es daher, dem germanischen und keltischen Menschen wieder seine ihm eigene tiefe Naturverbundenheit, seine echt heidnisch-sinnenfreudige Lebenseinstellung auf dem Hintergrund einer geheimnistiefen Naturinnerlichkeit und dem beglückenden Gefühl der Göttlichkeit im eigenen Inneren zu vermitteln! ... Wir Armanen wollen ein natürliches Leben in unzerstörter Natur.«[72]

Interessant sind auch die Voraussetzungen für eine Mitgliedschaft in diesem Orden, wie sie in der Satzung beschrieben werden:

> »Die Zugehörigkeit zum AO wird daher nur durch Geburt in diese Volksgemeinschaft erworben. Daher ist der AO eine naturgegebene und keine künstliche Gemeinschaft. ... Der AO war und ist der einzige natürliche Ordnungsträger des Germanentums und damit der rechtmäßige Inhaber aller armanischen Weis- und Brauchtümer und damit verbundener Kultstätten, sowie der von den Kirchen widerrechtlich beschlagnahmten Grundbesitzungen, Vermögen, Kultgeräte und Werte aller Art.
> Da der AO eine naturgegebene Gemeinschaft ist, die auch vorhanden wäre, wenn dies nicht in vorliegenderweise vermit-

telt würde, liegt Entstehen, Werden und Vergehen nur im kosmischen Sein des germanischen und keltischen Volkstums begründet.
Die Leitung der Armanenschaft
Adolf Schleipfer und Sigrun von Schlichting«.[73]

Die Hohepriesterin der Germanen

Bei den Armanen heißt sie nur Hermine/AO. Ihr wirklicher Name ist Sigrun Schleipfer, geborene Hammerbacher, Tochter des NSDAP-Kreisleiters Dr. Hans Wilhelm Hammerbacher. Sie selber nennt sich Sigrun Freifrau von Schlichting. Sie ist, wie Peter Jansen vom Ostara-Thing berichten kann, eindeutig das rituelle Oberhaupt im Armanen-Orden. Die Freifrau ist wohl auch zuständig für die Weihen im Armanen-Orden, der ein nach Graden abgestuftes Einweihungssystem vorsieht: Die »Volkspriesterschaft« sind die ersten drei Grade – Lehrling, Geselle und Meister. »Daran schließen sich die Armanen-Ordens-Grade an, die bis zum neunten Grad führen und einer esoterischen Einweihungsordnung entsprechen sollen. Diese sieht noch einen zehnten Grad vor, der jedoch nicht kontrolliert werden könne und auf der göttlichen Ebene stattfinde.«[74] Sigrun von Schlichting überwacht als Hohepriesterin die religiösen Spielregeln der Gemeinschaft. Ihre Verbindungen reichen aber auch in eindeutig politische Zirkel. So war sie früher schon im Bund Heimattreuer Jugend (BHJ) aktiv und betätigte sich bei den »Goden«. Hier lernte sie ihren späteren Mann Adolf Schleipfer kennen. Inzwischen leben die beiden wieder getrennt. Adolf Schleipfer betreibt von Köln aus seinen Armanen-Verlag, die Freifrau koordiniert ihre unterschiedlichen Aktivitäten aus Ammerland am Starnberger See. Dort leitet sie eine »Arbeitsgemeinschaft naturreligiöser Stammesverbände

Veranstaltungen

26.–28.4. Frühjahrstagung des BUND DER GODEN in Döhle/Egestorf. Info bei Dr.A.-F. Ventker,Ruf: 04102/62339.

30.4./1.5. BELTANE/WALPURGIS (Priesterinnenweihe,Beginn der WANENZEIT) und WONNEFEST (Hohe Maien)

2.–6.5. Vorankündigung: Grosses HEIDENFEST IN FRANKREICH.

18.5. Grosser BAUMPFLANZTAG des YGGDRASIL-KREIS E.V. (Gemeinschaft für keltische und germanische Naturreligion). Nähere Informationen: Pf. 900414 in 60444.Frankfurt/M.

30.5. *1800Uhr!* RUNENGYMNASTIK und RUNENÜBUNGEN beim Stammesverband TEMPEL DER SEMNONEN. Treffpunkt: HausBÄKETHAL in Berlin-Lichterfelde, Bäke Str.8. Leiter: Rudolf A. Spisth (BUND DER RUNENFORSCHER).

1./2.6. RUNENLEHRGANG 2 in Westfalen mit Sigrun Frfr.v. Schlichting . Anmeldung bitte bei H.Heisterkamp,Horsthof Str.1,46244,Kirchhellen.

21.6. SOMMER-SONNENWENDE,MITTSOMMERFESTE bei allen Stämmen MIDGART-EUROPAS.

27./28.7. GERMANISCHER FÜNFKAMPF in Otterndorf vor dem Deich,ein Volksfestspektakel,zu dem Stämme aus allen Gauen Deutschlands anreisen (Siehe H&M 6/95).Anmeldung: Ruf 04751/2005.

um 29.7. OLAU,Fest zum Ende der Heuernte.

3./4.8. WIKINGERTAGE in Schleswig an der Schlei,ein Traditionsfest mit Darstellung rekonstruierter Kultur und Lebensweise der Wikinger.

um 21.8. LUGNASADH/LAMMAS/KORNMUTTERFEST zum Ende der Getreideernte.

6.–8.9. FEST DER LEINERNTE, Treffen von Abgesandten aller Stammesgruppen MIDGART-EUROPAS (gesonderte Einladung).

Huginn und Muninn-*Werbung für rechtsextreme Gruppierungen*

322

Europas« (ANSE), die als »Vorfeldorganisation des Armanen-Ordens« gilt.[75]

Zwischen den Schleipfers herrscht eine gut durchdachte und taktisch geschickte Arbeitsteilung mit dem gemeinsamen Ziel, die Armanenbewegung voranzutreiben.

Mit der ANSE will Sigrun von Schlichting an erweiterte Zielgruppen kommen, vor allem in rein esoterisch orientierten Zirkeln Fuß fassen und diese als Klientel für die neugermanisch-heidnische Szene gewinnen. Die Zeitschrift der ANSE, *Huginn und Muninn*, wendet sich ganz deutlich an die »Esoterik- und Alternativbewegung«.[76] Werden im Armanen-Orden überwiegend schon rechts-national Eingestellte mit Ritualen versorgt, so will die ANSE vorwiegend esoterische Gruppen gewinnen, um diese an eine völkisch-germanische Esoterik zu führen und darüber letztendlich ins rechtsextreme Lager.

In *Huginn und Muninn* werden auf den ersten Blick überwiegend unpolitische Themen behandelt. Es geht um Götter, Sonnenwenden und Gralsfeste. Die Anhänger des Glaubens sehen ihr ganzes Leben davon bestimmt, wie ein Leserbrief in einer Ausgabe von 1994 zeigt:

»Liebe Sigrun, – Ich habe am 21.4.1994 meinen Führerschein zurückerhalten. ... Die Führerscheinsperre sollte nach dem Plan der Behörden viel länger dauern. Darum rief ich die Runen zu Hilfe. Jetzt haben die LAF und die RIT-Rune ihre Wirkung gezeigt. ... auch die Gebete zu Thor und den Nornen Werdandi und Skuld haben geholfen. Vielen Dank für deine Hilfe in dieser Sache.

Muninn antwortet: Lieber Hralf, in dieser Sache hast du erfahren, wie es ist, wenn man die Götter um Hilfe anruft. ... Gerade die Runen geben augenblicklich Götter-Rat und -Hilfe. ... Fordert eure Einladung zum nächsten Runen-Lehrgang an.«[77]

Runen-Lehrgänge werden vor allem von Sigrun von Schlichting und von Volkert Volkmann vom Yggdrasil-Kreis angeboten. Die Veranstaltungsorte allerdings werden nur höchst vage angegeben; so wird etwa ein Runenkurs mit der Freifrau unter der Ortsangabe »in Westfalen« angekündigt.[78] Geradezu konspirative Wege muß auch gehen, wer mit Volkert Volkmann Kontakt aufnehmen will. Das geschieht nämlich über ein Postfach in Frankfurt, dem eine zweifelhafte Adresse zugeordnet ist. Eine Überprüfung dieser Adresse vor Ort ergab keinerlei Hinweise auf Volkmann oder seinen Yggdrasil-Kreis, obwohl der dem Vereinsregister zufolge dort auch seine Mitgliederversammlungen abhalten soll.

Huginn und Muninn wirbt nicht nur für diesen Hexenkreis und, besonders umfangreich, für den Armanen-Orden, sondern auch für weitere rechtsextreme Gruppierungen. 1996, unter dem neuen Schriftleiter Bernhard Schulz, beherrscht fast nur noch ein Thema die Zeitschrift:

> »Es interessiert uns herzlich wenig, ob wir Heiden ›Beobachtungsobjekt des Verfassungsschutzes‹ sind, da wir uns nichts Ungesetzliches zu Schulden kommen lassen. Wir haben in den letzten 2000 Jahren viele Geheimdienste überlebt. Viel schlimmer ist die kirchlich-organisierte Medienhetze, die versucht, uns Heiden nach dem Motto ›Nazikeule statt Scheiterhaufen‹ zu bekämpfen.«[79]

Eine Distanzierung von rechtsextremen Gruppen findet freilich nicht statt, ganz im Gegenteil, auch in der zitierten Ausgabe wird zum Beispiel für den radikalen »Bund der Goden« geworben, für den Yggdrasil-Kreis , für den rassistisch-völkischen »Tempel der Semnonen« und natürlich auch wieder für den Armanen-Orden.[80]

Der Rückzug von Sigrun von Schlichting aus der Schriftleitung hat keinerlei inhaltliche Auswirkungen und dürfte, wie selbstgerechte Verteidigungen wie der oben zitierte Artikel nahelegen, aus taktischen Gründen erfolgt sein, weil die rechtsextremen Verbindungen der Freifrau allzusehr bekannt geworden waren. Aber Schlichting setzt auch vermehrt auf andere Organisationen, die in ihrer Außenwirkung noch unverdächtiger erscheinen, wie zum Beispiel ihre »Gemeinschaft zur Erhaltung der Burgen e. V.«, über die Stefanie von Schnurbein schreibt:

> »Der als gemeinnützig und besonders förderungswürdig eingetragene Verein mit seinen in unregelmäßigen Abständen erscheinenden ›Burgnachrichten‹ will meines Erachtens eine Art Aushängeschild des Ordens sein. In einem Informationsblatt werden Burgen als ›letzte Paradiese der Romantik‹ in einer Welt des Fortschritts, der Technik, der Moderne gepriesen, ›wenn sie ihre urtümliche Eigenart nicht verloren haben, für die Bevölkerung zugänglich, lebendig bewohnt und bewirtschaftet werden‹.«[81]

Die Jahreshauptversammlungen dieser Burgengemeinschaft werden im Rahmen des Ostara-Things des Armanen-Ordens abgehalten, jeweils unmittelbar vor dem offiziellen Thing-Beginn.

Zu einer solchen Burgengemeinschaft paßt natürlich eine Freifrau von Schlichting besser als die bürgerliche Sigrun Schleipfer. In den Anfangstagen des Vereins war auch der Neonazi Jörn Schönlaub präsent, der diese Initiative mit einem Siedlungsprojekt »Lebensborn« verknüpfen wollte – die Namensgleichheit mit der SS-Institution »Lebensborn« im Dritten Reich dürfte Programm sein. Zielsetzung der Burgengemeinschaft war es, Geld für eine Burg des Ordens aufzutreiben, was zunächst jedoch nicht gelang: »1985 stellte daher die Burgengemeinschaft einen Teil ihres Kapitals für zwölf Steinaltäre im

Burg-Nachrichten

1995

17 . Jahrgang

Einzelpreis
Burgspende DM 3,-

**LIEBE MITGLIEDER,
LIEBE BURGENFREUNDE,**

auch in diesem Jahr sollen Euch wieder
unsere BURG - NACHRICHTEN erreichen
und mit ihnen der neueste Stand unserer
Burgenarbeit. Wie schon im letzten Jahr
erkennbar wurde, bauen wir weiter an der
Burg Rothenhorn, einer Wasserburg aus
dem 11. Jahrhundert, die zu einem Feen-
schloß wurde, weil es eine Sage dazu gibt.

"Es war einmal eine Fee, die Bogardene
hieß und ein Heiligtum aus vorvenedischer
(bronzezeitlicher Hügelgräberzeit) Zeit
bewachte. Sie wohnte in einem Turm, der
von einem Ringwall umgeben war. Als die
Missionare kamen, fluteten sie den Ringwall und sperrten Bogardene in der Burg
solange ein, bis sie sich taufen ließ. Da
sie das aber nicht wollte, riefen ihre Ge-
treuen einen Edelmann mit Namen Elrhing
herbei, der sie mit seiner Gefolgschaft
aus dem nassen Gefängnis befreite und
ihr eine neue Burg außerhalb des Ringwalls
baute. Zum Dank heiratete sie ihn und
schenkte ihm ein Glückshorn aus rotem
Gold. Immer wenn er in Gefahr wäre,
solle er darauf blasen und dadurch könne
er sich aus jeder Notlage befreien. Aber
er solle das rote Horn nicht leichtsinnig
blasen. Dieses Horn blieb als Glückpfand
lange Zeit bei Elrhings Nachfahren und
machte sie so erfolgreich und angesehen,
daß sie in die Familie des Landesfürsten
einheiraten konnten. Dadurch ging das
rote Horn in die fürstliche Familie über,
der sie nicht dasselbe Glück brachte.
Während unruhiger Zeiten ging es dort
später auch verloren. -
Während in Deutschland der Dreißigjährige
Krieg tobte, gab es auch in diesem Königs-
reich schwere Zeiten. Und Elrhings und

*Auf obigem Bild ist zu sehen, wie die neue Schloß-
mauer gerade entsteht. Sie ist 1994 vollständig bis
zum Ufer des Baches fertig geworden. Ihr Fundament
ist 80 - 100 cm tief in der Erde aus Klinkersteinen
aufgemauert und in den Pfosten sind die abgerosteten
Stahlrohre erneuert worden. Die ganze Mauer war
vorher teils weggeworfen, teils eingestürzt, teils als
Steinbruch benützt und die Steine weggetragen worden, wie man das auf unserem Burgen-Video-Film
gut erkennen kann. Wir haben nun die restlichen
Steine ganz abtragen lassen, das Fundament wieder repariert und ergänzt, isoliert, die Stahlrohre
innerhalb der Pfosten erneuert und die ganze Mauer nach den alten Plänen und in der ursprünglichen
Form vor der Zerstörung wieder neu aufgebaut. Ältere Ziegelsteine wurden, soweit sie noch gut waren,
vom alten Putz befreit und wieder mitverwendet.
Es waren aber nur noch wenige. Die meisten mußten ganz neu gekauft werden und die Dachziegel
sind kleiner als normal und mußten erst mühsam
ausgekundschaftet werden, bevor wir sie erwerben
konnten. Auch Wurzelwerk von Bäumen hatte die
Fundamente angegriffen und mußte oft in größeren
Tiefen aufgespürt und daraus hervor geholt werden.
Heute ist diese Mauer wieder ein Schmuckstück.*

*Titelblatt der Burgnachrichten von
Sigrun Freifrau von Schlichting*

Kultraum des Schleipferschen Hauses zur Verfügung.«[82] Inzwischen scheint die Burgengemeinschaft aber fündig geworden zu sein. Auf dem Ostara-Thing 1996 berichtete Sigrun von Schlichting »über den Baufortschritt ›unserer‹ Burg«, und in den *Burgnachrichten* 1995 schreibt sie: »Wie schon im letzten Jahr erkennbar wurde, bauen wir weiter an der Burg Rothenhorn, einer Wasserburg aus dem 11. Jahrhundert.«[83] Das Besondere an dieser Burg ist ihre Lage im ehemals deutschen Schlesien in Polen. Wie Peter Jansen vom Großmeister des Armanen-Ordens erfahren konnte, wird diese Burg zu einem Seminarzentrum der Vereinigung umgebaut, mit angeschlossenem Hotelbetrieb. Den Umbau organisiert die wohl unverdächtiger erscheinende »Arbeitsgemeinschaft naturreligiöser Stammesverbände Europas« direkt für den Armanen-Orden.[84]

Die Kosmische Wahrheit

Auch der Rechtsterrorist Manfred Roeder ist in den ehemaligen Ostgebieten des »Deutschen Reichs« aktiv und gibt sich besonders oft bei einer hartnäckigen Konkurrenz des Armanen-Ordens die Ehre. Im Spektrum der neugermanisch-heidnischen Gruppen unternimmt diese Vereinigung nicht einmal den Versuch, sich von rechtsradikalen bzw. neonazistischen Tendenzen abzugrenzen: Beim »Bund der Goden«, dessen Mitteilungsblatt *Die Kosmische Wahrheit* den Untertitel »Godische Schriften zur Pflege persönlichen Lebens« trägt, sind Rechtsextremismus und ein scharfer Rassismus Programm. Teilweise auch kurz als »Goden-Orden« bezeichnet, kam es beim Bund 1990 zu einer Spaltung in zwei Goden-Gruppierungen, was allem Anschein nach aber nur ein rein taktisches Geplänkel ist.

Die Goden, 1957 von Franz Hermann Roderich Musfeldt gegründet, vertrieben unter anderem rassistische und natio-

Die Kosmische Wahrheit

Godische Schriften zur Pflege persönlichen Lebens

40. Jahrgang

| 1996 | NOVEMBER | NEBELUNG | Nr. 11 |

Die Goden verbreiten ihr rechtsextremes Gedankengut in der Kosmischen Wahrheit

nalsozialistische Literatur. Musfeldt, geboren am 13. August 1897 in Berlin, war Landwirt, bereiste Marokko und Ägypten und betrieb ein Reisebüro in Kairo. So gesehen ein Kosmopolit, war er von einem »arischen Jesus« überzeugt. Auch eine Sigrun Strauß war zeitweise bei den Goden aktiv, die natürlich die bekannte Sigrun von Schlichting ist.

Die Goden sind, wie die gesamte Szene, am besten über das übliche Personengeflecht zu erfassen. So ist neben dem einschlägig bekannten Manfred Roeder unter anderem beispielsweise der Rechtsextremist Gunnar Pahl in dieser Bewegung aktiv, ebenfalls jemand, der zwischen einer völkisch-esoterischen Szene und den »realpolitisch« orientierten Gruppen der Neonazis pendelt. Bis vor kurzem führte Gunnar Pahl den Buchversand der Goden.

In einem Schulungsbrief beschreiben sich die Goden als eine »Bewegung zur Erneuerung artgemäßen Glaubens im Sinne der kosmischen Religion«.[85] Das Motto der Goden wird locker beschrieben, »ob Ost, ob West, daheim ist's am Best«.[86] In einem »Sonderdruck: ›Kosmische Wahrheit‹, der einen Vortrag von Günter Gabke am Ostara Thing bei den Externsteinen« wiedergibt, geht es unter dem Titel »Godenarbeit – Godenziel« dann schon deutlicher zur Sache:

> »Nur ein artgemäßes Ausleben ihrer Gotterkenntnis führt die Menschheit in höchste Geisteshöhen, und nur eine artgemäße Glaubensdarstellung kann ein Volk zu höchsten Kulturschöpfungen befähigen. Ein Fremdglauben dagegen, der die Seele des Menschen und ganzer Völker versklavt, muß die Menschheit letztlich in das Chaos stürzen.«[87]

Zum Nationalsozialismus, der als »letzte Reichsregierung« bezeichnet wird, vertreten die Goden eine eindeutige Position:

»Eine freie seelische Entfaltung und eine artgemäße Glaubensdarstellung aber hat nicht zuletzt weitgehende politische Folgen. Wir wissen, daß unsere letzte Reichsregierung eine solche Entwicklung versucht hat. Dies war den fremdgeistigen Beherrschern der deutschen Seele Rechtfertigung genug, über Berge von vielen Millionen Toten hinweg ihre ihnen bedroht erscheinende Machtposition zu sichern.«[88]

Der Runenkundler Gerhard Heß, der im Netzwerk der Rechtsextremen eine besondere Position einzunehmen scheint, tritt als Autor der *Kosmischen Wahrheit* ebenso in Erscheinung wie in der Zeitschrift *Germanen Glaube* Geza von Neményis.[89]
Der Bund der Goden, der sich selbst als »Arbeitsgemeinschaft des erweiterten Godenrates der religionswissenschaftlichen Vereinigungen« bezeichnet, wird heute von Dr. August F. Ventker aus dem schleswig-holsteinischen Großhansdorf geleitet. Unter seiner Führung tritt der Bund noch radikaler in Erscheinung als zuvor. So findet sich in einem Rundschreiben von Ventker, mit dem er zur Frühjahrstagung der Goden in die Lüneburger Heide einlädt, »zum Lichtmeß ein flammender Aufruf«.[90] Darin spricht er die »innere Seele« der Deutschen an:

»Mit dieser unfehlbaren Inneren Stimme können wir erfolgreich zum Wohle, ja zur Rettung unseres deutschen Volkes allen Lügen, allen Verdrehungen und fälschlichen Anlastungen abwehren! Wo hören Sie sonst noch etwas über unsere wahrhaft göttliche Stimme!«[91]

Eine der göttlichen Stimmen auf dieser Veranstaltung der Goden war der Rechtsterrorist Manfred Roeder, eine andere der Auschwitzleugner Ernst Otto Cohrs und eine weitere der Liedermacher Frank Rennicke.

Ein besonders gefragter Referent auf den Treffen der Goden, aber auch bei anderen neugermanisch-heidnischen Gruppen bis hin zu Veranstaltungen der stramm politisch orientierten Rechten, ist Gerhard Seifert. Der mit den Goden eng verbundene Seifert tourt seit dem Tode von Rudolf Heß, dem Stellvertreter Hitlers, mit einer Heß-Gedächtnisrede durch rechtsradikale Kreise. Diese Rede, die als Kassettenkopie in einschlägigen Zirkeln äußerst begehrt ist, macht die elementare Verknüpfung zwischen nationalsozialistischer Weltanschauung und esoterischen Ideen besonders deutlich:

»Er [Heß] hat sich nun zu den Elf von Nürnberg als Zwölfter zugesellt und damit das kabbalistische Soll erfüllt. ... Wir wissen aber auch, daß es in jeder neuaufsteigenden Zeit immer wieder Menschen gab, auf die sich das gestaltende Wollen dieser Zeit wie in einem Brennglas konzentrierte. Jene Epoche, die jetzt im Weltenlauf in die Vergangenheit zurücksinkt, hat jene Gestalt, wie man auch religiös zu ihr stehen mag, eines Christus geprägt. Und so fragen wir nun: Hat auch die Zeit, an deren Neubeginn wir jetzt stehen und in die wir bereits hinüberwechseln, unsere Zeit, auch ihren Christus?
Hat es uns nicht geradezu in all den letzten Jahren gezwungen, unseren Blick hier immer wieder nach Spandau zu richten?«[92]

Rudolf Heß war bis zu seinem Lebensende in einem Gefängnis in Spandau inhaftiert und ist seit Jahrzehnten für die rechte Szene zu einer geradezu mythologischen Symbolfigur hinter Gefängnismauern mutiert. Kein Wunder, daß zu den wichtigsten Veranstaltungen im rechtsextremen Lager die jährlichen »Rudolf-Heß-Gedenkmärsche« gehören.
Über die vorgestellten Gruppierungen hinaus gibt es weitere neugermanisch-heidnische Organisationen, die sich aber kaum von den beschriebenen unterscheiden, wie etwa »Stam-

mesverbände«, die regelmäßig zu »Gralsfesten« und Things einladen, Stämme der »Bajuwaren«, »Franken«, »Sueben«, »Vandalen« etc. Einen etwas anderen Ansatz vertreten die sogenannten »deutschgläubigen« Vereinigungen.

Völkische Religionsgemeinschaften

»Die Gründung der Deutschen Unitarier Religionsgemeinschaft geht auf ein konspiratives Treffen 1947 auf dem Klüt bei Hameln zurück. … Herbert Grabert, Marie-Adelheid Reuß zur Lippe und andere Alt-Nazis, die schon vor 1933 zusammen stritten, verabredeten die Unterwanderung der Rheinhessischen Freiprotestanten.«[93] Die »Deutsche-Unitarier-Religionsgemeinschaft« (DUR) sieht sich in der direkten Nachfolge von Jakob Wilhelm Hauer, in dessen »Arbeitsgemeinschaft der Deutschen Glaubensbewegung« ab 1933 auch Herman Wirth aktiv war. »Hauer geht wie viele seines Schlages von einer genetisch bedingten Beziehung zwischen Rasse und Rationalität aus. Davon, wie Rationalität oder ›Tiefenschau‹ vererbt werden, erfahren wir nur in Andeutungen. Ältere Texte munkeln von ›Erberinnern‹ oder ›Bluterinnern‹, ›Erbahnen‹, dem ›göttlichen Ahnenerbe‹ und ›Ahnenvermächtnis‹, der ›Stimme des Blutes, die zum Durchbruch kommt‹, oder dem ›Erbgut‹.«[94] Ihren völkischen Rassismus verbreitet die DUR in den *Unitarischen Blättern,* einer Zeitschrift »für ganzheitliche Religion und Kultur«.

Anfang der neunziger Jahre spaltete sich der »Bund Deutscher Unitarier« (BDU) von der DUR ab und schlug wesentlich radikalere Töne an. Der BDU bezeichnet sich zwar als »Religionsgemeinschaft europäischen Geistes«, beschäftigt sich aber zu einem großen Teil mit germanischen Mythologien und Runenkunde und teilt den Jahresablauf nach germanischen

Feiertagen auf. Die zentralen Personen innerhalb des BDU sind Annedore und Karlheinz Küthe aus Gießen, die auch das Mitteilungsblatt *Glauben und Wirken* herausgeben.

Die radikalste Vereinigung unter den »deutschgläubigen« Gruppierungen aber ist ohne Zweifel der »Bund für Gotterkenntnis Ludendorff e. V.« (BFG). Die Ludendorffer können auf eine lange Tradition zurückblicken und wurden 1937 von Hitler als Religionsgemeinschaft anerkannt, sicherlich auch wegen der Popularität des Generals Erich Ludendorff, dem Sieger der Schlacht von Tannenberg im ersten Weltkrieg. Sie berufen sich auf die zweite Ehefrau des Generals, die 1921 das Buch *Triumph des Unsterblichkeitwillens* veröffentlichte und damit die Grundlage dieser völkischen Religionsgemeinschaft schuf. Die Nervenärztin Mathilde Ludendorff ist stark antisemitisch geprägt und vertritt die »Verschwörungstheorie«, die ein wesentlicher Bestandteil der nationalsozialistischen Ideologie war. »Ihre ›Gotterkenntnis‹ legt in erster Linie auf die Gegnerschaft zu einer angeblichen ›jüdisch-freimaurerischen Verschwörung‹ ... die auch hinter dem Kommunismus zu suchen sei. Das Christentum sei ebenfalls eine ›Propagandalehre für die Judenherrschaft‹. Gotterkenntnis hängt für die Anhänger der Ludendorff-Bewegung eng mit dem ›Rassecharakter‹ zusammen, dessen Erhaltung und Pflege wie in den andren neugermanischen Gruppen zentral steht.«[95]

Daß die Ludendorffer eine der radikalsten rechten Gruppierungen sind, davon zeugen die in ihrem Organ *Mensch und Maß*, herausgegeben von Freiherr Franz Karg von Bebenburg, regelmäßig vertretenen klassischen Positionen des Rechtsextremismus: revisionistische Ansichten, die Auschwitzleugnung und Rassismus. *Mensch und Maß* ist ein Propagandablatt der übelsten Art. Zu »Mölln, Solingen, Lübeck, usw. ...« heißt es da: »Es gibt immer noch viele politisch verblödete Deutsche und gehirngewäschte Journalisten, die auf die höchstwahrscheinlich von unseren Feinden inszenierten Zwischenfälle à la der oben angegebenen hereinfallen.«[96] Im selben Artikel heißt es dann über die Juden: »Ich selber betrachte mich als einen Experten über die Juden und deren kollektive asoziale Verhaltensweise.«[97]

Bücher, die dort empfohlen werden, stammen fast ausschließlich von rechtsextremen Autoren wie Roland Bohlinger, Johannes P. Ney oder Adolf von Thadden.[98] In einer besonders intensiven Verbindung mit den Ludendorffern scheint Roland Bohlinger zu stehen. Bohlinger leitet ein »Institut für biologische Sicherheit« und betreibt in Nordfriesland den »Verlag für ganzheitliche Forschung«, in dem er überwiegend Bücher über die »Weltverschwörungstheorie« herausgibt. Zeitweise fungierte er auch als Herausgeber der rechten Zeitschrift *Nation*, ein weiterer Beleg für die direkten Verbindungen der Ludendorffer zum politischen Lager der Rechten.

Die Ludendorffer, die seit Jahren vom Verfassungsschutz beobachtet werden, haben in der Nähe von Minden in Westfalen sogar einen eigenen Friedhof. Hier werden die Mitglieder nach Sippen und mit Runen auf den Grabsteinen bestattet.

Seminare, Uhren, Internet – Das Thule-Netzwerk

Eine »Thule-Armbanduhr« kann man bei den Armanen ebenso erwerben wie beim eher rein esoterisch ausgerichteten Arun-Verlag. Die gleiche Uhr findet sich im rechtsradikalen Donner-Versand neben Waffen und Odin-T-Shirts genauso wie bei fast jedem rechten Versender von Thorshämmern und Irminsul-Altären. Thule ist für die rechte Szene ein symbolkräftiger, magischer Begriff. Nicht ohne Grund nennt sich der neonazistische Mailbox-Verbund »Thule-Netz«, inzwischen unter diesem Namen auch im Internet vertreten. Auf den Internet-Sei-

Menſch und Maß

DRÄNGENDE LEBENSFRAGEN IN NEUER SICHT

Folge 18   23.9.1994   34. Jahr

Maaſtricht – Finis Germaniae?

Von Franz Karg von Bebenburg

Welche Beweggründe unsere Politiker – allen voran Helmut Kohl – dazu treiben, Deutschland staatlich und ethnisch in einer Europäischen Union aufzulösen, erscheint vielen rätselhaft. Mit Staatskunst hat es wenig zu tun, wenn Deutschland zum Zahlmeister der Europäischen Union gemacht wird und der Bundeskanzler jedesmal, wenn die Erweiterung der Union an den Forderungen der neuen Mitglieder zu scheitern droht, mit neuen Milliardenzusagen einspringt. Offensichtlich haben seine Beweggründe mit den Leitsätzen einer normalen Volkswirtschaft nichts zu tun. Unvergessen ist daher der Kommentar des ersten Bonner Wirtschaftsministers Ludwig Erhard zu den EWG-Gründungsverträgen von 1957: *„Wirtschaftlich ein Wahnsinn, aber politisch wohl notwendig."* Fragt sich nur, für welche Politik?

1957 waren bereits 8 Jahre vergangen unter der Kanzlerschaft Konrad Adenauers und die ersten Schritte waren erfolgt, um durch die *„Wirtschaftshintertür"* zu einer Europäischen Union zu gelangen: An die Montan-Union von Eisen und Kohle schloß sich die Europäische Wirtschaftsgemeinschaft an. Acht Jahre zuvor waren die westdeutschen Politiker noch *„von dem Willen beseelt"*, dem deutschen Volk *„seine nationale und staatliche Einheit zu wahren"*, aber schon hatten sie als zweites Staatsziel verkündet, *„dem Frieden der Welt zu dienen"*. 1990 verschwand die Wahrung der nationalen und staatlichen Einheit gänzlich aus dem Grundgesetz. Die auf das Grundgesetz für die Bundesrepublik Deutschland verpflichteten Abgeordneten sind daher nicht mehr gehindert, die nationale und staatliche Einheit des deutschen Volkes fahrenzulassen. Damit steht vor der Tür, daß Regierung und Bundestag eines unschönen Tages die Eingliederung Deutschlands in einen Überstaat beschließen.

Zu einem solchen Vorgehen fühlen sie sich durch die Neufassung der

Mensch und Maß – *ein rechtes Propagandablatt*

ten agitiert besonders fleißig der »Runenforscher« Gerhard Heß und äußert sich zum Beispiel in einem Hetzartikel über den *Spiegel* so:

> »Das linksextreme antigermanische Nachrichtenmagazin ›Der Spiegel‹ ist seit seiner Gründung im Herbst 1946 durch die Re-Education-Offiziere … zusammen mit einer Handvoll sich anbiedernden kollaborierenden Deutschen darunter Rudolf Augstein – bemüht an der großen Mission mitzuwirken: Niedermachung von allem, was deutsch ist.«[99]

Heß, dem *Spiegel*-Leser als »lediglich tendenziös eingestimmt und in der Regel optimal desinformiert«[100] gelten, verweist als Korrektur zu einem Artikel des Nachrichtenmagazins über die Germanen auf »aufklärende Fachliteratur: Gerhard Heß, Oding-Wizzod«.[101]

In den Thule-Mailboxen und im Internet tummeln sich neben Heß auch Jürgen Riegers Artgemeinschaft und andere neugermanisch-heidnische Gruppen.

Das »Thule-Seminar« schließlich hat für die Neue Rechte besondere Bedeutung und sieht sich in einer direkten Linie mit dem um 1920 entstandenen »Thule-Orden«, einem der Vorläufer der NSDAP. Das Seminar, das sich selbst als »Arbeitskreis für die Erforschung und das Studium der europäischen Kultur« bezeichnet, versucht einen Nationalismus moderner Prägung zu entwickeln, mit einem praktisch »gewendeten positiven Rassismus«. Die Organisation steht in deutlicher Nähe zur französischen Neuen Rechten (Nouvelle Droite) und bedient sich vor allem der Ideen von deren Chefideologen Alain de Benoist.

Gegründet wurde das Thule-Seminar 1980 von Pierre Krebs. »Krebs wurde in Algerien geboren und pflegt einen französischen Akzent, der seine Bekenntnisse zum Germanentum ins

Licht einer europäischen Unschuld taucht. Weitere Gründungsmitglieder waren Wigbert Grabert, der Leiter des Tübinger Grabert-Verlags, und seine Frau Marielouise.«[102]

Der Grabert-Verlag wird im Verfassungsschutzbericht regelmäßig als rechtsextrem charakterisiert und bringt Veröffentlichungen von Esoterik bis zu nationalsozialistischer Weltanschauung. Der Gründer des Verlags, Herbert Grabert, war im Nationalsozialismus in der Deutschen Glaubensbewegung aktiv und stand später auch in Verbindung zu den Deutschen Unitariern. Eine völkisch-germanische Einstellung bestimmt das Verlagsprogramm bis heute.

Das Thule-Seminar gibt sich gern einen intellektuellen Anstrich, geht aber auf dem Gebiet der Religion von ähnlichen Vorstellungen aus wie die neugermanisch-heidnischen Gruppen. Ziel ist es, rechte Ideen wieder mehrheits- und gesellschaftsfähig zu machen. Doch das scheint ohne eine germanisch-völkische Esoterik nicht möglich.

Nachwort

Die Recherchen zu diesem Buch ergaben für Teile der esoterischen Szene Tendenzen, die eine auffällige Nähe zu rechtsextremem Gedankengut haben. Anfangs hielten wir rassistische Vorstellungen in scheinbar harmlosen esoterischen Zirkeln noch für eine Randerscheinung. Eine Randerscheinung allerdings mit einem gefährlichen Potential, das wegen der Aufsplitterung der Szene in zahllose Gruppen und Vereinigungen nur schwer zu fassen ist.

Die Entwicklung geht jedoch immer mehr dahin, daß positive Thesen und Überlegungen zum Nationalsozialismus inzwischen fast selbstverständlicher Bestandteil der Esoterik-Szene geworden sind. Auf dem völlig unübersichtlichen und fast undurchschaubaren Esoterikmarkt tummeln sich derzeit sowohl profitorientierte »Wissende« als auch ernsthafte Ratgeber für den Sinnsuchenden – als auch rassistisch ausgerichtete Führergestalten und Organisationen. Diese Mixtur ist ein Teil des Problems, denn je diffuser und je schwerer zu fassen »*die* Esoterik« ist, um so leichter fällt es, sie als Mittel der rechtsextremen Propaganda zu mißbrauchen. Symptome dieses Mißbrauchs zeigen sich in der starken Verbreitung antisemitischer Einstellungen, aber auch in dem Glauben an Verschwörungstheorien, die Parallelen zur nationalsozialistischen Weltanschauung aufweisen.

Einigermaßen sicher vor heimlichen Unterwanderungen ihrer Lehre und Praxis sind nur Gruppen und Schulen, die nicht einfach jede Rationalität rundheraus ablehnen, um sich statt dessen mythologischen Geheimwissenschaften hinzugeben. Einigermaßen sicher davor sind spirituell Interessierte und

Sinnsuchende nur dort, wo eine esoterische Lebensweise als Hilfestellung angeboten wird – und nicht als Glaubensüberzeugung mit absoluten Ansprüchen.

Bei alledem besteht zwischen den meisten esoterischen Gruppen und den eindeutig völkisch-rechtsnationalen Vereinigungen eine deutliche politische Barriere. Sollte diese Barriere fallen, würde das vom Verfassungsschutz beobachtete Gefährdungspotential von rechts explosionsartig steigen. Offensichtlich aber hat die sogenannte Neue Rechte bereits eine gewaltige Klientel für ihre Ideen in den unterschiedlichen esoterischen Gruppierungen gewittert. Die zunächst harmlose Beschäftigung mit Runen dient dabei als Vehikel, um Ideen wie eine angebliche Sonderstellung der »nordischen Rasse« zu verbreiten.

Die eindeutig an einer völkisch-germanischen Idee orientierten esoterischen Gruppen kennen ohnehin keine Barrieren nach rechts, und die politischen Bekenntnisse aus diesem Lager haben an Deutlichkeit zugenommen. Hinzu kommt eine Tendenz zur Militarisierung bei diesen Gruppen, die einhergeht mit nachlassenden Berührungsängsten gegenüber militanten Neonazis. Allein während der Arbeit an diesem Buch wurden zwei kaltblütige Mörder überführt, deren Taten ohne den Hintergrund eines germanischen Glaubens nicht denkbar gewesen wären: Der im Buch kurz beschriebene Fall von Thomas Lemke, der seine Mordaufträge von der germanischen Gottheit Odin erhalten haben will, und ein Polizistenmörder, der sich ebenfalls auf die germanische Religion und die Überlegenheit der »nordischen Rasse« beruft.

Die derzeitige sozialpolitische Situation enthält alle Zutaten für eine zunehmend unberechenbare Entwicklung, die gefährliche Parallelen zu der Zeit vor 1933 hat. Weltanschauungen, wie sie die Jugendbewegten und Bündischen der Weimarer Zeit geprägt haben, finden sich heute bereits in vielen esoterischen Zirkeln wieder – mit dem Gedankengut der neugermanisch-heidnischen Gruppen sind sie weitgehend deckungsgleich. Damals bot sich der Nationalsozialismus als Lösung aller anstehenden Probleme an.

Heute sind einzelne »Führer« und »Lichtgestalten« mit ihren in der Regel kleinen Gruppen dabei, auf ein neues Zeitalter hinzuarbeiten, das mit dem Jahr 2000 beginnen soll. Die Vision einer künftig überlegenen weißen Rasse eint die meisten dieser zahllosen Organisationen. Diese erwartete Zeitenwende ist das hervorstechendste gemeinsame Merkmal von bestimmten esoterischen Strömungen und radikalen nationalen Denkweisen. Eine alle konkurrierenden Gruppen und Grüppchen überragende und einigende Figur fehlt allerdings und ist auch nicht in Sicht. Damals, 1933, gelang es Adolf Hitler, diese Position einzunehmen. Glücklicherweise gibt es noch einen zweiten wesentlichen Unterschied zu jener Zeit: Innerhalb der weit verzweigten Esoterik-Szene deutet sich derzeit eine offene Auseinandersetzung über Fehlentwicklungen und extreme politische Positionen an. Letztlich kommt es deshalb auf jeden einzelnen an. Wollen die vielen Menschen, die heute nach einem neuen Sinn für ihr Leben suchen, das weitere Geschehen selbst bestimmen – oder wollen sie es dubiosen Führergestalten überlassen wie jenen, deren Absichten und Ziele in diesem Buch vorgestellt wurden?

In diesem Sinn, hoffen wir, war unser Buch Orientierungshilfe, hat es Denkanstöße geliefert und auf Tendenzen hingewiesen, die der Esoterik-Szene insgesamt schaden, indem sie die spirituelle Sehnsucht der Menschen für eine autoritäre Ideologie mißbrauchen, vor der das Schicksal, die Freiheit und das Glück des einzelnen – sei er Mitglied der Bewegung, Kritiker oder einfach nur Fremder – nichts gilt.

Anhang

Anmerkungen

1 Die »rechten« Mittel der Esoterik

1 Vgl. auch das folgende Kapitel: »Ökologie, heilige Mischung zwischen Grün und Braun«.

2 Gerhard T. Schindler: *Wegweiser Esoterik,* München 1995, S. 13.

3 Hajo Banzhaf: *Das Arbeitsbuch zum Tarot,* München 1995.

4 Gugenberger/Schweidlenka: *Mutter Erde, Magie und Politik,* Wien 1986.

5 *Esotera* 9/1989, S. 64.

6 Jutta Ditfurth: *Feuer in die Herzen,* Wien 1994.

7 Gugenberger/Schweidlenka, a.a.O. Die beiden Autoren liefern eine gut recherchierte und historisch fundierte Diskussion zur Esoterik als Gegenkultur.

8 ebd., S. 13.

9 ebd.

10 Wir werden uns mit der Thule-Gesellschaft später noch genauer beschäftigen; siehe S. 334 ff.

11 Gugenberger/Schweidlenka, a.a.O., S. 16.

12 Bericht aus einer Schweizer Zeitung, zitiert nach ebd.

13 Vgl. den Abschnitt über die theosophischen Grundlagen der heutigen Esoterik, S. 24 ff.

14 Kamala Devi in: Diane von Weltzien (Hrsg.): *Das große Praxisbuch der Esoterik,* München 1992, S. 106.

15 *P. M.,* Sonderheft Esoterik, 1996, S. 5.

16 Schindler, a.a.O., S. 144.

17 Gugenberger/Schweidlenka, a.a.O., S. 189.

18 Vgl. dazu auch: Kurt Hutten: *Seher, Grübler, Enthusiasten*, Stuttgart 1982.

19 ebd., S. 25.

20 Gugenberger/Schweidlenka, a.a.O.

21 ebd.

22 Bellmund/Siniveer: *Kulte, Führer, Lichtgestalten*, ARD-Fernsehdokumentation vom 13.6.1996.

23 René Freund: *Braune Magie, Okkultismus, New Age und Nationalsozialismus*, Wien 1995.

24 Franz Hartmann: *Andere Dimensionen des Denkens,* zitiert nach: Gugenberger/Schweidlenka, a.a.O.

25 Freund, a.a.O.

26 Helena Petrowna Blavatsky: *Die Geheimlehre,* Bd. 2.

27 Blavatsky zitiert nach: Gugenberger/Schweidlenka, a.a.O., S. 134.

28 Gasper/Müller/Valentin: *Lexikon der Sekten, Sondergruppen und Weltanschauungen,* Freiburg 1995, S. 1058.

29 Blavatsky: *Die Geheimlehre,* zitiert nach: Stephan Holthaus: *Theosophie – Speerspitze des Okkultismus,* Ulm 1989, S. 80.

30 Hermann Rudolph zitiert nach: ebd. S. 114.

31 Blavatsky zitiert nach: ebd. S. 131.

32 ebd.

33 Holthaus, a.a.O., S. 133.

34 ebd., S. 140.

35 ebd., S. 142.

36 Schindler, a.a.O.

37 Holthaus, a.a.O.

38 Blavatsky zitiert nach ebd.

39 Blavatsky: *Die Stimme,* zitiert nach: Freund, a.a.O.

40 Hermann Rudolph: *Der Pfad der Selbsterkenntnis,* Leipzig 1920, zitiert nach: Holthaus, a.a.O., S. 157.

41 Freund, a.a.O.

42 Zitiert nach Ulli Olvedi: »Wenn Ideale entarten«, in *Esotera* 9/1989, S. 65

43 Liebenfels zitiert nach: Holger Kuhn: *Von Karma bis Lebensschutz,* Bielefeld 1991.

44 Liebenfels zitiert nach: Freund, a.a.O.

45 Freund, a.a.O.

46 Gugenberger/Schweidlenka, a.a.O.

47 Zitiert nach: ebd.

48 Gugenberger/Schweidlenka: *Die Fäden der Nornen,* Wien 1993, S. 151f.

49 Mit den modernen Armanen werden wir uns in einem gesonderten Kapitel noch genauer beschäftigen (siehe Kapitel 12: »Germanische Gemeinschaften«).

50 Freund, a.a.O.

51 ebd. S. 40.

52 Orzechowski: *Schwarze Magie – braune Macht,* zitiert nach: Freund, a.a.O.

53 Freund, a.a.O., S. 41.

54 Steiner zitiert nach: Gugenberger/Schweidlenka: *Mutter Erde*, a.a.O., S. 141.
55 Vgl. Kapitel 4 »Die Haverbeck-Story«, S. 83 ff.
56 Vgl. Prof. Heinz Gess in: *Kulte, Führer, Lichtgestalten,* ARD-Fernseh-dokumentation vom 13.6.1996.
57 Elisabeth Haich: *Einweihung,* München 1982.
58 Knut Siewert: »Auf der Suche nach dem göttlichen Kern«, in: *Esotera* 12/1996, S. 44ff.

2 Ökologie: heilige Mischung zwischen Grün und Braun

1 Zentralstelle der vereinten Rechten: Flugblatt »An alle Aktivisten«, Bonn 1995.
2 Jutta Ditfurth: *Entspannt in die Barbarei,* Hamburg 1996. S. 99.
3 ebd.
4 ebd., S. 124.
5 Bernd Wagner: *Handbuch des Rechtsextremismus,* Hamburg 1994.
6 Herbert Gruhl: »Die Überlebensnotwendigkeit ökologischer Politik«. Grundsatzrede auf dem Parteitag der ÖDP, Bonn 1982.
7 Oliver Geden: »Die ökologische Rechte«, in: Jens Mecklenburg (Hrsg.): *Antifaschistisches Handbuch und Ratgeber,* Berlin 1996, S. 228.
8 ebd., S. 229
9 Ditfurth, a.a.O., S. 135.
10 Zentralstelle der vereinten Rechten: Flugblatt »An alle Aktivisten«, Bonn 1995.
11 Ditfurth, a.a.O., S. 135.
12 vgl. das Kapitel über das Collegium Humanum und Werner Georg Haverbeck, S. 83 ff.
13 Reinhold Oberlercher in: Deutsches Kolleg: Schulungszyklus »Die Neu-ordnung Deutschlands«, Berlin.
14 Gugenberger, zitiert nach Ditfurth, a.a.O., S. 139.
15 Ditfurth, a.a.O., S. 141.
16 Eduard Gugenberger: »Bioregionalismus, ein Überlebensmodell für das nächste Jahrtausend«, in: *Contraste,* Februar 1996, zitiert nach Ditfurth, a.a.O., S. 141.
17 Ditfurth, a.a.O., S. 140.
18 Zitiert nach Geden, a.a.O., S. 230.
19 Gauweiler zitiert nach ebd.

20 Autorenkollektiv: *Drahtzieher im braunen Netz,* Hamburg 1996.

21 Heidelberger Manifest, 1981.

22 ebd.

23 Oliver Geden: *Rechte Ökologie,* Berlin 1996, S. 61.

24 Autorenkollektiv: *Drahtzieher im braunen Netz,* Hamburg 1996.

25 Jens Reich: Interview in *Der Spiegel* 14/1995, zitiert nach Geden: »Die ökologische Rechte«, a.a.O., S. 232.

26 Venohr, Wolfgang: »Der Ökostaat kommt bestimmt«, in: *Junge Freiheit* 5/92, S. 23, zitiert nach: Geden: *Rechte Ökologie,* a.a.O., S. 81.

27 Geden: »Die ökologische Rechte«, in: a.a.O., S. 233.

28 Geden: *Rechte Ökologie,* a.a.O., S. 81.

29 Eine ausführlichere Diskussion um die Begrifflichkeiten von Rechtsextremismus und Faschismus erscheint in diesem Buch nicht angezeigt. Hierzu bietet sich Vergleich bei folgenden AutorInnen an: Wolfgang Benz (Hrsg.): *Rechtsextremismus in Deutschland,* Frankfurt/M, 1990; Reinhard Kühnl: *Faschismustheorien,* Hamburg 1983; Bernd Wagner (Hrsg.): *Handbuch Rechtsextremismus,* Hamburg 1994; Ditfurth: a.a.O.

30 Jutta Ditfurth: *Feuer in die Herzen,* Wien 1994.

31 Roman Schweidlenka: »Die Götter sind grün«, in: *Politische Ökologie* 9/10/1996.

32 ebd.

33 ebd.

34 Ditfurth: *Entspannt in die Barbarei,* a.a.O.

35 Naess zitiert nach a.a.O., S. 130.

36 Roman Schweidlenka: »Die Götter sind grün«, in: *Politische Ökologie* 9/10/1996.

37 zitiert nach ebd.

38 ebd.

39 Oliver Geden: »Irrläufer der Evolution«, in: *Politische Ökologie* 9/10/1996.

40 ebd.

3 Mitten im deutschen Volke

1 Daniel Jonah Goldhagen: *Hitlers willige Vollstrecker,* Berlin 1996.

2 ebd., S. 9.

3 Ausnahmen sind z.B. Friedrich Paul Heller/Anton Maegerle: *Vom völkischen Okkultismus bis zur Neuen Rechten,* Stuttgart 1995. Eduard

Gugenberger/Roman Schweidlenka: *Mutter Erde, Magie und Politik,* Wien 1986.

4   Guido von List wird ausführlich im Kapitel »Germanische Gemeinschaften« vorgestellt (S. 314 ff.).

5   Wilfried Daim: *Der Mann, der Hitler die Ideen gab.* Wien 1985.

6   Heller/Maegerle, a.a.O., S. 22.

7   Rudolf von Sebottendorff: *Bevor Hitler kam.* München 1933. Zitiert nach ebd., S. 173f.

8   Heller/Maegerle, a.a.O., S. 36.

9   Sebottendorff, a.a.O., S. 173.

10 Interview in der Fernsehdokumentation *Kulte, Führer, Lichtgestalten,* ARD vom 13. 6. 1996.

11 Berichte in: *Germanen Glaube* Nr. 6, 1994, S. 15; *Huginn und Muninn* Nr. 2, 1994, S. 14.

12 Friedrich Bernhard Marby: *Runenschrift, Runenwort, Runengymnastik,* Reprint der Ausg. Stuttgart 1932. Spieth Verlag. Stuttgart 1987.

13 ebd., S. 3.

14 ebd., S. 3.

15 ebd., S. 7.

16 ebd., S. 8c.

17 Deutscher Bundestag. Drucksache 13/5434 vom 21.8.1996, S. 2.

18 ebd., S. 1.

19 Z. B. beim Yggdrasil Kreis in Butzbach, siehe Kapitel »Germanische Gemeinschaften«, S. 309 ff.

20 Gerhard Heß: *Oding Wizzod,* München 1993.

21 Gerhard Heß: *Abendländischer Besinnungskreis,* Berlin o. J., zitiert nach: Gugenberger/Schweidlenka, a.a.O., S. 240.

22 *Kulte, Führer, Lichtgestalten,* ARD vom 13.6.1996.

23 Schreiben Gerhard Heß an *Frankfurter Rundschau* vom 18.6.1996.

24 ebd.

25 Verschiedene Zeitungen, darunter *Der Spiegel.*

26 Zeitschrift *Forum,* Juni 1995.

27 Z. B. in der Zeitschrift *Huginn und Muninn,* mehrere Ausgaben.

28 Gugenberger/Schweidlenka, a.a.O., S. 274ff.

29 ebd., S. 275f. Luisa Francia, eine Teilnehmerin des Treffens, eine bekannte Hexe aus dem deutschen Sprachraum.

30 *Lebensborn,* Leitheft für Deutsche Ordnung, Nr. 03.

31 Siehe auch Kapitel »Germanische Gemeinschaften«, S. 308 f.

32 Zeitschrift *Sieg,* Hg. Walter Ochsenberger, Nr. 1, Jänner 1985.

33 ebd., S. 19.

34 ebd., S. 19.

35 Herman Wirth: *Der Aufgang der Menschheit,* Textband 1, Jena 1928.

36 ebd., S. 9.

37 ebd., S. 11.

38 ebd., S. 22.

39 ebd., S. 50.

40 ebd., S. 146.

41 ebd., S. 177.

42 ebd., S. 411 f.

43 ebd., S. 624.

44 ebd., S. 105.

45 ebd, S. 126.

46 Tacitus, zitiert nach: Karl Stork: *Geschichte der Musik,* Stuttgart 1926, Band 1, S. 122f.

47 *Kindlers Literaturlexikon.* Band 4, München 1986, S. 2966ff.

48 Gugenberger/Schweidlenka, a.a.O., S. 42.

49 Sendung des WDR im Regionalfernsehen vom 16.8.1995.

50 Einladungsschreiben Bund der Goden, Großhansdorf, 19.8.1995.

51 ebd. ohne Seitenangabe.

52 Gugenberger/Schweidlenka, a.a.O., S. 41.

53 Cornelia Fleer: »Cheruskerfürst Hermann, Superstar«, Zeitungsausschnitt o. J.

54 ebd.

55 Horst Eckert: *Kriegsschuld. Eine deutsche Abrechnung,* Horn, o. J.

56 Einer der Autoren konnte einen solchen Vorfall persönlich in Buchenwald im Oktober 1996 beobachten.

57 Auskunft der Polizei in Weimar

4 Die Haverbeck Story

1 Werner und Ursula Haverbeck: *Der Weltkampf um den Menschen.* Tübingen 1995.

2 ebd., S. 32.

3 ebd., S. 32.

4 Siehe auch Verfassungsschutzbericht NRW 1985.

5 Schreiben vom Leiter der Abteilung VI, Düsseldorf 18. Dez. 1984. Betr.: Collegium Humanum.

6   Schreiben von Michael Krämer an den WDR vom 24.8.1996. Krämer
    erwähnt in diesem Schreiben noch, daß Haverbeck über seine Mitglied-
    schaft in der FAP informiert war.

7   Aus Programmen des Collegium Humanum.

8   *Kulte, Führer, Lichtgestalten,* ARD vom 13.6.1996.

9   Schreiben von Werner Herrmann an den WDR vom 21. 6. 1996.

10 Werner Herrmann bezieht sich hier auf den Abspann der Sendung, bei
    der einige an der Produktion Beteiligte mit ausländischem Namen auf-
    tauchen.

11 Schreiben von Werner Herrmann an den WDR vom 21.6.1996.

12 ebd.

13 Flugblatt mit Liedtext und Noten von Werner Herrmann, ohne Autoren-
    angabe. Er bestätigt in einem Schreiben an den Intendanten des WDR,
    der Verfasser zu sein.

14 Siehe Verfassungsschutzbericht NRW 1995, S. 169.

15 Sonderausgabe *Deutschland,* Auschwitz Pressekonferenz, Hg. Vereini-
    gung Gesamtdeutsche Politik (VGP) e. V., Remscheid 1989.

16 Flugblatt mit Einladung zum Lesertreffen o. J.

17 Verschiedene Tageszeitungen im September 1995; u. a. *taz* vom
    5.9.1995.

18 Selbstdarstellung Collegium Humanum. Zitiert nach: *Reader zum Col-
    legium Humanum,* Vlotho. Stand Dezember 1994, Hg. AKE-Bildungs-
    werk, Vlotho.

19 Diese Gruppierungen finden sich in offiziellen Programmen des Colle-
    gium Humanum.

20 Günter Schwab: *Der Tanz mit dem Teufel.* Hameln 1958, S. 419f.

21 Impressum der Zeitschrift *Neue Anthropologie.* Mehrere Ausgaben. Zur
    GfbAEV siehe auch Drucksache 13/5434 des Deutschen Bundestages
    vom 21.8.1996.

22 *Neue Anthropologie:* Jg. 1/1973; Jg. 2/1974; Jg. 9/1981.

23 Laut Impressum der Zeitschrift *Neue Anthropologie* (mehrere Ausgaben)
    sind dies u. a.: Dr. Rolf Kosiek, Prof. Dr. Helmut Mommsen, Prof. Dr.
    G. Schwab, Dr. med. habil. A. Vogl, Alain de Benoist und als Ehrenmit-
    glied z. B. Walter Drees.

24 Angabe durch MdB Siegfried Vergin. Pressegespräch am 13.11.1996 im
    Deutschen Bundestag, Bonn.

25 Fragestunde im Deutschen Bundestag am 13.11.1996. Deutscher Bun-
    destag – 137. Sitzung, Bonn, Blatt 12289 ff.

26 Gert Heidenreich/Juliane Wetzel: »Die organisierte Verwirrung«, in:

Wolfgang Benz (Hg.): *Rechtsextremismus in der Bundesrepublik.* Aktualisierte Neuauflage, Frankfurt/Main 1989.

27 Schriftwechsel aus der Sammlung Peter Sundermann, Vlotho. In zwei Aktenordnern sind Briefe von verschiedenen Personen gesammelt, die im Umfeld von WSL und Collegium Humanum stehen.

28 ebd.

29 Protokoll der Bundesvorstandssitzung des WSL im Mai 1981. Sammlung Peter Sundermann.

30 ebd.

31 Sammlung Peter Sundermann, a.a.O.

32 ebd.

33 ebd.

34 ebd.

35 Schreiben von Ernst Otto Cohrs an Bundespräsident Richard von Weizsäcker vom 26.6.1989.

36 Thies Christophersen: *Die Auschwitzlüge,* 1973.

37 Sammlung Peter Sundermann, a.a.O.

38 Werner Georg Haverbeck: *Wittekinds Sieg.* Rotenburg/Wümme 1985, S. 7.

39 Arfst Wagner, ständiger Mitarbeiter der *Flensburger Hefte,* einer Vierteljahresschrift kritischer Anthroposophen, hat mehrere Artikel zur Thematik »Anthroposophen und Nationalsozialismus« geschrieben und betreibt auch einen eigenen Verlag »Lohengrin«.

40 Zitiert nach: Arfst Wagner: »Anthroposophen und Nationalsozialismus«, in: *Flensburger Hefte* 3/1991, S. 44.

41 Schreiben von Werner Haverbeck vom 9.1.1940 aus Bonn an Professor Hauer. Darin: Bericht über politische Tätigkeit, gez. Werner Haverbeck.

42 Bundesarchiv Koblenz, NS 26/376.

43 ebd.

44 Zitiert nach: *Wir tragen das Banner der Freiheit.* Festschrift zur 10-Jahresfeier des NSD-Studentenbundes Hochschulgruppe Bonn. 14. bis 16. Januar 1938.

45 ebd.

46 *Volkstum und Heimat,* Hg. Werner Haverbeck. Heft 2/3 1934, S. 113.

47 ebd., ohne Seitenzahl.

48 ebd.

49 Ulrich Schmiedel: *Kondensstreifen – eine persönliche Dokumentation zur Zeitgeschichte,* Hamburg 1973, S. 58.

50 ebd., S. 58f.

51 ebd., S. 59.

52 Werner Georg Haverbeck: »Aufbruch der jungen Nation«, in: *National-sozialistische Monatshefte*. Hg. Adolf Hitler. Heft 35, Februar 1933.

53 ebd.

54 ebd.

55 ebd.

56 Schreiben von Prof. Reuter an Werner Herrmann vom 29.6.1996. Abdruck in: *Pressespiegel Innerer Frieden* Nr. 12, Juli 1996.

57 Werner Georg Haverbeck: »Aufbruch der jungen Nation«, a.a.O.

58 ebd.

59 ebd.

60 ebd.

61 ebd.

62 ebd.

63 ebd.

64 ebd.

65 ebd.

66 ebd.

67 ebd.

68 Schmiedel, a.a.O., S. 90.

69 ebd.

70 Schreiben »Deutsches Ahnenerbe« an Prof. Dr. Holfelder. Reichs-Preussisches Ministerium für Wissenschaft, Erziehung und Volksbildung vom 9.4.1936. Kopie aus: Berlin Document Center.

71 Schmiedel, a.a.O., S. 104.

72 Verzeichnis der Referenten der Rundfunkpolitischen Arbeit des Auswärtigen Amtes vom 22. Juli 1942, Berlin.

73 So in: *Pläne 1/2,* 1963, »… die große europäische Revolution« und in: *Pläne,* Februar 1964, »Bürger der Welt«.

74 Fernsehinterview von Prof. Gess für *Kulte, Führer, Lichtgestalten,* ARD 13.6.1996.

75 Heidelberger Manifest. Abdruck u. a. in: *Die Zeit,* 5.2.1982.

76 Tageszeitung *Vlothoer Anzeiger* vom 22.6.1982.

77 Werner Georg Haverbeck: *Rudolf Steiner – Anwalt für Deutschland,* München 1989, S. 324f.

78 Ursula Haverbeck-Wetzel: Leserbrief an die Zeitschrift *Info3,* 1989.

79 Veranstaltungskalender Collegium Humanum 1991.

80 Die Tonbandaufzeichnung eines Augenzeugen liegt vor. Siehe auch:

Jutta Ditfurth: »Märchen für die ›neue‹ Rechte«, in: *Ökolinks* Nr. 15/1994.

81 Werner und Ursula Haverbeck: *Der Weltkampf,* a.a.O.
82 ebd., S. 7.
83 ebd.

5 Das Geheimnis von Questenberg

1 Vgl. das Kapitel »Die Haverbeck-Story«, S. 83 ff.
2 Terminvorschau in der *Sangerhäuser Zeitung* vom 21.6.1995.
3 *Tagesthemen* vom 2.7.1996.
4 Bellmund/Siniveer: *Kulte – Führer – Lichtgestalten,* ARD-Fernseh-Dokumentation vom 13.6.1996.
5 Prospekt der Gemeindeverwaltung Questenberg.
6 ebd.
7 Fritz Jödecke zitiert nach: Ernst Kiel: *Das Questenfest. Gegenwart und Vergangenheit,* Questenberg 1995.
8 Kiel, a.a.O.
9 ebd.
10 Herman Wirth, 1928, zitiert nach: Kiel, a.a.O.
11 *Sangerhäuser Zeitung* vom 23.5.1934, zitiert nach: Kiel, a.a.O. Das Questenfest. Gegenwart und Vergangenheit, Questenberg 1995.
12 Werner Haverbeck, 1990, zitiert nach: Kiel, a.a.O.
13 Werner Haverbeck, in: *Nationalsozialistische Parteikorrespondenz,* Folge 121, 26.5.1934.
14 ebd.
15 ebd.
16 Werner Haverbeck: »Aufbruch der jungen Nation«, in: *Nationalsozialistische Monatshefte,* 35/1933.
17 ebd.
18 Zeitschrift *Die Zeitenwende.*
19 Zeitschrift *Umbruch.*
20 Vgl. Titelseite *Umbruch.*
21 Gespräch der Autoren mit Heidi Ringleb am 22.9.1995.
22 ebd.
23 ebd.

6 Rechte Geschichten aus der Frühgeschichte

1 Programme der Gesellschaft für europäische Urgemeinschaftskunde, mehrere Jahre.

2 Tagungsbericht Gesellschaft für europäische Urgemeinschaftskunde, 1994.

3 ebd.

4 ebd.

5 ebd.

6 Telefonat von Kaarel Siniveer mit dem Referenten G. im November 1995. Der Referent möchte anonym bleiben.

7 Gesprächsprotokoll, direkt im Anschluß an den Besuch der Tagung in Flensburg erstellt.

8 Tonbandaufzeichnung: Gespräch des Informanten mit dem ersten Vorsitzenden Paul Rohkst.

9 Michael H. Kater: *Das »Ahnenerbe« der SS 1935–1945*, Stuttgart 1974.

10 ebd., S. 7.

11 ebd., S. 26.

12 ebd., S. 21.

13 ebd., S. 32.

14 ebd., S. 18.

15 ebd., S. 18.

16 Haithabu, bei Schleswig in Schleswig-Holstein.

17 Kater, a.a.O., S. 291.

18 Friedrich Paul Heller/Anton Maegerle: *Vom völkischen Okkultismus bis zur Neuen Rechten,* Stuttgart 1995, S. 70f.

19 ebd., S. 72.

20 Kater, a.a.O., S. 237.

21 Zitiert nach ebd., S. 245.

22 ebd., S. 72.

23 ebd., S. 494.

24 ebd., S. 51.

25 ebd., S. 70.

26 ebd., S. 55.

27 *Rückschau 90,* Walter-Machalett-Kreis zur 24. Arbeitstagung, S. 12.

28 ebd.

29 ebd.

30 ebd., ohne Seitenzahl.

31 ebd., S. 47.

32 Titel von Vorträgen auf verschiedenen Arbeitstagungen, Walter-Macha-
    lett-Kreis.
33 Information einer Teilnehmerin an die Autoren.
34 Auszug interne Namensliste Walter-Machalett-Kreis.
35 Stefanie von Schnurbein: *Göttertrost in Wendezeiten,* München 1993,
    S. 55.
36 Zit. nach dem Klappentext von: Kater, a.a.O.
37 Angabe von Arfst Wagner (zu Arfst Wagner vgl. Anm. 39 im Kapitel:
    »Die Haverbeck Story«).
38 Werner Haverbeck wohnte während des Nationalsozialismus ein Jahr bei
    der Familie Wirth.

7 Das Freie Geistesleben

 1 *Das Freie Forum,* Heft 2/1996, S. 1.
 2 Verfassungsschutzbericht des Landes Nordrhein-Westfalen über das
    Jahr 1995. S. 72f.
 3 *Das Freie Forum,* Heft 2/1995, S. 1f.
 4 Friedrich Paul Heller/Anton Maegerle: *Vom völkischen Okkultismus bis
    zur Neuen Rechten,* Stuttgart 1995, S. 61.
 5 *Das Freie Forum,* Heft 3/1996, S. 12.
 6 Zitiert nach Einladungskarte der GFP zur Jahrestagung 1995.
 7 *Das Freie Forum,* Heft 2/1996, S. 1.
 8 ebd., S. 2f.
 9 Liedabdruck nach Manuskript: *Kulte, Führer, Lichtgestalten,* ARD Fern-
    sehdokumentation vom 13.6.1996.
10 Tonbandmitschnitt der Rede von Oberlercher vor der GFP in Porta
    Westfalica 1993.
11 Verfassungsschutzbericht des Landes Nordrhein-Westfalen über das
    Jahr 1995, S. 92.
12 Deutsches Kolleg: Schulungszyklus *Die Neuordnung Deutschlands,*
    Berlin o. J.
13 ebd., S. 4.
14 Zitiert nach Manuskript: *Kulte, Führer, Lichtgestalten,* ARD Fernsehdo-
    kumentation vom 13.6.1996.
15 Deutsches Kolleg, a.a.O., S. 6.
16 ebd., S. 12.
17 ebd., S. 12.

18 ebd., S. 18.

19 Verfassungsschutzbericht des Landes Nordrhein-Westfalen über das Jahr 1995, S. 134.

20 ebd.

21 Deutsches Kolleg, a.a.O., S. 32.

22 ebd., S. 33.

23 Kombattanten sind nach der Haager Landkriegsordnung zur Kriegsführung berechtigte Gruppen wie Streitkräfte etc.

24 Deutsches Kolleg, a.a.O., S. 34.

25 ebd., S. 37.

26 ebd., S. 37f.

27 ebd., S. 41.

28 ebd., ohne Seitenzahl.

29 ebd., ohne Seitenzahl.

30 ebd., ohne Seitenzahl.

31 ebd., ohne Seitenzahl.

32 *Antifa Reader,* Hg. Jens Mecklenburg, Berlin 1996, S. 70.

33 Im Grabert Verlag erscheint revisionistische Literatur neben esoterischen Büchern über Atlantis u. ä.

34 *konkret* 7/1995, S. 9.

35 *Aktuelle Stunde*, WDR-Fernsehen vom 11.10.1996.

36 Bericht im Fernsehmagazin *Report* vom 10.5.1993.

37 *Westfalenblatt,* Lokalteil Herford, vom 20.1.1997, *Neue Westfälische*, Lokalteil Herford, vom 20.1.1997.

38 Dokumentiert durch ein Kamerateam des WDR.

39 In verschiedenen Ausgaben der Zeitschriften *Ostpreußenblatt* und *Der Schlesier.*

40 *Das Freie Forum*, Heft 2/1995, S. 1.

41 Siehe auch Kapitel 11: *»Die Müller-Story«*, S. 280.

42 Siehe auch Kapitel 12: *»Germanische Gemeinschaften«*, S. 310.

42 Deutsches Kolleg, a.a.O., S. 12.

44 ebd., S. 35.

45 Verfassungsschutzbericht des Landes Nordrhein-Westfalen über das Jahr 1994, S. 112

8 Im Supermarkt der Esoterik

1 *Focus,* 14/1996, S. 197.

2 ebd., S. 200.

3 *Spiegel,* 50/1996, S. 218.

4 ebd.

5 *Focus,* 14/1996, S. 200.

6 *Spiegel,* 50/1996, S. 220.

7 »Links« sind Hinweise auf Adressen von weiteren Esoterik-Seiten im Internet.

8 *Focus,* 14/1996, S. 201.

9 *Spiegel,* 50/1996, S. 219.

10 Bellmund/Siniveer: *Kulte, Führer, Lichtgestalten,* ARD-Fernsehdokumentation vom 13.6.1996.

11 QDW-Homepage: http://www.taunet.net.au/pan/toc.html.

12 Der Kampf gegen die »Neue Weltordnung« ist wichtigster Bestandteil der QDW-Ideologie. Wir werden später noch genauer auf die Hintergründe eingehen.

13 QDW in: *Elite-QDW,* 1/1997.

14 Pegasus Unlimited, Mail-Order-Katalog, 12/1996.

15 QDW-Germany, Anschreiben an Interessenten, 1996.

16 QDW in: *Elite-QDW,* 1/1997.

17 Pegasus Unlimited, Mail-Order-Katalog, 12/1996.

18 vgl. Kapitel 6, S. 134 ff. über das SS-Ahnenerbe.

19 vgl. Kapitel 1 »Die ›rechten‹ Mittel der Esoterik«, S. 25 f.

20 Gugenberger/Schweidlenka: *Die Fäden der Nornen,* Wien 1993, S. 250.

21 ebd. S. 251.

22 ebd.

23 *Spiegel,* 44/1996.

24 QDW in: *Elite-QDW,* 5/1997.

25 ebd.

26 QDW in: *Elite-QDW,* 1/1997.

27 QDW-Germany, Anschreiben an Interessenten, 1996.

28 QDW in: *Elite-QDW,* 1/1997.

29 Pegasus Unlimited, Mail-Order-Katalog, 12/1996.

30 ebd.

31 ebd.

32 ebd.

33 ebd.

34 QDW in: *Elite-QDW,* 1/1997.

35 ebd.

36 ebd.

37 ebd.

38 Beauty Club Aroma 55, Werbeprospekt, 12/1996.

39 ebd.

40 ebd.

41 QDW-Werbeprospekt »Fernkurse«, 11/1996.

42 ebd.

42 Pegasus Unlimited, Mail-Order-Katalog, 12/1996.

44 QDW in: *Elite-QDW,* 1/1997.

45 ebd.

46 Blitz Stark: Diskussionsbeitrag UFO-Net-Deutschland.

47 Werbeprospekt PAN, 2/1997.

48 ebd.

49 Gugenberger/Schweidlenka: *Mutter Erde,Magie und Politik,*Wien,1986.

50 Raborne, zitiert nach: ebd., S. 158.

51 Gugenberger/Schweidlenka, *Mutter Erde,* a.a.O.

52 Anton Maegerle/Friedrich Paul Heller: *Thule, vom völkischen Okkultismus bis zur Neuen Rechten,* Stuttgart 1995.

53 ebd. .

54 Anton Maegerle in: *Blick nach rechts* vom 9.11.1992, S. 5.

55 ebd.

56 Serrano zitiert nach: ebd.

57 Maegerle/Heller: *Thule, vom völkischen Okkultismus bis zur Neuen Rechten,* a.a.O.

58 Anton Maegerle in: *Blick nach rechts* vom 9.11.1992, S. 6.

59 vgl. zur Einordnung von Armanen und ANSE Kapitel 12 über Germanische Gemeinschaften, S. 308 ff. und 321 ff.

60 Anton Maegerle in: *Blick nach rechts* vom 9.11.1992, S. 5.

61 Maegerle/Heller: *Thule, vom völkischen Okkultismus bis zur Neuen Rechten,* a.a.O.

62 Anton Maegerle in: *Blick nach rechts* vom 9.11.1992, S. 5.

63 Jens Kröger/Karl-Heinz Siegert in: *Jenseits des Irdischen,* 10/1996, S. 35.

64 ebd.

65 vgl. Kapitel 1 »Die ›rechten‹ Mittel der Esoterik«.

66 Knut Siewert: »Auf der Suche nach dem göttlichen Kern«, in: *Esotera,* 12/1996, S. 44.

67 ebd.

68 ebd.

69 ebd.

70 Gerhard T. Schindler: *Wegweiser Esoterik,* München 1995 (vergriffen).

71 Susann M. Pástor: »Christian jetzt ganz anders«, in: *Connection,* 7–8/1993, S. 81.

72 Pressemappe Christian Anders, zitiert nach: ebd.

73 ebd., S. 82.

74 Livraga: »Mysterien und Diabolismus«, in: *Neue Akropolis,* Wien, 10/1982/83, zitiert nach: Gugenberger/Schweidlenka: *Mutter Erde,* a.a.O.

75 Anton Maegerle in: *Blick nach rechts,* Nr. 5–8/1993.

76 Anton Maegerle in: *Blick nach rechts*, Nr. 21/1996.

77 Karl Richter, zitiert nach: ebd.

78 ebd.; Maegerle zitiert Ulbrich in diesem Zusammenhang aus einem Artikel in der Zeitschrift *Europa Vorn.*

79 »Links« sind Hinweise auf Adressen von weiteren Esoterik-Seiten im Internet.

80 Arun-Verlag, Werbeseite im Internet: http://www.jungefreiheit.de/arun.htm, 1/1997.

81 ebd.

82 Anton Maegerle in: *Blick nach rechts,* Nr. 21/1996.

83 Arun-Verlag, Werbeseite im Internet: a.a.O.

84 Gaia-Versand Katalog, Winter/Sommer 1996/97, Engerda.

85 Klappentext zu Gerhard Heß: *Oding Wizzod,* München 1993.

86 Vgl. Kapitel 12 Germanische Gemeinschaften.

87 Katalog, Buchversand »Die Goden«, Wetzlar.

88 Bund zur Förderung der Menschenerkenntnis: »Die menschlichen Formengesetze«, Wuppertal, 4/1990.

89 ebd.

90 ebd.

91 James Harris zitiert nach: ebd.

92 Gedicht zitiert nach: ebd.

93 Peter Emil Becker: *Zur Geschichte der Rassenhygiene,* Stuttgart 1988.

94 ebd.

95 ebd.

96 Hans Günther: *Rassenkunde des jüdischen Volkes,* München 1930.

97 ebd., S. 217.

98 »Keime der Unmenschlichkeit«, in: *Esotera,* 7/1996, S. 34.

99 »Draculas Ufo«, in: *Spiegel,* 51/1996, S. 73.

100 René Freund umreißt die Zielsetzung der beiden Helsingbücher in: *Esotera,* 7/1996.

101 Holey zitiert nach: »Keime der Unmenschlichkeit«, a.a.O., S. 35.

102 ebd.

103 »Draculas Ufo«, in *Spiegel,* 51/1996, S. 73.

104 vgl. Kapitel 1 »Die ›rechten‹ Mittel der Esoterik«. Hier wird deutlich, daß Hitler die okkulten Strömungen des beginnenden 20. Jahrhunderts zwar geschickt für seine Zwecke nutzte, sich selbst aber von esoterischen Strömungen in der Realpolitik der Nazis distanzierte.

105 »Keime der Unmenschlichkeit«, a.a.O., S. 35.

106 Rüdiger Dahlke zitiert nach: ebd.

107 Trutz Hardo: *Jedem das Seine,* Neuwied 1996, S. 59.

108 »Das Karma macht keine Ausnahme«, in: *Die andere Realität,* 3/1996.

109 *Der Heiler,* 3/1996, Dachverband für geistiges Heilen.

110 Hardo, a.a.O., S. 155.

111 ebd., S. 68.

112 ebd.

113 ebd.

114 ebd., S. 69.

115 ebd.

116 ebd.

117 ebd., S. 73.

118 ebd.

119 ebd.

120 ebd.

121 ebd.

122 ebd.

123 ebd., S. 281.

124 »Das Karma macht keine Ausnahme«, in: *Die andere Realität,* 3/1996.

125 ebd.

126 Wortlaut der Strafanzeige zitiert nach: *Darmstädter Echo* vom 11. 12. 1996.

127 Herbert Vollmann: *Was ist Wahrheit?,* Stuttgart 1992, Klappentext.

128 ebd., S. 115.

129 ebd.

130 ebd.

131 ebd., S. 108.

132 *Blick nach rechts* 19/1996, S. 14.

132 Bellmund/Siniveer: *Kulte, Führer, Lichtgestalten,* ARD-Fernsehdokumentation vom 13.6.1996.

134 ebd.

135 Werbevideo »und wir gehen den Weg nach innen«, Troubadour Märchenzentrum, Vlotho.

136 Schriftliche Aussage einer ehemaligen Troubadour-Mitarbeiterin.

137 Bellmund/Siniveer: *Kulte, Führer, Lichtgestalten,* ARD-Fernsehdokumentation vom 13.6.1996

9 Die Frauen und die »Neue Zeit«

1 Im Matriarchat hatte die Frau eine bevorzugte Stellung in Staat und Familie. Matriarchat bedeutet soviel wie Mutterherrschaft. In der Matriarchatsforschung werden diese Ursprünge erforscht.

2 Lutz von Padberg: *New Age und Feminismus,* Asslar 1987, S. 7f.

3 Siehe Mary Daly: *Gyn/Ökologie. Die Methaethik des radikalen Feminismus,* München 1981.

4 Fritjof Capra: *Wendezeit. Bausteine für ein neues Weltbild,* Bern/München/Wien 1983, S. 20.

5 Inanna: *Das Runenbuch für Frauen,* Bonn 1989.

6 Starhawk: *Der Hexenkult als Ur-Religion der Großen Göttin. Magische Übungen, Rituale und Anrufungen,* Freiburg i.Br. 1983, S. 289f.

7 Im Patriarchat hat der Mann die bevorzugte Stellung in Staat und Familie. In unterschiedlicher Ausprägung bestimmt diese Gesellschaftsform seit Jahrhunderten unsere Welt.

8 Dina Rees: *Die neuen Priesterinnen,* Reinbek bei Hamburg 1989, S. 44f. (Hervorhebungen im Original).

9 Unbekannte Autorin in: *Der Mädelbrief,* Nr. 4, Oktober 1987, S. 16f.

10 Siehe Hermann Ruttmann: »Die Religion der Großen Göttin und ihres Gefährten«, in *Connection* 11/1994, S. 59 f., und Stefanie von Schnurbein: »Weiblichkeitskonzeptionen im neugermanischen Heidentum und in der feministischen Spiritualität«, in Fantifa Marburg (Hrsg.): *Kameradinnen. Frauen stricken am braunen Netz,* Münster 1995, S. 114f.

11 Mary Daly: *Jenseits von Gott Vater Sohn & Co,* S. 54 (Hervorhebungen im Original).

12 *Das Hexenbuch. Authentische Texte moderner Hexen zu Geschichte, Magie und Mythos des alten Weges,* München 1987, S. 26 f.

13 Siehe Ruttmann, a.a.O.

14 Siehe Schnurbein, a.a.O., S. 119f.; *Das Hexenbuch,* a.a.O.

15 Adolf Schleipfer: *Minne-Reigen,* siehe auch Schnurbein, a.a.O., S. 134 (Hervorhebung im Original).

16 *Der Hain* wird herausgegeben von einem Mitglied des Armanen-Ordens, siehe auch Schnurbein, a.a.O., S. 134.

17 *Das Hexenbuch,* a.a.O., S. 28f. (Hervorhebung im Original).

18 Interview mit der Hexe Lilith im *Stadtblatt* vom 15.5.1997, S. 12.

19 *Das Hexenbuch* a.a.O., S. 46f.

20 Adolf Schleipfer, a.a.O.

21 *Wolfszeit* 1, Nebelungen/November 1990, S. 5. Die *Wolfszeit* wird von einem Mitglied des Armanen-Ordens herausgegeben.

22 Adolf Schleipfer, a.a.O.

23 Hermann Ruttmann, a.a.O., S. 61.

24 Mat Brandy: »Was ist Wicca?« Gefunden im World-Wide-Web des Internets unter http://www. org/~brandy/hexen/wicca/. Keine Garantie für Aktualität. (Hervorhebung im Original).

25 Michael Kühnen in: *Die Neue Front,* Nr. 27 10/1985, S. 96.

10 Dorfgeschichten aus Bringhausen

1 Edersee Tourist Information: *Fremdenverkehrsprospekt Edersee,* Waldeck, 1993.

2 ebd.

3 Vgl. zur Geschichte der theosophischen Lehre und deren rassistischen Grundzügen S. 24 ff.

4 Neuzeitliche Diät- und Lebensschule: *Programmvorschau I/1996.*

5 ebd.

6 Kurt Hutten: *Seher, Grübler, Enthusiasten,* Stuttgart 1982. Die Geschichte der zarathustrischen Lehre werden wir später noch genauer erläutern.

7 Gasper, Müller, Valentin: *Lexikon der Sekten, Sondergruppen und Weltanschauungen,* Freiburg 1995.

8 O.Z.A. Hanish: *Mazdaznan. Biblische Gegenwart,* Edertal-Bringhausen 1985.

9 Vgl. S. 24 ff.

10 Vgl. Bellmund/Siniveer: *Kulte, Führer, Lichtgestalten,* WDR-Fernsehdokumentation vom 13.6.1996.

11 Peter Jansen: »Protokoll nach dem Besuch in der NDL«, 1995.

12 Vgl. Internationale Mazdaznan-Schriftenreihe »Vohumano«, 2/1967, S. 42.

13 ebd.

14 ebd.

15 ebd. S. 43.

16 Peter Jansen: »Protokoll nach dem Besuch in der NDL«, 1995.

17 Neuzeitliche Diät- und Lebensschule: *Das Linsengericht nach O.Z.A. Hanish 1932,* Neudruck 1993.

18 Peter Jansen: »Protokoll nach dem Besuch in der NDL«, 1995.

19 Vgl. O.Z.A. Hanish: *Mazdaznan. Biblische Gegenwart,* Edertal-Bringhausen 1985, S. 103.

20 ebd. S. 104.

21 Brief des Mazdaznananhängers R. vom 21.12.1995 an Peter Jansen.

22 Hanish, a.a.O., S. 128.

23 O.Z.A. Hanish: *Der bewußte Atem,* Genf.

24 Hutten, a.a.O., S. 415.

25 Hanish: *Mazdaznan,* a.a.O., S. 100.

26 ebd.

27 Vgl. S. 69 ff.

28 Hanish, *Mazdaznan,* a.a.O., S. 83.

29 Vgl. den Abschnitt über die theosophischen Lehren der Madame Blavatsky, S. 24 ff.

30 Peter Jansen: »Protokoll nach dem Besuch in der NDL«, 1995.

31 ebd.

32 Hutten, a.a.O., S. 412.

33 ebd.

34 Hans Rudolf Weinmann in: *Herrliberger Kalender,* Herrliberg (CH) 1992.

35 Hutten, a.a.O., S. 413.

36 Berti Fischer zitiert nach: Hans Rudolf Weinmann, a.a.O.

37 Weinmann, a.a.O.

38 ebd.

39 Zitiert nach einem Protokoll von Peter Jansen, der in Hannover dieser Gedenkfeier beigewohnt hat.

40 Hutten, a.a.O., S. 413.

41 ebd.

42 ebd.

43 Hanish: *Der bewußte Atem,* a.a.O., S. 23.

44 Hutten, a.a.O., S. 413.
45 ebd., S. 416.
46 Hanish, zitiert nach: Hutten, a.a.O., S. 417.
47 Hanish: *Der bewußte Atem,* a.a.O., S. 5.
48 Hutten, a.a.O., S. 418.
49 Hanish: *Mazdaznan,* a.a.O., S. 115.
50 Alle Liedertitel aus: Deutsche Mazdaznanbewegung: *Avesta im Lied,* 1975.
51 Hanish: *Mazdaznan,* a.a.O., S. 15.
52 ebd., S. 14.
53 Satzung NDL vom 14.3.1992.
54 Protokoll Peter Jansen über ein Gespräch mit dem Stiftungsbevollmächtigten C. F. Rein in München.
55 Zu Lanz von Liebenfels vgl. Kapitel 1 »Die ›rechten‹ Mittel der Esoterik«, S. 30 ff.
56 Satzung NDL vom 14.3.1992

11 Die Müller-Story

1 Zu Müller siehe Jutta Ditfurth: *Feuer im Herzen,* Wien 1994; *Fränkische Allgemeine Zeitung* vom 22.9.1983; »Die heile Welt von Salem ist kaputt«, in: *Stern* Nr. 3/1982; *Die Zeit* vom 20.4.1979.
2 *Fränkische Allgemeine Zeitung* vom 22.9.1983.
3 *Die Salem Zeitung*, Juli 1977.
4 ebd.
5 *Die Salem Hilfe,* Juni 1996.
6 *Die Salem Zeitung,* April 1977.
7 Gasper/Müller/Valentin: *Lexikon der Sekten,* Freiburg 1995.
8 Kurt Hutten: *Seher, Grübler, Enthusiasten. Das Buch der traditionellen Sekten und religiösen Sonderbewegungen,* Stuttgart, 12. Aufl. 1982.
9 *Die Salem Hilfe,* Juni 1995.
10 *Die Salem Zeitung,* November 1979.
11 Persönliches Gespräch der Autoren mit Nikolaus Brender im WDR, Juni 1996.
12 *Die Zeit* vom 20.4.1979.
13 *Die Salem Zeitung,* April 1978.
14 ebd.
15 *Die Salem Zeitung,* April 1977.

16 Angaben von Gottfried Müller an unsere Informanten. In *Mein liebes Salem* (ca. 1978) gibt Müller die Auflage mit einer »halben Million« an. Die aktuelle Auflage wird in einem Bericht des Landesjugendamts Niedersachsen vom 22.8.1996 mit 50 000 angegeben (vgl. Anm. 71).

17 *Die Salem Zeitung,* April 1978.

18 *Die Salem Zeitung,* Juli 1977.

19 *Die Salem Hilfe,* Juni 1996.

20 ebd.

21 Gottfried Müller bestätigte dies persönlich unseren Informanten in seinen Gesprächen 1996. (Eidesstattliche Versicherungen von Peter Jansen und Josef Stallböhmer [Aliasnamen], 25.6.1996. Die Identität ist den Autoren bekannt.) Dasselbe wird in verschiedenen Zeitungsartikeln beschrieben (vgl. die Angaben in Anm. 1).

22 *Die Salem Zeitung,* Juli 1974.

23 ebd.

24 »Die heile Welt von Salem ist kaputt«, in: *Stern* Nr. 3/1982.

25 ebd.

26 ebd.

27 Eidesstattliche Versicherungen von Peter Jansen und Josef Stallböhmer (Aliasnamen) 25.6.1996. Die Identität ist den Autoren bekannt. Ebenso: Gedächtnisprotokolle von Jansen und Stallböhmer vom 5.3.1996.

28 *Die Salem Hilfe,* Juni 1995.

29 Müller beschreibt dies selber in: *Mein liebes Salem. Tagebuch und Erzählungen von Gottfried Müller,* ca. 1978. Siehe auch: Franziska Hundseder: *Rechte machen Kasse. Gelder und Finanziers der braunen Szene,* München 1995, S. 104ff.

30 Protokoll über die Mitgliederversammlung der Bruderschaft Salem e. V. vom 15.12.1968, S. 2, in: Amtsgericht Frankfurt a. M., HRB 10048, Sonderband der Registerakten.

31 ebd., S. 2.

32 *Die Salem Hilfe,* Juni 1996.

33 Briefkopf der Helvetia-Stiftung im Archiv der Autoren.

34 Angaben von Gottfried Müller an unsere Informanten.

35 Hundseder, a.a.O., S. 108.

36 ebd., S. 104ff.

37 Gedächtnisprotokoll Peter Jansen.

38 Eidesstattliche Versicherungen von Peter Jansen und Josef Stallböhmer, (Aliasnamen), 25.6.1996. Die Identität ist den Autoren bekannt. Ebenso: Gedächtnisprotokolle von Jansen und Stallböhmer vom 18.2.1996.

39 ebd.

40 ebd.

41 ebd.

42 ebd.

43 Gedächtnisprotokolle Jansen und Stallböhmer vom 25.2.1996.

44 Gespräche mit ehemaligen Heimkindern (u.a. Birgit Hertel, Rosi Jacobo, Simon Staiger).

45 Gespräche mit Hans Dieter Filsinger und Lothar Kramer am 25.4.1997 in Fulda.

46 Eidesstattliche Versicherungen von Peter Jansen und Josef Stallböhmer, (Aliasnamen), 25.6.1996. Die Identität ist den Autoren bekannt. Ebenso: Gedächtnisprotokolle von Jansen und Stallböhmer vom 5.3.1996.

47 Schreiben Dr. jur. Hans Haselmeier aus München an die Regierung von Oberfranken vom 28.9.1981.

48 ebd., S. 13.

49 ebd., S. 12.

50 Bescheid der Regierung von Oberfranken vom 29.7.1981, S. 3.

51 Hans Dieter Filsinger: »Meine Lebensjahre im Kinderheim Salem«, Hof, den 26.11.1980.

52 ebd., S. 1.

53 ebd., S. 2f.

54 ebd., S. 5.

55 ebd., S. 10.

56 Schreiben von Hans Dieter Filsinger an die Zeitungen, ohne Datum (ca. Oktober 1981). Reaktion darauf von der *Neuen Presse* Coburg vom 15.10.1981.

57 Lothar Kramer verfügt über mehrere Aktenordner mit Erfahrungsberichten ehemaliger Mitarbeiter und Kinder aus Salem, die dies bestätigen. In einem Fernsehinterview für den WDR (25. 4. 1997) beschrieben Lothar Kramer und Hans Dieter Filsinger die erwähnten Zustände.

58 Schreiben Dr. jur. Haselmeier, a.a.O., S. 33.

59 Persönliche Gespräche von Kaarel Siniveer mit Aurel Staiger. Es fanden mehrere Gespräche statt. Außerdem überließ Aurel Staiger den Autoren seine komplette persönliche Post und seine Akten.

60 Zitiert nach: Psychologische Stellungnahme in der Vormundschaftssache Staiger. Prof. Dr. Uwe Jopt, 17. April 1996.

61 Persönliche Gespräche von Kaarel Siniveer mit Aurel Staiger.

62 Psychologische Stellungnahme in der Vormundschaftssache Staiger, a.a.O., S. 19.

63 Persönliche Gespräche von Kaarel Siniveer mit Aurel Staiger.

64 Psychologische Stellungnahme in der Vormundschaftssache Staiger, a.a.O., S. 25f.

65 Persönliche Gespräche von Kaarel Siniveer mit Aurel Staiger. Ein persönliches Schreiben dieses Mitarbeiters an Staiger liegt vor.

66 ebd.

67 Psychologische Stellungnahme in der Vormundschaftssache Staiger, a.a.O., S. 25f.

68 Fernsehinterview mit Prof. Jopt am 22.4.1997 in Borgholzhausen.

69 Schreiben Jugendamt Stadt Göttingen vom 15.10.1996 an das Kinder- und Jugendhilfswerk Salem.

70 Gespräch mit Aurel Staiger und Rechtsanwalt Uwe Zoschke am 30.1.1997 in Rahden.

71 ebd.

72 *Kulte, Führer, Lichtgestalten,* ARD vom 13.6.1996.

73 Bericht über die heimaufsichtliche Überprüfung gemäß Paragraph 46 KJHG (Kinder- und Jugendhilfegesetz) des Kinderdorfes Kovahl durch das Niedersächsische Landesjugendamt vom 22.8.1996.

74 ebd.

75 Bericht über die heimaufsichtliche Überprüfung gemäß § 46 KJHG des Kinderdorfes Kovahl durch das Niedersächsische Landesjugendamt vom 22.8.1996.

76 *Die Salem Hilfe,* Juni 1995.

77 *Die Salem Zeitung,* Februar 1981.

78 *Die Salem Zeitung,* August 1979.

79 A.Mexer/K.-K.Rabe: *Phantomdemokraten,* Reinbek 1979, S. 32.

80 Fernsehinterview des WDR mit Rosi Jacobi und Birgit Hertel am 23.4.1997 in Bad Bevensen. Simon Staiger am 26.4.1997 vor der Kamera des WDR in Castrop Rauxel.

81 Eidesstattliche Versicherungen von Peter Jansen und Josef Stallböhmer (Aliasnamen), 25.6.1996. Die Identität ist den Autoren bekannt. Ebenso: Gedächtnisprotokolle von Jansen und Stallböhmer vom 5.3.1996.

82 ebd.

83 Programm der Salem-Herbsttagung vom 10. bis 12. November in Salem Lindenhof. Salem-Bio-Akademie e. V. 95346 Stadtsteinach.

84 Schreiben GDO vom 10. Dezember 1993, Bericht zum Fall Godenau.

85 ebd.

86 Schreiben *Deutsche Bürgerinitiative e.V.* 8/1994.

87 Impressum *Salem Zeitung.*

88 Zitiert nach: *Enthüllungen über den Ernährungspapst,* Hg. Johannes Bollmer, Buxtehude 1988, S. 70.

89 Jutta Ditfurth: »Braunes Müsli«, in *Max,* 4/1994. S. 196.

90 *Enthüllungen,* a.a.O., S. 27.

91 Gottfried Johs. Müller: *Einbruch ins verschlossene Kurdistan.* Reutlingen 1937.

92 ebd., S. 64.

93 ebd., S. 86.

94 ebd., S. 90.

95 Schreiben vom Bundesarchiv in Berlin vom 17.12.1996.

96 Stadtarchiv Heidenheim, Adreßbuch 1939.

97 Gottfried Johannes Müller: *Im brennenden Orient.* Stadtsteinach 1974.

98 ebd., S. 161.

99 Mil. Arch. RW 5/ v.271 gKdos. Unternehmen Mammut.

100 ebd., Blatt 22.

101 ebd., Blatt 3 f.

102 Auskunft Personalamt Stadtverwaltung Stuttgart.

103 Urteilsausfertigung Amtsgericht Kulmbach, OWi 26/72, S. 11.

104 Amtsgericht Bayreuth, Sonderband der Registerakten, HRB 308.

12 Germanische Gemeinschaften

1 *Burgnachrichten* 1995, S. 9.

2 Zitiert nach: Deutscher Bundestag, Drucksache 13/5434 vom 21.8.1996, S. 7.

3 ebd., S. 6f.

4 Deutscher Bundestag, Bonn, 13.11.1996, Blatt 12290

5 ebd.

6 *Nordisch-Germanischer Jahrweiser,* Hg. Asgard-Bund, Berlin 1992.

7 Asgard-Bund: *Der Wotanspeer* 4, o. J.

8 »Hitlers neue Gurus«, in: *Stern* 46, 1976.

9 Stefanie von Schnurbein: *Göttertrost in Wendezeiten. Neugermanisches Heidentum zwischen New Age und Rechtsradikalismus,* München 1993, S. 51.

10 ebd., S. 52.

11 *Einführungsarbeit in den 8. Gildengrad der Gylfiliten-Gilde,* Krefeld 1992, S. 50.

12 *Einführungsarbeit in den 9. Gildengrad der Gylfiliten-Gilde,* Krefeld 1992.

13 ebd., S. 9f.

14 Geza von Neményi: *Neuheidnische Gemeinschaften,* Berlin, o. J., S. 32f.

15 Die Artgemeinschaft: »Einladung zum Gemeinschaftstag der Artgemeinschaft« (1996).

16 *Nordische Zeitung,* 64. Jahrgang, 4/1996, S. 64.

17 ebd., S. 67.

18 ebd., Umschlagseite.

19 *AntifaReader,* Hg, Jens Mecklenburg, Berlin 1996, S. 147.

20 *Nordische Zeitung,* 64. Jahrgang, 4/1996, S. 29.

21 *AntifaReader,* a.a.O., S. 147.

22 *Nordische Zukunft,* Zeitschrift des Nordischen Rings e. V., Folge 1 1993, S. 18.

23 ebd.

24 ebd.

25 ebd., S. 20.

26 *Nordische Zeitung,* 4/1996; 2/1996.

27 *Nordische Zeitung,* 4/1996, S. 80.

28 Neményi, a.a.O., S. 17.

29 Schnurbein, a.a.O., S. 41.

30 ebd., S. 4.

31 *Nordische Zeitung,* 4/ 1992, S. 17.

32 ebd., S. 18.

33 Schnurbein, a.a.O., S. 44.

34 ebd., S. 44f.

35 *Germanen Glaube,* 4 /1996, S. 12ff.

36 Armanen-Versandbuchhandlung und Antiquariat, Liste 3/1995.

37 Rudolf John Gorsleben: *Hoch-Zeit der Menschheit,* S. 45,4. Zitiert nach: Friedrich Paul Heller/Anton Maegerle: *Thule. Vom völkischen Okkultismus bis zur Neuen Rechten,* Stuttgart 1995, S. 10.

38 Armanen-Versandbuchhandlung, a.a.O.

39 ebd. Zu Blavatsky siehe auch S. 24 ff.

40 *Lebensborn,* Hg. Jörn Schönlaub, 6 /1992.

41 Gesprächsnotizen Peter Jansen vom 2.2.1996.

42 Eidesstattliche Versicherung Peter Jansen vom 25.7.1996.

43 *Kulte, Führer, Lichtgestalten,* ARD vom 13.6.1996.

44 Oberlandesgericht Köln, 7.1.1997.

45 Eidesstattliche Versicherung Peter Jansen vom 25.7.1996.

46 ebd.

47 Einladungsschreiben zum Ostara-Thing, 1996.

48 ebd.

49 Freundschaftsvertrag des Armanen-Ordens.

50 Eidesstattliche Versicherung Peter Jansen vom 25.7.1996.

51 Zitiert nach: Heller/Maegerle, a.a.O., S. 21.

52 ebd. S. 20.

53 ebd., S. 17, Anm. 34.

54 ebd., S. 20.

55 Schnurbein, a.a.O., S. 64.

56 Heller/Maegerle, a.a.O., S. 21.

57 Guido List: *Der Übergang vom Wuotanismus zum Christentum,* Leipzig und Zürich 1911, Faksimile-Nachdruck, Armanen-Verlag, o. J.

58 ebd., S. 106.

59 Guido List: *Die Religion der Ario-Germanen in ihrer Esoterik und Exoterik,* Leipzig und Zürich, o. J., Faksimile-Nachdruck, Armanen-Verlag, o. J.

60 ebd., S. 7.

61 ebd., S. 55.

62 ebd.

63 ebd., S. 86f.

64 ebd., S. 94.

65 Schnurbein, a.a.O., S. 66.

66 *Leitbild und Aufbau des Armanen-Ordens,* Köln/Ammerland, 3. verb. Auflage, o. J.

67 ebd., Titelblatt.

68 ebd., S. 1.

69 ebd., S. 2.

70 ebd.

71 ebd., S. 3.

72 ebd., S. 7.

73 ebd., S. 10f.

74 Schnurbein, a.a.O., S. 14.

75 *AntifaReader,* a.a.O., S. 145.

76 ebd.

77 *Huginn und Muninn,* 2/1994, S. 12.

78 *Huginn und Muninn,* 1/1996, S. 20.

79 ebd., S. 15.

80 ebd., S. 20.

81 Schnurbein, a.a.O., S. 32.

82 ebd., S. 34.

83 *Burgnachrichten,* 1995.

84 Protokolle Jansen, a.a.O.

85 Goden Orden: *Schulungsbrief,* Schönbach, o. J., Titelblatt.

86 ebd., S. 1.

87 *Sonderdruck: Kosmische Wahrheit,* Bad Schussenried, o. J.

88 ebd., o.S.

89 *Die Kosmische Wahrheit,* 10/1996; 11/1996; *Germanen-Glaube,* 3/1996.

90 Bund der Goden: *Rundschreiben 1/96,* Großhansdorf .

91 ebd.

92 Tondokument, zitiert nach: Arfst Wagner: »Anthroposophen und Nationalsozialismus«, in *Flensburger Hefte,* 3/1991, S. 17.

93 *AntifaReader,* a.a.O., S. 139.

94 Heller/Maegerle, a.a.O., S. 11.

95 Schnurbein, a.a.O., S. 48.

96 *Mensch und Maß,* Folge 17, 1994, S. 794.

97 ebd.

98 ebd., S. 806f.

99 Gerhard Heß: »Runenschemel im Zerrspiegel«, Internet, Elias BBS, 1997. Der *Spiegel* erschien erstmals unter diesem Titel im Januar 1947.

100 ebd.

101 ebd.

102 Heller/Maegerle, a.a.O., S. 124

Literatur

Autorenkollektiv: *Drahtzieher im braunen Netz*, Hamburg 1996.

Banzhaf, Hajo: *Das Arbeitsbuch zum Tarot*, München 1995

Becker, Peter Emil: *Zur Geschichte der Rassenhygiene*, Stuttgart 1988

Benz, Wolfgang (Hrsg.): *Rechtsextremismus in der Bundesrepublik*. Aktualisierte Neuauflage, Frankfurt/Main 1989

Bitzan, Renate: »Rechter Geist aus Frauenfedern – Zur Positionsvielfalt publizierender rechter Frauen insbesondere zum Geschlechterverhältnis und zu soziopolitischen ›Frauenfragen‹ (Zeitschriftenanalyse 1985–1993)«. Magisterarbeit im Studienfach Soziologie an der Gesamthochschule Kassel 1994

Bollmer, Johannes (Hrsg.): *Enthüllungen über den Ernährungspapst*, Buxtehude 1988

Christofferson, Thies: *Die Auschwitz-Lüge*, 1973

Daim, Wilfried: *Der Mann, der Hitler die Ideen gab*, Wien 1985

Ditfurth, Jutta: *Feuer in die Herzen*, Wien 1994

Ditfurth, Jutta: *Entspannt in die Barbarei*, Hamburg 1996

Freund, René: *Braune Magie, Okkultismus, New Age und Nationalsozialismus*, Wien 1995

Gasper/Müller/Valentin: *Lexikon der Sekten, Sondergruppen und Weltanschauungen*, Freiburg 1995

Geden, Oliver: *Rechte Ökologie*, Berlin 1996

Goldhagen, Daniel Jonah: *Hitlers willige Vollstrecker*, Berlin 1996

Gugenberger, Eduard/Schweidlenka, Roman: *Mutter Erde. Magie und Politik*, Wien 1986

Gugenberger, Eduard/Schweidlenka, Roman: *Die Fäden der Nornen*, Wien 1993

Günther, Hans: *Rassenkunde des jüdischen Volkes*, München 1930.

Haak, Friedrich Wilhelm: *Wotans Wiederkehr. Blut-, Boden- und Rasse-Religion*, München 1981

Hanish, O.Z.A.: *Der bewußte Atem*, Genf o.J.

Hanish, O.Z.A.: *Mazdaznan. Biblische Gegenwart*, Edertal-Bringhausen 1985

Hardo, Trutz: *Jedem das Seine*, Neuwied 1996

Hartwig, Tanja: »Die Attraktivität neofaschistischer Gruppierungen für

Mädchen und junge Frauen«. Diplomarbeit an der FH Bielefeld für Sozialwesen 1990

Haverbeck, Werner Georg: *Rudolf Steiner – Anwalt für Deutschland*, München 1989

Haverbeck, Werner Georg: *Wittekinds Sieg*, Rotenburg/Wümme 1985

Haverbeck, Werner und Ursula: *Der Weltkampf um den Menschen*, Tübingen 1995

Heller, Friedrich Paul/Maegerle, Anton: *Thule. Vom völkischen Okkultismus bis zur Neuen Rechten*, Stuttgart 1995

Heß, Gerhard: *Oding Wizzod*, München 1993

Das Hexenbuch: *Authentische Texte moderner Hexen zu Geschichte, Magie und Mythos des alten Weges*, München 1988

Hundseder, Franziska: *Rechte machen Kasse. Gelder und Finanziers der braunen Szene*, München 1995

Hutten, Kurt: *Seher, Grübler, Enthusiasten. Das Buch der traditionellen Sekten und religiösen Sonderbewegungen*, Stuttgart, 12. Auflage 1982

Kater, Michael H.: *Das »Ahnenerbe« der SS 1935–1945*, Stuttgart 1974

Kiel, Ernst: *Das Questenfest. Gegenwart und Vergangenheit*, Questenberg 1995

Kratz, Peter: *Die Götter des New Age*, Berlin 1994

Kühnl, Reinhard: *Faschismustheorien*, Hamburg 1983

List, Guido: *Die Religion der Ario-Germanen in ihrer Esoterik und Exoterik*, Leipzig und Zürich, o.J.;
Faksimile-Nachdruck, Armanen-Verlag, o.J.

List, Guido: *Der Übergang vom Wuotanismus zum Christentum*, Leipzig und Zürich 1911;
Faksimile-Nachdruck, Armanen-Verlag, o.J.

Marby, Friedrich Bernhard: *Runenschrift, Runenwort, Runengymnastik*. Reprint der Ausg. Stuttgart 1932. Spieth Verlag, Stuttgart 1987

Mecklenburg, Jens (Hrsg.): *Antifa Reader*, Berlin 1996

Müller, Gottfried Johannes: *Einbruch ins verschlossene Kurdistan*, Reutlingen 1937

Müller, Gottfried Johannes: *Im brennenden Orient*, Stadtsteinach 1974

Padberg von, Lutz: *New Age und Feminismus*, Asslar 1988

Reader zum Collegium Humanum, Vlotho. Stand Dezember 1994, hrsg. vom AKE-Bildungswerk, Vlotho

Ruppert, Hans-Jürgen: »Hexenglaube im Spiegel der Kritik«, in: *Im Blickpunkt. Esoterik*, Comenius-Institut 1988, S. 118f.

Ruppert, Hans-Jürgen: »Magie und Hexenglaube heute«, in: I*m Blickpunkt. Esoterik*, Comenius-Institut 1988, S. 110f.

Ruttmann, Hermann: »Die Religion der Großen Göttin und ihres Gefährten«, in: *Connection* 11/1994, S. 59 f.

Schindler, Gerhard T.: *Wegweiser Esoterik*, München 1995

Schmiedel, Ulrich: *Kondensstreifen – eine persönliche Dokumentation zur Zeitgeschichte*, Hamburg 1973

Schnurbein, Stefanie von: *Göttertrost in Wendezeiten*, München 1993

Schnurbein, Stefanie von: »Weiblichkeitskonzeptionen im neugermanischen Heidentum und in der feministischen Spiritualität«, in: Fantifa Marburg (Hrsg.): *Kameradinnen. Frauen stricken am Braunen Netz*, Münster 1995

Schwab, Günther: *Der Tanz mit dem Teufel*, Hameln 1958

Sebottendorff, Rudolf von: *Bevor Hitler kam*, München 1933

Wagner, Arfst: »Anthroposophen und Nationalsozialismus«, in: *Flensburger Hefte* 3/1991

Wagner, Bernd: *Handbuch des Rechtsextremismus*, Hamburg 1994

Weltzien, Diane von (Hrsg.): *Das große Praxisbuch der Esoterik*, München 1992

Winter, Gayan S.: *Die neuen Priesterinnen. Frauen des New Age*, Reinbek bei Hamburg 1989

Wirth, Herman: *Der Aufgang der Menschheit*, Textband 1, Jena 1928

Woelk, Volkmar: *Natur und Mythos*, Duisburg 1992

Register